国家行政学院国际事务与中国外交研究中心

中国海外利益蓝皮书

2016

于　军◎主编

世界知识出版社

图书在版编目（CIP）数据

中国海外利益蓝皮书·2016 / 于军主编. —北京：世界知识出版社，2017.4

ISBN 978-7-5012-5456-9

Ⅰ. ①中… Ⅱ. ①于… Ⅲ. ①国家利益—保护—研究—中国 Ⅳ. ①D621

中国版本图书馆 CIP 数据核字（2017）第 067541 号

书　　名	中国海外利益蓝皮书・2016 Zhongguo Haiwai Liyi Lanpishu・2016
主　　编	于　军
责任编辑	柏　英
特邀编辑	章少红
责任出版	王勇刚
责任校对	张　琨
出版发行	世界知识出版社
地址邮编	北京市东城区干面胡同 51 号（100010）
电　　话	010-65265923（发行）　010-85119023（邮购）
网　　址	www.ishizhi.cn
经　　销	新华书店
印　　刷	北京京华虎彩印刷有限公司
开本印张	787×1092 毫米　1/16　24 印张
字　　数	337 千
版次印次	2017 年 4 月第一版　2017 年 4 月第一次印刷
标准书号	ISBN 978-7-5012-5456-9
定　　价	52.00 元

编委会

国家行政学院国际事务与
中国外交研究中心

国家行政学院国际事务与中国外交研究中心成立于2013年7月。中心围绕党中央、国务院的中心工作开展活动，以国际事务与中国外交为主要研究领域，以世界经济与全球治理、海外利益与国家关系、世界格局与中国外交、地缘政治与民族宗教问题、领导干部国际视野与战略思维为主要研究方向。中心与国内外高校和智库建立广泛联系，聘请各领域专家学者组成研究团队，针对重大现实问题进行研究，为国家对外战略和经济社会发展提供智力支持。中心编撰年度《中国海外利益蓝皮书》，出版相关专著和文集。国家行政学院政治学教研部副主任于军教授任中心主任，教务部副主任杜正艾教授和重庆行政学院副院长唐青阳教授任中心副主任，国家行政学院研究生院刘峥同志任秘书长。

目 录

Table of Contents

导　论

◆于　军

“海外”即“境外”，指有效的主权管辖范围以外的地域，包括他国境内、公海、极地、外空等。海外利益是“境外的国家利益”，本质上是国家利益的海外延伸，是国家战略利益的重要组成部分。广泛的海外利益是世界强国的标志之一。地理大发现以来的世界强国无一例外都是海外利益大国，维护和拓展海外利益是大国成长的核心要素。改革开放以来，中国快速发展并迅速融入全球化进程，使得中国的国家利益突破传统地域的限制，迅速向海外延伸与拓展，已经凸显为中国与外部世界关系的一个重要影响因素和关系国计民生的重大战略议题。

一、国家利益的海外延伸

（一）至高无上的国家利益

国家利益指“一切满足民族国家全体人民物质与精神需要的东西”，“在物质上，国家需要安全与发展，在精神上，国家需要国际社会的尊重与承认”。[①] 国家利益是国家对外行为的动因，“只要世界在政治上还是由国家所构成，那么国际政治中实际上最后的语言就只能是国家利益。”[②]

“一般来说，国家利益是指民族国家追求的主要好处、权利或受益点，它反映了这个国家的全体国民及各种利益集团的需求与兴趣。”[③] 作为能够满足国家以生存发展为基础的各方面需要并且对国家在整体上具有好处的事物，国家利益是民族国家的最高目标，它通常存在于民族国

① 阎学通：《中国国家利益分析》，天津人民出版社 1997 年版，第 10—11 页。

② [美]汉斯·摩根索：《政治学的困境》，中国人民公安大学出版社 1990 年版，第 65 页。

③ 王逸舟：《新视野下的国家利益观（代序）》，载王缉思总主编：《中国学者看世界——国家利益卷》，新世界出版社 2007 年版，第 20、21 页。

家之间，即国际体系之中。综合国际关系学界的主流认知，国家利益主要体现为本国在国际体系中的生存、独立、财富、尊严、文化等方面。这些利益又可具象化并分类为物质利益与精神利益、现实利益与潜在利益、当前利益与长远利益、境内利益与境（海）外利益等。由于国家利益通常存在于民族国家之间，即国际体系之中，所以"国际政治中的国家利益主要部分都是在一国领土之外的，如稳定国际秩序、维护平等关系、建立和平的周边环境、扩大出口市场、进口海外资源、建立跨国公司、保护国际航运安全等等"。① 所以在其利益类型中，国家境（海）外利益越来越多地在国际生活中体现出自身的分量和价值。

由于国家利益的主体是稳定或相对稳定的民族国家，其客体则是能够满足民族国家生存发展等方面需要或曰对民族国家有好处的事物，这些事物最普遍的反映形式是资源，而资源在一定时空领域中都是有限的或稀缺的。为了获取这些有限而又稀缺的资源，民族国家之间展开争夺。这些争夺最初表现为你多我少、你得我失、你死我活的"零和博弈"，国际关系陷入一种民族国家彼此警惕、敌视的霍布斯文化状态。之后，由于要规避零和博弈中的相互伤害和损失，民族国家之间开始谈判和妥协，国际关系进入民族国家彼此竞争、合作的洛克文化状态。再后，由于在洛克文化状态中培育出了共同利益，民族国家之间逐渐相互认同，国际关系于是进入彼此互助、友好的康德文化状态。② 国际关系就这样在国家利益的推动下，一步步从历史走到现在，并一步步走向未来。

（二）国家利益空间的拓展

"地理大发现"是西方史学对 15—17 世纪欧洲航海者开辟新航路

---

① 阎学通：《什么是国家利益》，载王缉思总主编：《中国学者看世界——国家利益卷》，新世界出版社 2007 年版，第 22 页。

② [美]亚历山大·温特，秦亚青译：《国际政治的社会理论》，上海人民出版社 2000 年版。

和发现新大陆的通称。在 14 和 15 世纪，地中海沿岸一些城市手工业及商业贸易有了相当程度的发展。一些商人渴望向外扩充贸易，获取更多财富。但从 15 世纪中叶起，土耳其奥斯曼帝国占据东西方交通往来的要地——君士坦丁堡及东地中海和黑海周围广大地区，对过往商人横征暴敛，多方刁难，加之频繁的战争和海盗活动，从而阻碍西欧与东方陆上贸易的通道；而由东方经由波斯湾—两河流域—地中海和经由红海—埃及—地中海的两条海上商路又完全为土耳其奥斯曼帝国所控制。因此，欧洲商人和封建主为了获得比较充裕的东方商品和寻求更多的交换手段——黄金，并免受土耳其人、阿拉伯人及意大利人的层层盘剥，便急于探求通向东方的新航路。同时，西方各国在生产技术方面已有很大进步，指南针也已从中国传到了欧洲，航海术提高，多桅快速帆船出现，利用火药制造大炮和轻便毛瑟枪出现，地圆学说获得承认，这些都为远洋探航提供了物质条件和思想准备。葡萄牙和西班牙是当时欧洲最强盛的封建中央集权制国家，以其有利的地理位置逐渐成为探索新航路的主要组织者。这一时期，欧洲涌现出许多著名的航海家——哥伦布、达伽马、卡布拉尔、迪亚士、德莱昂、麦哲伦等，并发现许多不为欧洲人所知的国家和地区，如美洲、印度、南非等，还完成了环球航行。

地理大发现使人类实现了汤因比所说的从草原到海洋的“革命性变革”，它一方面使人类对地球有了真实的了解，拓展了人类活动的空间，刺激了商品经济的发展，为国家利益的海外延伸和经济全球化打下了空间基础；另一方面刺激了人类向海外开拓的愿望，促进了海外利益的发生发展。国际贸易的范围从地中海、北海、波罗的海地区扩展到大西洋、美洲、中亚、东亚和东南亚，贸易中心也由南欧地中海区域向大西洋沿岸转移。与之相伴的葡萄牙、西班牙、荷兰、英国、法国、德国、俄罗斯、日本、美国等随着海外利益增长先后成为世界性强国，广泛的海外利益也成为世界强国的“标配”。

二、中国海外利益的发展

（一）中国海外利益的构成

以国家利益的构成为参照，中国海外利益体系主要由以下五个方面构成。

1. 海外经济利益

对外贸易和对外直接投资是中国海外经济利益主要的存在形式，也是当前急需维护的主要内容。新世纪以来，中国对外贸易额持续大幅度增长，海外贸易利益也相应拓展。2014 年中国进出口总值 4.30 万亿美元，贸易顺差 3824.6 亿美元，中国已成为世界第一货物贸易大国。从地域分布看，中国主要贸易伙伴大多集中在欧美和亚洲。2014 年年末，中国对外直接投资存量 8826.4 亿美元，全球外国直接投资流出存量的份额由 2002 年的 0.4% 提升至 3.4%。截至 2014 年年底，中国 1.85 万家境内投资者设立对外直接投资企业近 3 万家，分布在全球 186 个国家（地区）。中国对外直接投资地域分布高度集中，2014 年年底对外直接投资存量前 20 位的国家（地区）存量占总量的近 90%，对“一带一路”沿线国家的直接投资流量为 136.6 亿美元，占中国对外直接投资流量的 11.1%。①

2. 海外资源利益②

改革开放以来，中国经济长期保持较快发展速度，能源资源特别是石油、富铁矿、锰、铬、钾、铜、铝、锡、镍等战略资源的对外依存度

① 《2014 年中国对外直投创历史新高　双向投资首次接近平衡》，http://news.xinhuanet.com/fortune/2015-09/17/c_128239452.htm.

② 当前世界的主要资源分为矿产资源与非矿产资源，其中矿产资源分为能源类矿产资源与非能源类矿产资源。本书主要讨论矿产资源。

不断上升。中国的海外能源资源利益从国家类型上看主要分布在发展中国家，地理上主要分布在中东、非洲、大洋洲和南美洲。

3. 海外制度利益

随着中国与外部世界相互依赖的加深，中国在国际制度中所发挥的作用以及自身的议题设置能力和规则制定能力遂成为中国海外利益的重要组成部分。在全球体系层面，中国的海外制度利益分布在西方大国建立起来的世界经济政治秩序之中；在区域层面，中国的海外制度利益分布在中国与周边国家以及其他区域国家建立起来的一系列区域性经济政治制度之中。国际制度既是催生海外利益的外生变量，又是发展、维护和实现海外利益的重要手段。纵观历史，中国海外制度利益的发展状况体现出明显的阶段性和变动性。透析现实，中国在参与、改革、创建国际制度等方面的能力较为欠缺，致使中国海外制度利益发展的国际制度路径不甚宽广。展望未来，中国海外制度利益将进入全面、均衡、持续发展的繁荣时期，在地位、分布、构成等方面均将展现出全新特征。

4. 海外文化利益

海外文化利益包括海外国家形象、海外文化安全、海外文化产业和海外文化权利。作为国际社会的成员，树立良好的国际形象和声望、获得国际认同是国家在国际社会的追求和利益之一。海外文化安全指国家文化对外传播、交流的内容和渠道处于不受威胁的状态。文化产业输出不仅涉及价值和观念传播，还涉及国家经济利益，成为衡量一国软实力的主要指标，成为许多国家特别是大国在国际上竞争的重点。海外文化权利指公民、团体和国家等不同主体进行合理的国际文化交流的权利，例如学习、吸收、利用国际文化资源的权利，对外传播本国优秀文化（包括民族传统文化、价值观念、发展模式和经验）的权利，维护文化主权（保持文化的主体性和完整性）、反对文化霸权的权利，建立国际文化新秩序的权利。

5. 海外安全利益

海外安全利益包括海外公民安全利益和海外地缘政治利益。随着中国公民出境数量快速上升，其人身财产安全和各类合法权益面临各种风险的局面日益严峻。中国海外公民安全利益主要集中在非洲和亚洲。地缘政治利益指影响中国国家安全和发展的重要地理位置、战略资源来源地和交通要道的影响力和控制力。中国地缘政治利益的分布，从国家类型来看主要集中于西方主要大国、发展中国家中的资源大国，从地区层面来看主要分布于欧美、周边、中东和非洲。

（二）中国海外利益的发展

1949 年 10 月 1 日，中华人民共和国成立。自那时以来，中国海外利益的发展经历了起步、丰富和拓展三个阶段。

1. 起步阶段（1949—1978 年）

新中国成立之初的海外利益主要集中于社会主义阵营国家。1950年，中国与社会主义阵营国家的贸易额占到中国对外贸易的 26%，三年后增加到 76%。[①] 亚非会议后，中国开始和社会主义阵营以外的国家进行经贸往来，并且不断增多。但当时的主要出发点不是经济，而是打破美国的封锁，获得更多国家的政治支持。

新中国成立之初开始进行的对外援助是这一阶段中国海外利益的又一内容和手段。中国对外援助从帮助周边友好国家起步。1950 年，中国开始向朝鲜、越南提供物资援助。至 1970 年代，中国援助的范围从 32 个国家增加大到 66 个国家，从亚非国家扩展到拉美和太平洋国家。

2. 丰富阶段（1979—2008 年）

1978 年中国共产党十一届三中全会是中国发展的转折点，也是中国海外利益发展的重要转折点。改革开放加快了中国融入国际社会的步伐，中国的海外经济利益迅速拓展。1978 年，中国出口贸易额仅占世界的 0.76%，在世界出口贸易中排第 31 位。2008 年，中国进出口贸易总额

① 谢益显：《中国当代外交史》，中国青年出版社 2004 年版，第 39 页。

25616.3 亿美元，其中，出口 14285.5 亿美元，增长 17.2%；进口 11330.9 亿美元，增长 18.5%。[①]

同时，中国海外安全利益、海外文化利益、海外资源利益和海外制度利益也发展迅速：首先，中国公民出境人数从 2000 年突破 1000 万人次（不包括港、澳、台地区居民出国境人数）后，一直以年均 18.5% 的速度增长；[②] 其次，截至 2008 年 12 月全球共设立孔子学院 307 所，标志着中国海外文化利益迅速发展；再次，随着经济高速增长，中国海外能源资源的需求越来越大，海外资源利益迅速扩张；最后，中国积极融入国际体系，开始利用国际制度维护自身利益。

3. 拓展阶段（2009 年—）

2008 年，发生于美国的次贷危机演变为全球性金融危机。中国政府果断采取有效措施，既抵御住了金融危机对国民经济冲击，又对世界经济的稳定起到了巨大作用。自此，中国海外利益的维护和拓展既面临前所未有的挑战，又面临前所未有的机遇，中国的海外利益进入发展的深化期。

一是中国海外利益的性质和范围上发生了巨大变化，迅速从经济领域扩展到政治、安全、能源、文化等领域，“海外中国”迅速成长。

二是中国海外利益由原来单纯的地理空间扩展到国际制度层面，中国参与国际机制的程度更深，在调整既有国际机制和创建新的国际机制过程中中国的作用越来越大。

三是提出共建“一带一路”倡议。2013 年 9 月、10 月，中国国家主席习近平先后在访问哈萨克斯坦和印度尼西亚时提出共建“丝绸之路经济带”和“21 世纪海上丝绸之路”的倡议。“一带一路”沿线地区人口 44 亿，经济总量 21 万亿美元，分别占全球的 62.5% 和 28.6%，是中国重

① 于军、程春华：《中国的海外利益》，人民出版社 2015 年版，第 68 页。

② 2008 年，中国内地居民出入境达到 9100 万人次，内地居民出境前往国家（地区）前十位依次是：中国香港、中国澳门、日本、越南、韩国、俄罗斯、美国、新加坡、泰国、马来西亚。

要的海外利益攸关区。“一带”旨在优先发展包括东北亚、中亚、西亚在内的周边地区，以互联互通为发力点，构建基于基础设施、制度规章和人员交流三位一体的全方位链接，构建沿线和平、稳定的发展环境。“一路”旨在倡导和建设新时代的海洋新秩序，通过推进合作与海上相关国家共同打造沿海发展经济带，同时打通基于开放安全的航海通道。[①]“一带一路”陆海兼顾、东西统筹、南北呼应、双翼齐飞，是新时期中国构建周边战略依托、拓展海外利益、实现中华民族伟大复兴中国梦的两只翅膀。

三、中国海外利益的研究

进入新世纪以来，中国海外利益的实践越来越丰富，已经凸显为中国与外部世界关系的一个重要影响因素，成为中国国家战略的重要课题，引发学术界的广泛关注。梳理学界研究文献[②]发现，主要研究成果散见于贸易、投资、资源能源、国际金融、国际制度、国际法等相关论述，以中国海外利益为核心的文献不多，成熟著述更少。总起来看，学界对中国海外利益的研究主要集中在以下五个方面。

① 张蕴岭：《如何认识“一带一路”的大战略设计》，载张洁主编：《中国周边安全形势评估（2015）：“一带一路”与周边战略》，社会科学文献出版社 2015 年版，第 7 页。

② 目前国际上尚无专门研究海外利益的专著，对海外利益特别是对中国海外利益的分析讨论只散见于各类杂志评论，因此，本书主要梳理中国学界对中国海外利益的研究。

（一）关于中国海外利益的概念与发展

1. 概念界定

多数学者将中国海外利益看作国家利益在海外的延伸，[①] 也有学者从利益的重要性来进行界定。张曙光认为，海外利益是国家对外与安全利益的自然与必然延伸，而非一般意义上经济利益的拓展，可分为核心海外利益、重要海外利益、边缘海外利益。[②] 陈晔把海外利益区分为海外基础利益和海外战略利益，前者包括政府、企业、社会组织和公民在境外的财产安全、人身安全、合法的商业利益等基本的国家需求，后者则包括对能源和市场的需求、国际制度能力、国家的声誉和对重要战略地理位置和交通要道的影响力等。[③] 还有学者如陈伟恕[④]、苏长和[⑤] 从利益主体和实现方式的角度来界定，认为海外利益的主体不只是国家，还包括企业、个人和社会组织等等。

2. 发展历程

学者们普遍认为全球化是中国海外利益生成和发展的重要推力。[⑥] 冯昭奎指出，中国海外利益观的产生有几个突出的时代背景，经济全球化

① 白云：《当代中国海外利益拓展及维护初探》，外交学院硕士学位论文，2010 年。毕玉蓉：《 中国海外利益的维护与实现》，载《国防》2007 年第 3 期。

② 张曙光：《 国家海外利益风险的外交管理》，载《世界经济与政治》2009 年第 8 期。

③ 陈晔：《中美两国海外利益对比分析及启示》，载《攀登》2010 年第 6 期。

④ 陈伟恕：《中国海外利益研究的总体视野——一种以实践为主的研究纲要》，载《国际观察》2009 年第 2 期。

⑤ 汪段泳、苏长和：《中国海外利益研究年度报告（2008—2009）》，上海人民出版社 2009 年。

⑥ 蔡拓、唐静：《全球化时代国家利益的定位与维护》，载《南开学报（哲学社会科学版）》2002 年第 1 期。裘元伦:《经济全球化与中国国家利益》，载《世界经济》1999 年第 12 期。张胜军：《东亚经济一体化与中国的国家利益》，载《东南亚研究》2004 年第 6 期。

让各国越来越重视所拥有的海外利益；地区经济一体化加强；世界安全问题结构发生变化；美国实力突出的政治格局；中国自身的发展。① 唐贤兴则从中国内部政策发展的角度对中国海外利益保护问题展开研究，认为海外利益保护问题源自对国家发展观念变化的认识。②

关于中国海外利益的发展历程，陈晔认为它是国家发展到一定阶段的必然产物，是对国家利益的重要补充。将新中国成立后的中国海外利益维护与拓展分为三个阶段。③ 也有学者将2004年作为中国海外利益的一个转折点，理由是该年胡锦涛在第十次驻外使节会议上发表重要讲话时强调，要增强中国海外利益保护能力，完善相关法律法规，健全预警和快速反应机制。④ 这是中国首次明确提出"中国海外利益"概念，也是学术界使用这一概念的发端。

（二）关于中国海外利益的主要内容

1. 海外经济利益

有学者将海外经济利益放在海外利益的大框架下进行简要分析。比如，陈晔主要介绍了海外经济利益包括对外贸易、对外直接投资、融入世界经济体系、开展国际金融合作等方面。⑤ 白云则从对外直接投资、贸易进出口、海外能源获取等角度来分析海外经济利益。⑥ 也有学者系统论

---

① 杨磊、张运成：《中国该如何保护自己的海外利益》，载《中国经营报》2004年6月21日。

② 唐贤兴：《海外利益的保护与中国对外政策的变化》，载《江苏行政学院学报》2009年第6期。

③ 陈晔：《论中国海外利益的维护和拓展》，中共中央党校硕士学位论文，2012年。

④ 《第十次驻外使节会议举行　胡锦涛发表重要讲话》，http://www.ce.cn/xwzx/gnsz/gdxw/200408/30/t20040830_1627324.shtml.

⑤ 同③。

⑥ 白云：《当代中国海外利益拓展及维护初探》，外交学院硕士学位论文，2010年。

述海外经济利益的构成、分布、面临的风险以及应对措施。阎学通从地域分布和构成内容论述中国的国际经济利益，认为国际经济利益的重点在发达国家，而在周边国家的经济利益发展加快，在亚洲以外第三世界的经济利益有限。[①] 门洪华认为经济利益是海外利益的核心，并分述海外经济利益的五个方面：对外贸易、对外投资、国际金融合作、资源能源进口、国际制度能力。[②] 陈迎春则从地缘的角度分析中国的海外经济生存和发展空间，从周边到大周边，从双边到次区域组织，不同层次上的地缘经济空间有着不同的国家利益诉求和实现途径。[③] 还有学者从构成海外利益的单个方面如对外贸易、对外投资、国际金融合作、资源能源进口、国际制度能力等进行具体研究，且偏重经济学知识的运用。[④]

2. 海外安全利益

有学者从地缘角度分析中国周边及世界的安全局势以及中国的国际安全战略。[⑤] 例如，祖彦详细论述了东北亚的安全格局和大国博弈以及中国面临的挑战，同时分析了中国在东北亚实现安全利益的目标和策略。[⑥]

---

① 阎学通：《中国国家利益分析》，天津人民出版社 1997 年版。

② 门洪华、钟飞腾：《中国海外利益研究的历程、现状与前瞻》，载《外交评论（外交学院学报）》2009 年第 5 期。

③ 陈迎春：《论海外利益与中国的地缘经济空间》，载《发展研究》2013 年第 3 期。

④ 对外投资方面参见：江小涓：《我国对外投资的战略意义与政策建议》，载《中国外汇管理》2000 年第 11 期。胡艺：《技术创新与中国对外贸易竞争力的关系》，载《江西财经大学学报》2007 年第 1 期。高士亮：《中国对外贸易的影响因素分析：基于国内的视角》，载《经济问题探索》2008 年第 10 期。赵金龙：《韩美 FTI 对中国对外贸易的影响分析》，载《对外经济贸易大学学报》2009 年第 5 期。国际制度能力方面参见：张曙光：《人民币汇率问题：升值及其成本—收益分析》，载《经济研究》2005 年第 5 期。巴曙松、吴博、朱元倩：《汇率制度改革后人民币有效汇率测算及对国际贸易、外汇储备的影响分析》，载《国际金融研究》2007 年第 4 期。

⑤ 陆俊元：《领土、边界及海域争议与我国安全利益》，载《人文地理》1992 年第 4 期。徐纬地、郭新宁：《亚太安全对话合作机制与中国亚太安全利益》，载《太平洋学报》2001 年第 1 期。

⑥ 祖彦：《21 世纪初中国东北亚国家安全利益研究》，吉林大学博士学位论文，2011 年。

也有学者以海外安全的利益主体为分析对象，研究海外安全的威胁、预警、应对及维护。其中，吴白乙就中国对美国悍然袭击中国驻南斯拉夫联盟大使馆事件的危机管理进行分析，[①]其他一些学者就海外公民安全问题做出了探讨。[②]还有学者探讨了海外运输线安全。2005 年时事出版社出版的《海上通道安全与国际合作》和 2011 年梁芳的《海上战略通道论》都是关于当代中国海上战略通道安全的宏观思考与战略建议。[③]此外，还有不少文章对打造海上安全通道、维护中国国家经济安全提出对策与建议。[④]

3. 海外资源利益

如何有效获取海外能源资源是中国能源安全的核心。围绕这一核心，学界从能源供应与保护、对外能源投资以及运输线安全等不同方面展开论述。在能源供应与保护方面，中东以及非洲成为焦点地区。[⑤]近几年，很多学者还将目光转向极地地区的资源开发[⑥]，并提出新能源安全观。[⑦]在对外能源投资方面也有不少著述，但有关运输线安全方面的讨论并不

---

① 吴白乙：《中国对“炸馆”事件的危机管理》，载《世界经济与政治》2005 年第 3 期。

② 钟龙彪：《保护中国公民海外安全与权益研究综述》，载《求知》2011 年第 11 期。刘诗琪：《从西方防范海外风险措施看我在非华人和企业的安全保护》，载《亚非纵横》2012 年第 4 期。

③ 毛顺成：《中国海上通道安全问题研究》，中国海洋大学硕士学位论文，2013 年。

④ 王历荣：《全球化背景下的海上通道与中国经济安全》，载《广东海洋大学学报》2012 年第 5 期。

⑤ 钱学文：《中国与中东的能源合作》，载《国际观察》2008 年第 1 期。张永宏：《中非新能源合作的前景、挑战及对策》，载《国际经济合作》2013 第 2 期。周术情：《非洲油气开发主体意识与中非能源合作》，载《西亚非洲》2010 年第 8 期。邓向辉：《非洲能源国际竞争与中非能源合作》，中共中央党校博士学位论文，2010 年。

⑥ 张志：《全球化背景下中国海外利益的保护和拓展研究——以能源为例》，暨南大学博士学位论文，2008 年。

⑦ 袁野：《海外利益视角下的中国能源安全研究》，吉林大学硕士学位论文，2013 年。

多见。[①]

4. 海外文化利益

有关海外文化利益的研究也较为少见。现有研究主要集中在中西文化的冲突与融合、中国的文化安全、海外文化传播等。陈晔认为，世界对中国传统文化的了解与中国经济的快速发展并不匹配，需要通过对中国传统文化的发掘、整理，去糟粕、取精华，向世界展示优秀的中国传统文化，改善中国的国家形象，由此提升文化软实力。[②]赵伯乐对海外文化传播给予了关注。[③]

（三）关于中国海外利益面临的主要风险

1. 海外公民面临的安全威胁

海外公民主要面临以下安全威胁：首先，治安不良引起的犯罪事件，主要表现为针对中国企业、商人、留学生、游客所实施的抢劫、绑架、勒索等犯罪活动；其次，政局混乱或地区冲突构成的威胁，主要发生在非洲、中东的一些国家；再次，恐怖组织所进行的恐怖活动；最后，意外伤害事件，包括交通意外、自然灾害等。在研究中，夏莉萍较为全面地总结了中国公民在海外面临的安全威胁的种类、主要风险的排序、世界各地区及主要国家对于海外中国公民的相对安全程度。[④]

2. 投资风险与贸易摩擦

刘宏、汪段泳认为，海外投资利益的风险主要来自于毁约与非正常阻遏、汇兑损失、溢价损失、整合失败。对此，海外投资应分散行业目

---

① 杨丽艳、雷晓航：《FTA 战略下我国海外能源投资的法律问题研究》，载《政法论丛》2009 年第 4 期。梁咏、何力：《东道国动乱背景下的中国海外能源投资保障研究》，载《国际经济法学刊》2012 年第 2 期。

② 陈晔：《 试析中国海外利益内涵及分布》，载《新远见》2012 年第 7 期。

③ 赵伯乐：《文化软实力与中国海外利益保护》，http://gd.qq.com/a/20130704/018218.htm.

④ 夏莉萍：《海外中国公民安全状况分析》，载《国际论坛》2006 年第 1 期。

标和国家目标，避免政府过度干预，企业需审视自身的国际化管理能力，并制定相应的海外投资战略。[①]陈积敏认为，中国对外投资的主要目的地国中有相当比例是发展中国家与欠发达国家。这些国家在法制建设、投资规范、政局稳定等方面不够完善，受外部条件影响的脆弱性与敏感性较强，增加了中国海外投资的政治风险。在此基础上，他提出了规避海外投资风险应作出相应的外交努力以及维护海外投资利益的对策。[②]倪世雄则从贸易保护主义的角度论述了中美之间贸易摩擦的形成路径，并提出了公众—国会—政府的研究框架。[③]此外，还有学者从整个海外经济利益出发，研究海外经济利益面临的风险问题。[④]

3. 海外利益所在国政治经济不稳定

丁斌将动荡国家或地区分成利比亚式动荡国家、伊拉克式动荡国家、巴基斯坦西北部式动荡地区、南北苏丹式动荡地区、“1998 年印度尼西亚骚乱”式动荡地区等五类。介绍了从 20 世纪 90 年代至 2012 年中国公民在动荡国家或地区人身安全的维护与拓展情况，并提出相关建议。[⑤]王金岩从中国和利比亚在能源、承包工程和商贸往来三方面的合作情况分析利比亚变局对中国经济利益的影响，并对未来中利经贸合作提出几点建议。其他一些学者以不同动荡地区为视点对中国海外利益进行讨论，理性评估中国企业与公民在动荡国家或地区投资兴业的政治风险，分析中国在这些国家或地区投资兴业的现状与前景，为中国企业与公民前往

---

① 刘宏、汪段泳：《金融危机后中国对外直接投资的海外利益研究》，载《经济理论与经济管理》2011 年第 8 期。

② 陈积敏：《论中国海外投资利益保护的现状与对策》，载《国际论坛》2014 年第 5 期。

③ 倪世雄、李淑俊：《从公众—国会—政府的互动关系看美国贸易保护主义——以中美贸易摩擦为例》，载《美国研究》2007 年第 4 期。

④ 门洪华、钟飞腾：《中国海外利益研究的历程、现状与前瞻》，载《外交评论（外交学院学报）》2009 年第 5 期。

⑤ 丁斌：《浅析新时期我国在动荡国家（地区）的海外利益政治风险评估与维护》，外交学院硕士学位论文，2012 年。

这些国家或地区投资兴业提供建议。[①]

4. 能源困境及海上通道安全威胁

袁野认为，目前中国在维护能源安全方面陷入了政治领域内的“制度困境”、文化领域内的“国家形象困境”以及“公民安全困境”之中。[②]能源困境的另一重大要素是运输线的安全问题，它与非传统安全威胁、海上通道沿岸国家政局动荡等问题结合，形成海上通道安全威胁问题。有关海上通道安全方面的研究成果主要集中在内容与形成原因、维护手段以及可替代方案上。王历荣认为，影响中国海上通道安全的因素包括海洋大国力图对海上通道实行垄断、海上通道沿岸国政局恶化、海盗与海上恐怖主义猖獗。[③]王杰、吕靖、朱乐群等学者阐述了应急状态下中国海上通道安全的法律保障、存在的主要问题，并提出进一步完善法律保障体系的建议。[④]关于以陆上通道替代海上通道的研究主要集中在马六甲困局、在印度洋北部沿岸国家援建港口、筹建新欧亚大陆桥等方面，尤其2013年习近平总书记在哈萨克斯坦纳扎尔巴耶夫大学演讲时提出建设“丝绸之路经济带”的概念后，涌现出一批关于新欧亚大陆桥交通体系的研究文章，提出实施双向海路分流战略，以减轻海上通道安全威胁的风险。

5. 价值认同与战略误读

约瑟夫·奈将软实力分为文化吸引力、政治价值观、塑造国际制度

① 王金岩：《利比亚变局对中国海外经济利益的影响》，载《阿拉伯世界研究》2012年第2期。钱学文：《中东剧变对中国海外利益的影响》，载《阿拉伯世界研究》2012年第6期。陈向阳：《对当前中国周边地区形势动荡的几点看法》，载《亚非纵横》2010年第4期。刘林智：《北非地区动荡化与中国海外利益维护》，载《现代国际关系》2012年第5期。

② 陈迎春：《论海外利益与中国的地缘经济空间》，载《发展研究》2013年第3期。

③ 王历荣：《论中国海上通道安全》，载《徐州工程学院学报（社会科学版）》2009年第5期。

④ 王杰、吕靖、朱乐群：《应急状态下我国海上通道安全法律保障》，载《中国航海》2014年第2期。

和决定世界政治议程的能力。[①] 其中，政治价值观的解读问题常导致西方国家对中国的发展模式以及发展战略的误读。首先体现在以某些别有用心的异见分子为借口，对中国的政治制度建设指手画脚；其次体现在对中国的高速发展怀有忧虑，误读中国的发展战略并造成深远影响。近年来各种版本、不断更新的“中国威胁论”损害了中国的国家形象，破坏中国海外经济利益的发展环境，为中国对外关系的发展以及对国际制度的参与和建设带来了消极影响。

（四）关于中国海外利益维护与拓展的战略与策略

1. 树立明确的海外利益观

武丽丽认为，随着中国崛起的步伐不断加快，国际战略利益格局悄然进行重组。中国海外利益的保护战略将对国际战略利益格局产生重要影响，中国应重塑海外利益观以及海外利益保护观，实现从被动到积极应对、再到主动参与介入的战略转变，积极参与世界事务，主动维护国家、企业、华人及公民的切实利益。[②] 门洪华指出，中国国家实力的增长伴随着国际利益的迅速扩大，给国际秩序、国家间关系、国际制度设计带来一系列冲击。中国海外利益的研究存在着如何系统理解、保护和拓展中国国家利益、海外利益的问题。随着国家实力的提升，中国海外利益的拓展不仅表现为发展成本的上升，更被视为综合国力增强的新要素。从根本上讲，确立新的国家利益观，提供切实可行的海外利益拓展规划和政策应对，是中国学界面临的一项长期任务。[③]

① 杨光海：《国际制度与国家软实力的增进》，载《教学与研究》2010年第3期。

② 武丽丽：《中国海外利益的发展、威胁及其保护》，复旦大学硕士学位论文，2010年。

③ 门洪华、钟飞腾：《中国海外利益研究的历程、现状与前瞻》，载《外交评论（外交学院学报）》2009年第5期。

2. 参与国际制度建设

郭树勇分析了中国外交史中的代表性案例，肯定了国际制度对于中国国家利益的重要性。[①] 刘鑫以国家利益与国际制度的关系作为研究起点，回顾中国参与国际制度的历史进程，总结中国参与国际制度的历史经验，分析中国参与国际制度过程中的问题，评估提升中国国际制度能力的有利条件和不利条件，提出强化中国国际制度能力、拓展中国海外利益的整体框架。[②] 此外，唐昊、苏长和等学者都论述了利用国际制度、法律和规则保护海外利益的必要性。[③]

3. 建立海外利益保障和预警机制

张磊从法律视角全面分析和评论了外交保护法律制度中的基础理论问题，侧重分析了外交保护实施条件的规则细节。[④] 张曙光从外交管理的角度论述了如何保障海外利益。[⑤] 周淳则通过对比外交保护与领事保护的不同，认为突破传统国际法在外交保护方面的局限，高效利用领事保护的优势，配以国内立法的自主快捷，是本国国民在海外安全保障的最佳途径。[⑥] 王前强叙述了中国海外利益面对的部分威胁，并提出旧有的利益保障机制已经不能适应海外利益的新趋势，主张建立新的保障机制，包括观念上由被动到主动、以经济利益为核心、加强国际合作，利

---

① 郭树勇：《国际制度的融入与国家利益——中国外交的一种历史分析》，载《世界经济与政治》1999年第4期。

② 刘鑫：《国际制度能力与中国海外利益的维护与拓展》，吉林大学硕士学位论文，2013年。

③ 唐昊：《关于中国海外利益保护的战略思考》，载《现代国际关系》2011年第6期。苏长和：《论中国海外利益》，载《世界经济与政治》2009年第8期。

④ 张磊：《外交保护国际法律制度研究》，华东政法大学博士学位论文，2010年。

⑤ 阎学通：《什么是国家利益》，载王缉思总主编：《中国学者看世界——国家利益卷》，新世界出版社2007年版，第22页。

⑥ 周淳：《外交保护与领事保护的法律地位》，载《北京政法职业学院学报》2012年第2期。

用国际机制实施国防和海洋新战略，保护海外利益。[①]

4. 提升国家软实力

提升国家软实力是一国树立良好形象的必要途径，也是维护国家海外利益的重要手段之一。安秀伟提出，加强软实力在维护和拓展海外利益方面的运用：首先，需要把海外利益教育的内容注入国民教育体系，其次，应注重发挥对外经济交往对人们思想的改造功能，最后，应提高国际制度的创设和执行能力。[②] 曹云华、张彦认为，软实力是实现海外利益的重要手段之一。海外华人是中国软实力的“承载者”，是政治软实力的“解释者”，是经济软实力的“推广者”、是文化软实力的“传播者”。提升国家软实力、保障国家海外利益，必须与保护华人华侨、发挥华人华侨的积极作用相结合。[③]

5. 借鉴他国经验

在海外利益维护与拓展的国际经验方面，美国、日本、英国、印度等国受国内学者普遍关注，尤以美国为甚。宋莹莹认为，美国拥有从政策、法律到政府机构等的一系列完善的海外经济利益保护机制，这套机制集政府战略部署、法律法规支撑、机制组织保障和军事打击辅佐于一体，是一张覆盖海外金融、经贸市场、能源资源、经济情报的巨大网络。[④] 殷仁胜认为，美国的霸权行径是其海外国民权益遇险的根本原因，然而，其强大的国力又为其海外国民权益保护提供政治、外交、军事等保护措施，美国的盟友也是其维护海外公民权益的重要力量。[⑤] 夏莉萍

---

① 王前强：《全球化与中国海外利益保障机制的转型》，载《八桂侨刊》2005年第3期。

② 安秀伟：《和平发展战略下维护和拓展中国海外利益新的价值纬度》，载《河北青年管理干部学院学报》2011年第1期。

③ 曹云华、张彦：《中国的海外利益：华侨华人的角色扮演——基于软实力的视角》，载《暨南学报（哲学社会科学版）》2012年第10期。

④ 宋莹莹：《简析美国海外经济保护机制》，载《世界经济与政治》2012年第8期。

⑤ 殷仁胜：《美国海外公民权益保护及对我国的启示》，载《三峡大学学报》2013年第5期。

特别研究了美国和英国领事保护预警机制的特点，认为具有渠道多、内容细、设有专门机构和培训课程等特点，并提出了对中国的启示。[①] 黄立志则介绍了领事保护的一些欧洲经验，包括英国精致的撤离机制、挪威领事保护中新媒体手段的运用和国际合作等，并且认为世界已进入“大领事”时代。[②]

（五）关于“一带一路”倡议

“一带一路”倡议在国际社会引起热烈反响和广泛响应，中外专家学者围绕“一带一路”倡议提出的背景、内涵等展开研究并提出了一系列意见和建议。

于军、徐瑶认为，“一带一路”倡议提出的背景之一是中国海外利益的拓展。随着中国实力的不断上升，中国的海外利益有了更广阔的内涵，经济利益、政治利益、文化利益、资源利益、安全利益等构成了一个彼此关联、相互促进的有机整体。近年来，中国海外利益的拓展面临难得的战略机遇，与此同时，伴随中国海外利益体量增长，中国海外利益的敏感性和脆弱性也同步增长，海外利益的维护刻不容缓。一方面，中国的海外利益进入发展的深化期，已经凸显为中国与外部世界关系的一个重要影响因素和关系国计民生的重大战略议题。另一方面，2008 年以来，金融危机所暴露出的全球治理的深层次问题日益凸显，不少国家和地区的社会、经济形势不断恶化，社会局面屡有失控，中国企业“走出去”也经受了巨大的挑战。“一带一路”沿线地区既是中国重要的海外利益攸关区，同时也是大国地缘政治博弈与非传统安全威胁高发的热点地区，亟须从战略层面加强顶层设计，务实推进，切实保护中国日益

① 夏莉萍：《美英领事保护预警机制的特点及对我国的启示》，载《外交评论》2006 年第 1 期。

② 黄立志：《大领事时代——“保护海外公民：中国与欧洲的经验与视角”研讨会侧记》，载《国际政治研究》2013 年第 2 期。

增长的海外利益。①

有学者指出，中国提出“一带一路”倡议与中国经济社会发展需求和深化对外开放密切相关，国家综合实力的增强和经济发展的转型需要，加上深化改革过程中面临的贸易、投资及金融风险凸显，海外公民的人身安全与财产安全的需求等，形成了提出“一带一路”倡议的主要国内因素。②关于“一带一路”倡议提出的国际背景，学者普遍认为，发达国家经济疲软和发展中国家经济增长潜力巨大、区域经济互补性趋强以及国际战略格局的调整等，构成了“一带一路”倡议提出的主要国际背景。③

学界从不同视角对“一带一路”的内涵做了解读，普遍赞誉“一带一路”倡议倡导的开放包容、和平发展、互利共赢理念符合世界历史发展趋势。国内专家普遍认为，“一带一路”蕴含着以经济合作为基础和主轴，以人文交流为重要支撑，开放包容的合作理念。特别是“一带一路”将中亚、南亚、东南亚、西亚等区域连接起来，有利于各区域间互通有无、优势互补，建立和健全亚洲供应链、产业链和价值链，使泛亚和亚欧区域合作迈上新台阶。国外智库和专家学者大多从中国崛起的角度解读“一带一路”内涵。世界银行前副行长帕拉西奥在“丝绸之路经济带建设国际学术研讨会”上表示，古丝绸之路成为文明沟通桥梁的代名词，不冲突不对抗的独立外交政策是新丝绸之路的精华所在。开罗大学亚洲研究中心主任萨利赫认为，“一带一路”构想与“中国梦”的理念相辅相成。新加坡东亚研究所所长郑永年认为，丝绸之路既是中国古老文明的一部分，也是当代中国文明在国际政治舞台上自信和复兴的有效方法，是大国崛起所依托的时代精神。他还提出，丝绸之路的核心是

① 于军、徐瑶：《“一带一路”倡议与中国对外战略》，载薄贵利主编：《强国宏略——国家战略前沿问题研究》，人民出版社2016年版。

② 王义桅、吕楠：《热话题与冷思考——关于“一带一路”与中国外交的对话》，载《当代世界与社会主义》2015年第4期。毛艳华：《“一带一路”对全球经济治理的价值与贡献》，载《人民论坛》2015年第9期。

③ 揭锡捷：《“一带一路”战略几个基本问题研究综述》，载《南方论坛》2016年第4期。

贸易，中国对外关系的核心是经济贸易。也有部分国外学者质疑“一带一路”深层的地缘政治动机。俄罗斯远东研究所副所长卢贾宁认为，该构想试图重新划分太平洋到欧洲的经济版图，是遏制美国并将其赶到大西洋的有效武器，是从根本上改变世界美元架构的起始平台。日本《外交学者》杂志副主编蒂耶齐刊文称，该构想是“珍珠链”在新的名义下继续发展壮大，使美国、印度等国家的战略家感到担忧。[①]

研究中学者们还提出了大量的意见和建议，如争取民心、夯实合作基础；人文先行、带动经济合作；深化互信、妥善应对外界关切；转变并创新与发展中国家的合作模式；立足产业分工大布局，促进互联互通、贸易联通、货币流通；形成国内合力并突出企业主体作用等。

四、海外利益与国家战略

随着全球化的深入发展和中国国力的提高，中国海外利益的发展面临难得的战略机遇期，同时势必造成中国海外利益的敏感性和脆弱性也同步增长。中国的海外利益已经凸显为未来 10—30 年中国与外部世界关系以及中国国家战略调整的一个重要影响因素。拓展与维护中国的海外利益，要坚持统筹国内国际两个大局，从国家战略层面加强国家能力、国家关系、海洋强国、国际形象和国际制度等五个方面的建设。

（一）国家能力建设

国家能力即国家实现其意志、决策和目标的能力，在国际关系中表

① 蒋希蘅、程国强：《国内外专家关于“一带一路”建设的看法和建议综述》，载《中国外资》2014 年第 10 期。

现为应对他国竞争与挑战的能力、参与创建国际制度的能力、相对他国提升自身力量的能力、提供国际公共产品（承担国际责任）的能力、保护海外利益的能力等。国家能力是海外利益发展的关键，标志着一个国家的整体发展水平与未来发展态势。[①]随着中国海外利益版图的扩大，加强国家能力建设将是未来中国国家战略的重点。

1. 坚持对外开放的基本国策不动摇，同世界各国相互借鉴、取长补短

统筹国内国际两个大局、两个市场、两种资源，以更开放的视野，打破行政区划限制和国际限制，形成全方位的主动对外开放格局。坚持互利共赢，提升参与全球治理的能力，拓展对外发展新空间，增强全球投资谋划能力，努力在风云变幻的国际环境中拓展国家的海外利益。

2. 推进海外民生工程建设[②]

一是完善海外民生工程的相关制度建设：包括加快领事保护和外交保护立法进程、加快涉外民商立法、加强国内法与国际法的衔接融合以及境外公民网络登记制度化建设等。

二是设立海外利益专门机构：在国家层面设立专门委员会，领导协调海外民生工程；将外交部领事保护中心升格为领事保护局，重点完善领事保护机制、监测预警机制、应急机制的建设，推动领事和外交保护立法程序的顺利进行，并进一步整合资源，提升预警、处置、宣传和立法等方面的协调行动能力。

三是拓展海外制度利益：积极参与、改革、创设国际制度，服务海外民生工程。

四是加大海外民生工程的资金投入力度：设立领事保护基金或领事保护特定事项基金，确保日常支出需求和应急支出权限。经费可由国家

---

① 关于国家能力建设的内涵与外延参见：于军、程春华：《中国的海外利益》，人民出版社 2015 年版，第 192—195 页。

② 海外民生工程是由政府主导，国家、社团、企业、公民多元参与，以保护中国公民、机构、企业和华人华侨海外合法权益和生命财产安全为主要内容，包括国家战略设计、体制机制改革、政策举措创新在内的维护与拓展海外利益的国家战略性工程。

财政支持，也可以来源于民间团体、国际组织等。

五是加强武装保护能力建设：通过参与国际维和、人道主义救援、反恐、反海盗等海外军事行动以及中国海军的全球航行显示中国军事存在；加强作战力量海外投送能力建设，确保在更大战略空间执行多样化军事任务的能力，维护战略通道安全；按照国际惯例打造海外战略支撑点，选取重要港口加强投资、建设以及与所在国开展密切的合作，要作为一项国家行为迅速实施；支持民间安保公司的发展，填补海外安全需求和供给之间的巨大缺口，打造更加完善的海外安全保护体系。

3. 加强国防能力建设，为国家战略保驾护航

一是坚持以总体国家安全观为指导，坚决维护国家核心和重大利益。

二是不从单纯军事角度追求“绝对安全”。

三是国防建设要与经济发展水平匹配。

四是秉持正确义利观，倡导多边安全合作。

（二）国家关系建设

构建良好的国家间关系，有利于为“一带一路”倡议提供政治与外交保障，有利于推动世界格局多极化，为中国的海外利益提供巩固的周边地缘战略依托和营造良好的和平发展国际环境。

1. 建设新型周边关系

未来10—30年，中国对外关系的重点是抓住发展这个最大公约数，扎实推进“一带一路”建设，并在此过程中秉持“亲、诚、惠、容”的周边外交理念，坚持与邻为善、以邻为伴，坚持睦邻、安邻、富邻，深化同周边国家的互利合作和互联互通，打造周边命运共同体。

2. 建设新型大国关系

中美关系是中国建立新国际秩序的体验。“不冲突，不对抗”，客观看待彼此的战略意图，坚持做伙伴、不做对手。“相互尊重”，即尊重各自选择的社会制度和发展道路，尊重彼此核心利益和重大关切，这是红线和底线。“合作共赢”，即不断深化利益交融格局，促进共同发展。[①] 在可见的未来，中国不要挑战美国的军事和美元霸权，但要稳步且坚定不移地推进国防现代化和人民币国际化建设。

3. 推进中国特色大国外交，建设全球伙伴关系网络

中国已同67个国家、5个地区或区域组织建立了72对不同形式、不同程度的伙伴关系，基本覆盖了世界上主要国家和重要地区。构建全球伙伴关系网络是中国外交的一个特色，是一条“结伴而不结盟”的新路，强调平等、和平、包容，[②] 目的是构建合作共赢的新型国际关系。

4. 展望未来10年，中国对外关系还需进一步调整，特别是加大理论创新力度和提高执行能力

首先，强化底线思维，凡事从坏处准备，努力争取最好的结果，做到有备无患、遇事不慌、牢牢把握主动权；[③] 其次，“创造性介入”，灵活保护海外利益；[④] 最后，调整全球地缘战略，“东稳西进、南下北上”，[⑤] 全方位拓展和维护海外利益。

（三）海洋强国建设

海洋是海外利益发展的重要战略空间。向海而兴、背海而衰。迄今，中国历史发展过程中经历四大海洋战略：清朝前中期是拓展海疆；近代开始后是保卫海防；改革开放后是走向海洋；新时期以来是“提高海洋

---

① 王缉思、仵胜奇：《中美对新型大国关系的认知差异及中国对美政策》，载《当代世界》2014年第10期，第2页。

② 《探索中国特色大国外交之路——王毅部长在第二届世界和平论坛午餐会上的演讲》，http://www.fmprc.gov.cn/web/ziliao_674904/zyjh_674906/t1053901.shtml.

③ 慎海雄：《领导干部要善于底线思维》，载《新华每日电讯》2013年4月7日。关于中国外交底线思维的具体内涵参见杨洁勉：《站在新起点的中国外交战略调整》，载《国际展望》2014年第1期。

④ 王逸舟：《创新不干涉原则，加大保护海外利益的力度》，载《国际政治研究》2013年第2期。

⑤ 王帆：《战略转型期的中国外交战略规划》，载《外交评论》2013年第6期。

资源开发能力，发展海洋经济，保护海洋生态环境，坚决维护国家海洋权益，建设海洋强国”。

海洋强国不是海洋霸权国家。霸权国家是一个或两个国家，海洋强国是一批国家。凡是能够利用海洋获得比大多数国家更多的海洋利益，从而使它们的国家成为比其他国家更发达的国家，都可以称为海洋强国。[①]

海洋强国是在开发、利用、保护和管控海洋方面拥有强大综合实力的国家。建设海洋强国：首先，要完善海洋立法，构建依法治海体系；其次，要加强海洋意识，树立海洋经济观和海洋安全观；再次，要提高全民海洋素质，培养高水平海洋人才；最后，要建立海上综合安全保障体系，既要致力于多边安全和合作安全，又要发展强大的国防。国家海上力量的核心是海军的壮大。

（四）国家形象建设

作为“对于一个国家及其民众的历史、现实、政治、经济、文化、生活方式以及价值观等的综合印象”[②]，国家形象是一国海外利益的重要组成部分，体现一个国家的软实力和综合国力。

1. 加强中国国家形象的战略管理

一是建立国家层面的国家形象管理机构——“国家形象委员会”，负责国家形象的战略管理。

二是加强国家形象的战略设计和规划。

三是注重国家形象战略实施的协调。

四是开展国家形象的监测与评估。

五是重视国家形象的危机处理。

---

① 杨金森：《海洋强国兴衰史略》，海洋出版社 2014 年版，第 1 页。

② 察哈尔学会等：《中国国家形象调查报告 2012》，载《公共外交季刊》2012 年冬季号，第 5 页。

2. 推进现代化建设

全面深化改革，完善和发展中国特色社会主义制度，推进国家治理体系和治理能力现代化。特别是要形成公平竞争的发展环境，增强经济社会发展活力，提高政府效率和效能，实现社会公平正义，促进社会和谐稳定，提高中国共产党的领导水平和执政能力。

3. 提升文化软实力

一是提出简洁易懂、深入人心的核心价值体系，对内产生凝聚力，对外形成吸引力。

二是坚持文化自信，提高文化开放水平，鼓励不同观念、方法和文化形式间的交流、竞争。借助社会及市场力量塑造中国文化形象，传播核心价值理念。

4. 构建中国特色话语体系

话语体系是人们在一定社会语境中形成的思想理论体系和知识体系的外在形式，用以表达特定的思想立场和价值观念。构建中国特色话语体系，要坚持马克思主义指导，要从中华优秀传统文化中吸取智慧，要吸收国外优秀文化成果。①

（五）国际制度建设

国际制度指在国际关系某一特定领域行为者在认识上趋于一致的原则、规范、规则和决策程序，主要以国际组织、国际机制和国际惯例的形式在国际社会发挥作用。国际制度能力是国家在国际社会参与、改革、构建和实施国际制度的能力。国际制度框架内的投票权、决策权、话语权、代表性及其相关的权益，既构成国际制度参与者的海外制度利益，又是实现和维护海外利益的重要手段。中国将通过以下路径拓展海外制度利益。

① 《学习时报》2016年8月8日。

1. 参与国际制度

从学习、实践到创新，提高议程设置能力和对规则的影响力，外交风格由“重双边轻多边”向“双边与多边并重”转变，从而提高全球治理能力，为中国海外利益提供制度保障。

2. 改革国际制度

对原有国际制度不合理的地方逐步进行调整，既要符合国际社会需求和大多数国家利益的导向，又要寻找问题突出、切实可行的突破点。

3. 创新国际制度

秉持量力而行、权责对等的原则，综合利用工具主义与规范主义的国际制度设计路径，善于寻找国际制度的“空白地带”，弥补原有国际制度的不足，从而获得更多的支持。

4. 积极参与全球治理

全球治理体制变革正处在历史转折点上，中国要发挥建设性作用，推动国际秩序朝着更加公正合理的方向发展。首先，要弘扬共商共建共享的全球治理理念；其次，坚持《联合国宪章》的宗旨和原则；最后，要以创新推进国际经济金融体系改革，完善全球治理机制。当前应致力于建设中国参与全球治理的平台建设。

第一章
海外经济利益

◆王　茹

随着中国开放型经济新体系的建设，中国企业“走出去”的步伐明显加快，中国投资者参与全球经济投资的热情愈发高涨，中国传统和新兴金融机构努力探求国际金融合作的渠道，中国政府更积极更主动地参与国际经济规则的制定和完善，中国的海外经济利益版图迅速拓展。

本章对中国海外经济利益的定义和分类进行界定，总结中国海外经济利益的起步、发展和深化三个阶段及其特征，分析中国海外经济利益的现状、分布与存在问题，并探讨未来维护和发展中国海外经济利益的战略对策。

一、海外经济利益的界定

海外经济利益是国家利益的海外延伸，是海外利益的核心和基础。世界各国都非常重视海外经济利益的维护和拓展，海外经济利益实际上是大国崛起战略选择的核心要素。[①]

（一）海外经济利益的定义

中国海外经济利益指中国的自然人、法人或国家所拥有的，通过全球联系产生的，在中国有效的主权管辖区域以外存在的，受到国际合约、当地法规或中国国内法规保护的资产和收益[②]。

构成中国海外经济利益的要件包括：①利益区域，即利益发生在主

① 员智凯、李博：《中国海外经济利益的安全保障研究》，载《河南社会科学》2012年第4期，第54页。

② 本定义参考苏长和、陈伟恕、李众敏等人对海外经济利益的定义，但在涵盖内容上有所区别。汪段泳、苏长和编：《中国海外利益研究年度报告（2008—2009）》，上海人民出版社2010年版，第31—60页。

权管辖区域或行政管辖区域以外。②利益主体，利益主体不只是国家，而是包括自然人、法人（企业）在内。③利益原则，中国所拥有的经济利益必须符合国际合约、当地法律或中国国内法律等其中任何一项，即视为合法利益，这比通常用“国际合约”为界线的定义要宽泛，因为有些国家并不是国际合约的成员，所以用国际合约来界定显然不合适。

中国海外经济利益的主要内容包括海外资产和海外收益。海外资产包括中国的对外资产和海外承包在建的工程。关于中国的对外资产，根据中国国家外汇管理局的统计，2015 年年末，中国对外金融资产 62189 亿美元，对外负债 46225 亿美元，对外金融净资产 15965 亿美元。在对外资产中，直接投资 11293 亿美元，证券投资 2613 亿美元，金融衍生工具 36 亿美元，其他投资 14185 亿美元，储备资产 34061 亿美元，分别占对外金融资产的 18%、4%、0%、23% 和 55%；在对外负债中，直接投资 28423 亿美元，证券投资 8105 亿美元，金融衍生工具 53 亿美元，其他投资 9643 亿美元，分别占对外负债的 61%、18%、0.1% 和 21%。关于中国的海外工程，2015 年 1—11 月，中国对外承包工程新签合同额 1630.3 亿美元，同比增长 1.3%；完成营业额 1301.2 亿美元，同比增长 7.3%。这些工程分布在全球不同地区，也是中国海外经济利益的重要组成部分。海外收益包括海外投资所得、承包工程所得、务工所得等。一般情况下（非外汇管制或资本管制），中国政府、企业和个人可以依法将海外收益兑换成可汇兑的货币并汇回国内。[①]

（二）海外经济利益的分类

学界关于海外经济利益的分类大致有以下几种情况。

① 李众敏：《中国海外经济利益保护战略刍论》，载《世界政治与经济》2012 年第 8 期，第 93 页。

1. 按内容划分

门洪华认为经济利益是海外利益的核心，并分述了海外经济利益的五个方面：对外贸易、对外投资、国际金融合作、资源能源进口、国际制度能力。[①] 部分学者认为海外经济利益包括对外贸易、对外直接投资、融入世界经济体系、开展国际金融合作等。还有学者从对外直接投资、贸易进出口、海外能源获取等角度分析海外经济利益。

2. 按地域划分

阎学通在其《中国国家利益分析》一书中，从地域分布和构成内容上论述了中国的国际经济利益，认为国际经济利益的重点在发达国家，周边国家的经济利益发展加快，在亚洲以外第三世界的经济利益有限。[②] 陈迎春从地缘的角度分析中国的海外经济生存和发展空间，从周边到大周边，从双边到次区域组织，不同层次上的地缘经济空间有着不同的国家利益诉求和实现途径。[③]

本章主要采取第一种划分方法，认为海外经济利益包括对外贸易、对外投资、国际金融合作等方面内容。[④] 对外贸易和对外直接投资是中国海外经济利益主要的存在形式，也是当前急需维护的主要内容。作为改革开放的有机组成部分，中国与世界银行集团、亚洲开发银行、国际农业发展基金、全球环境基金及欧洲投资银行等国际金融组织的合作也进入逐步深化的阶段。

---

① 门洪华、钟飞腾：《中国海外利益研究的历程、现状与前瞻》，载《外交评论》2009 年第 5 期，第 60 页。

② 阎学通：《中国国家利益分析》，天津人民出版社 1997 年版，第 20 页。

③ 陈迎春：《论海外利益与中国的地缘经济空间》，载《发展研究》2013 年第 3 期，第 21—22 页。

④ 考虑到资源能源利益和制度利益的重要性和特殊性，本书将其作为海外利益的独立组成部分，不归属于海外经济利益。

二、中国海外经济利益的发展阶段

中国海外经济利益的发展可以分为起步、发展和深化三个阶段。经历了由点到面、由简单趋向复杂的过程，在形式和内容上也发生了很大变化，逐步从传统的以对外贸易为主向多元化方向发展。[①]

（一）起步阶段：1949—1978 年

经济利益从属于政治和安全利益，中国国家利益主要局限于本国疆域范围内的保护，新中国成立之后的相当长一段时间里，谋求政治承认、维护主权与安全是国家海外利益维护的着眼点。[②] 在新中国成立初期曾游离于国际社会之外，甚至曾对国际秩序发出过挑战，在历史变革中经历了一次国家身份再定义的过程，即从一个革命性国家向现代性国家转化[③]，同时也经历了一次对自身与世界关系再认识的过程，对海外利益和海外经济利益的理解也经历了反复和波折。海外经济利益仅限于规模极小、范围极窄的对外经贸和对外援助。

（二）发展阶段：1979—2008 年

从 20 世纪 70 年代末开始，伴随改革开放政策的实行，中国的海外

① 张志：《关于维护和拓展中国海外利益问题的思考》，载《社会科学论坛》2008 年第 12（下）期，第 68 页。

② 门洪华、钟飞腾：《中国海外利益研究的历程、现状与前瞻》，载《外交评论》2009 年第 5 期，第 57 页。

③ 秦亚青：《国家身份、战略文化和安全利益：关于中国与国际社会关系的三个假设》，载《世界经济与政治》2003 年第 1 期，第 52 页。

经济利益发生了具有历史意义的变化。首先，认识到国家利益的维护最终取决于自身经济实力的发展，发展经济成为中心工作和核心要务，海外经济利益逐渐成为占据主导地位的海外利益。可以说，中国海外经济利益的发展反映了中国过去30多年经济、政治和文化变革的巨大成就。[①]其次，随着中国与国际社会相互关系的深化，海外经济利益逐渐呈现出区域化至全球化的趋势，呈现出国内利益国际化和国际利益国内化的趋势。再次，随着中国经济体系对外部资源的依赖和对外投资的加强，中国海外经济利益凸显并以前所未有的深度和广度拓展。[②]

随着中国参与国际经济的深度和广度不断扩大，对外贸易增长迅速，连上新台阶。中国企业的对外投资也进入快速发展时期。贸易伙伴日益多元化，参与国际经济交往不断深入，目前已同世界各大洲所有国家和地区建立了贸易往来，形成了多层次、多元化的对外贸易发展格局，进一步增强了中国参与国际规则制定的实力和能力。[③]

然而，经济全球化和区域经济一体化使经济发展跨越了地域限制，各国的政治经济行为不再局限于一国主权范围内，并且致使国家间贸易关系相互依赖，国家利益的边界呈现模糊性，增加了中国维护和拓展海外经济利益的难度。[④]

（三）深化阶段：2009年至今

金融危机爆发至今，对世界政治、经济和安全格局产生了重要影响。

---

① 王金强：《现实建构主义视野下的中国海外利益分析》，载《当代世界社会主义问题》2010年第1期，第112页。

② 张志：《关于维护和拓展中国海外利益问题的思考》，载《社会科学论坛》2008年第12（下）期，第69页。

③ 李涛：《中国海外经济利益拓展的方式、风险及维护路径探析》，载《经济问题探索》2014年第1期，第27页。

④ 宋瑞琛、陈云东：《中美双边投资协定谈判：国际投资与海外利益维护》，载《学术交流》2015年第4期，第48页。

对于中国的海外经济利益来说，此次金融危机对中国既产生了巨大冲击，也带来了巨大机遇。

金融危机的冲击主要体现在以下几个方面：一是对中国对外贸易的冲击很大。金融危机导致全球贸易保护主义重新抬头，中国与各国的经贸摩擦越来越多。此外，由于各国经济均遭受重创，为挽回其损失遂以中国企业为出气口，使之受到了不公正的待遇，甚至人员安全也受到威胁。二是对国际体系造成了巨大的影响，使中国拓展海外利益面临更加复杂的国际环境。金融危机对国际力量对比产生了重大作用，新兴经济体对于世界经济的贡献率不断上升。中国无疑是其中最耀眼的，随之而来的“霸权论”、“威胁论”甚嚣尘上，严重威胁了中国维护和拓展海外国家权益的外部环境。

与此同时，金融危机也给中国海外利益拓展带来了巨大的机遇。首先，中国在此次危机中由于措施果断，率先实现了企稳回升的态势，使各国对自由市场主义和中国的发展模式有了新的认识，中国模式获得了更广泛的认同甚至模仿。其次，中国“负责任的大国”形象随着更多参与国际经济事务而逐渐树立，由此而带来的溢出效应致使中国在其他国际制度中的参与度增多、话语权增大、规则设置能力提升。[①] 最后，中国多年积累的资本优势在全球金融危机中日益凸显，中国企业和项目“走出去”具备更明显的需求拉动效应。

2013 年 9 月和 10 月，习近平总书记分别访问哈萨克斯坦和印度尼西亚先后提出了建设“丝绸之路经济带”和“21 世纪海上丝绸之路”的重大倡议。

在这样的时代背景下，中国适时提出“一带一路”战略，为企业投资海外提供了难得的机遇，[②] 也将海外经济利益的维护和拓展带入了新的

---

① 陈晔：《后金融危机时代中国海外利益的维护与拓展》，载《西南科技大学学报（哲学社会科学版）》2011 年第 1 期，第 28—29 页。

② 方旖旎：《经济“新常态”下民企海外投资阻碍因素与对策研究——基于 2010—2014 年经验数据》，载《当代经济管理》2015 年第 12 期，第 39 页。

历史时期。

“一带一路”战略是中国共产党在国家由大向强发展关键阶段做出的重大战略决策，是助推中华民族伟大复兴的全球战略，预示着中国从全球化追随者向全球化倡导者、从国际规则遵循者向国际规则制定者的根本性转变。①

“一带一路”是在新的时代条件下中国复兴古代丝绸之路、践行区域协商共治的新倡议，不仅充分展现了中国追求和平发展、合作共赢的真诚愿望，也显示出中国致力于构建新型国际关系、走向全球负责任大国的责任担当，赢得了国际社会的高度关注和积极反响。随着这一战略的推进，中国对外开放和实施大规模“走出去”的力度将越来越大，中国海外经济利益的内涵和外延将进一步扩展。②

该战略提出并实施以来，中国对沿线国家的投资、贸易、承包工程等进一步增长。截至 2016 年 6 月，共有 70 多个国家和国际组织积极参与“一带一路”建设，中方制定出台了推动共建“一带一路”的愿景与行动文件，并同 30 多个国家签署了共建“一带一路”的合作协议③。中国已与 20 个国家签署了协议，开展机制化的产能合作，一大批重点项目在各国落地生根。截至目前，中方设立的各类多双边产能合作基金已超过 1000 亿美元。2015 年，中国企业对“一带一路”相关的 49 个国家开展了直接投资，投资额共计 150 亿美元。④这表明中国与沿线国家的利益进一步契合、产业链进一步融合，中国海外经济利益的深度与广度大幅增加。

---

① 中央党校省部级干部进修班（第 57 期）：《“一带一路”战略面临的风险挑战及对策研究》，载《理论视野》2015 年第 8 期，第 58 页。

② 吴志成、董柞壮：《“一带一路”战略实施中的中国海外利益维护》，载《天津社会科学》2015 年第 6 期，第 69 页。

③ 2016 年 6 月 22 日，习近平在乌兹别克斯坦最高会议立法院发表题为《携手共创丝绸之路新辉煌》的重要演讲。

④ 王毅：《一带一路”建设取得一系列重要早期收获》，http://world.people.com.cn/n1/2016/0522/c1002-28369022.html.

三、中国海外经济利益的现状、分布与问题

中国海外经济利益包括对外贸易、对外投资、国际金融合作三个方面的内容。对外贸易是中国海外经济利益的拓荒者，也是改革开放以来中国海外经济利益最重要的组成部分。近年来，中国贸易规模跃居世界第二，成为名副其实的贸易大国，互联网与贸易的结合进一步带来贸易方式的新突破；对外投资异军突起，成为中国海外经济利益的生力军，对外投资规模、范围不断扩大，投资结构逐渐优化；国际金融合作成为中国研究的热点话题，尤其随着中国崛起的加速，人民币升值、东亚货币合作、中国参与国际金融制度的能力等成为国际社会关注中国的核心议题，中国国际金融合作的深度和广度均得以有效拓展。

（一）对外贸易的现状、分布和问题

1. 对外贸易的现状

对外贸易一直被视为中国与世界关系的核心领域，是中国走向世界的引领者和带动者，也是中国海外经济利益的重要组成部分。林毅夫等人认为，传统衡量贸易的方法低估了对外贸易对中国经济增长的贡献度。

近几年，中国对外贸易发展着力于“稳增长、调结构、促平衡”，加快转变外贸发展方式，增强外贸可持续发展能力，贸易大国地位得以巩固，贸易结构继续优化，进出口发展更趋平衡。

中国对外贸易发展总体状况如下：

（1）贸易大国地位巩固。

货物贸易进出口规模跃居世界第二，“十二五”期间，中国对外贸

易进出口总额增长 18.15%，其中出口增长 23.4%，进口增长 12.44%。

2015 年，受外需低迷、内需放缓、价格下跌、要素成本持续快速上升等多种因素叠加影响，中国外贸形势复杂严峻，下行压力大。数据显示，2015 年，中国进出口 39586.44 亿美元，同比下降 8%，其中出口 22765.74 亿美元，下降 2.8%，进口 16820.7 亿美元，下降 14.1%。

表 1-1　2006—2015 年中国对外贸易总体情况

（单位：亿美元，%）

年	进出口总值	同比	出口总值	同比	进口总值	同比
2015	39586.4	–8.00	22765.7	–2.80	16820.7	–14.10
2014	43030.4	3.40	23427.5	6.10	19602.9	0.40
2013	41603.3	7.60	22100.4	7.90	19502.9	7.30
2012	38667.6	6.20	20489.3	7.90	18178.3	4.30
2011	36420.6	22.50	18986	20.30	17434.6	24.90
2010	29727.6	34.68	15779.3	31.31	13948.3	38.71
2009	22072.2	–13.84	12016.6	–15.88	10055.6	–11.26
2008	25616.3	17.84	14285.5	17.29	11330.9	18.55
2007	21738.3	23.46	12180.1	25.69	9558.2	20.74
2006	17606.9	23.81	9690.7	27.17	7916.1	19.92

资料来源：http://data.mofcom.gov.cn/channel/trade/trade.shtml，查询日期：2016 年 5 月 22 日。

图 1-1　2006—2015 年中国对外贸易同比增长率变动情况

资料来源：http://data.mofcom.gov.cn/channel/trade/trade.shtml，查询日期：2016 年 5 月 22 日。

（2）对外贸易占国际市场份额持续提升。

预计2015年中国对外贸易占国际市场份额升至13.4%左右，比2014年提高1个百分点，比“十一五”末提高3个百分点，是5年来中国际市场份额上升最快的一年。从进出口来看，在2015年全球贸易出现两位数负增长的背景下，中国的降幅远远低于主要的贸易伙伴和全球的贸易降幅速度。[①]2016年，中国在全球贸易中的份额预计由12.2%提高1个百分点，超过13%，是在全球份额当中提升最快的一年。[②]2015年全年货物贸易顺差达到5930亿美元，为维护国家金融安全发挥了积极的作用。全年实现服务贸易进出口7130亿美元，增长14.6%，占全球比重和中国外贸比重实现了“双提升”。[③]

（3）贸易结构持续升级。

贸易方式更趋合理，在国务院“稳增长、调结构”相关措施的大力推进下，2015年中国一般贸易进出口值为13.29万亿元，下降6.5%，占进出口总值的54%，所占比重较上年提升0.3个百分点；其中出口增长2.2%。民营企业对外贸易显示出更强活力，2015年中国民营企业进出口9.1万亿元，微降0.2%，占进出口总值的37%，提升2.5个百分点；其中出口增长3.1%。

（4）市场多元化成效显著。

近年来，中国加快开拓新兴市场的成果逐步显现，与新兴市场国家贸易快速发展，贸易伙伴多元化取得积极进展。2015年，欧盟、美国、东盟为中国前三大贸易伙伴，双边贸易值分别为3.51万亿、3.47万亿和2.93万亿元。同期，中国对东盟、印度等新兴市场贸易相对表现较好，其中对东盟双边贸易值略降0.6%，对印度增长2.5%，表现均好于进出口总体情况。

---

① http://news.xinhuanet.com/fortune/2016-01/15/c_1117793148.htm.

② http://finance.ce.cn/rolling/201603/10/t20160310_9394876.shtml.

③ http://www.chinanews.com/cj/2016/02-23/7768975.shtml.

（5）部分大宗商品进口量保持增长。

2015 年，中国部分大宗商品进口量保持增加。其中，进口铁矿砂 9.53 亿吨，增长 2.2%；原油 3.34 亿吨，增长 8.8%。同期，中国进口价格总体下跌 11.6%。其中，铁矿砂、原油、成品油、大豆、煤炭和铜等大宗商品价格跌幅较深。同期，中国出口价格总体下跌 1%，跌幅明显小于同期进口价格总体下跌幅度。由此测算，2015 年中国贸易价格条件指数为 112.1，表明中国出口额定数量的商品可以多换回 12.1% 的进口商品，意味着中国贸易价格条件明显改善，对外贸易效益有所提升。

特别值得关注的是，在中国经济进入新常态的大背景下，原来驱动对外出口规模快速增长要素的成本优势逐渐下降，要素投入出现边际效用递减，贸易增长趋势减缓。在这一背景下，“互联网 +”新业态应运而生。

2014 年全球电子商务交易规模达到 38. 7 万亿美元，网络零售交易额达到 1. 32 万亿美元，中国的网络零售达到 4485. 2 亿美元，居全球首位，中国电子商务交易总额增速是国内生产总值增速的 3. 86 倍。2014 年，中国跨境电子商务交易规模 4. 2 万亿元，同比增长 33. 3%，网民跨境网购的渗透率达到 10%，跨境电商平台企业超过 5000 家，通过各类平台开展跨境电商的企业超过 20 万家。[①]

互联网以其高技术附加值、高效整合贸易资源的强大优势，极大地降低贸易成本，同时提升货物贸易与服务贸易效率，已经成为支撑贸易结构转型的新增长点。在以互联网为首的技术进步浪潮中，服务贸易领域内的各个细分部门边界开始模糊，逐渐发生交互与融合，从而产生了新兴的产业形式，即服务贸易的新业态，包括跨境电子商务、互联网金融、现代物流与国际快递等，同时具有技术密集型与知识密集型的特点。[②]

① 张莉：《“互联网 + ”对我国对外贸易竞争新优势的影响及对策》，载《国际贸易》2015 年第 7 期，第 32 页。

② 裘莹、于立新：《“互联网 +”新业态促进中国服务贸易与货物贸易协调发展研究——基于浙江省的经验》，载《宏观经济研究》2015 年第 12 期，第 18 页。

“互联网＋”对中国外贸竞争优势的影响具体可表现在以下几个方面：首先，优化提升产业链优势。“互联网＋”将驱动中国从国际产业链低端的加工制造向中高端提升，随着工业互联网向装备制造和新能源、新材料等工业领域渗透，也将带动中国中高端制造业的发展。其次，提升国际话语权优势。通过互联网获取准确、实时的国际贸易信息资源，不仅可以掌握国际贸易市场动态，而且可以预测国际市场发展态势；大力发展国际支付结算服务，加强在线支付结算平台的能力。再次，提升营销网络优势。最后，提升综合服务优势。“互联网＋外贸”可以充分发挥整合国内企业资源、对接国际市场等方面的积极作用，提供包括海外推广、交易支持、在线物流、在线支付、在线融资、售后服务、信用体系和纠纷处理等外贸电子商务全流程服务，大大提高了服务品质。云计算、物联网等新一代信息技术的应用将会提升中国服务贸易的整体发展水平，降低服务成本，提高服务效率，实现中国服务在全球的扩张，提高中国服务贸易出口竞争力。[①]

2. 对外贸易的分布

中国对外贸易的分布情况主要可以从国别和区域分布、结构分布、方式分布三个角度进行分析。

从国别和区域来看，按2016年1—2月的最新数据统计，欧盟为中国第一大贸易伙伴国，进出口总值达796.1亿美元；美国为中国第二大贸易伙伴国，进出口总值为727.3亿美元；东盟为中国第三大贸易伙伴国，进出口总值为615.1亿美元。在贸易形势总体严峻的态势下，中国与发达国家贸易合作相对平稳，而金砖国家和其他新兴市场国家贸易状况下滑较明显。

① 张莉：《“互联网＋”对我国对外贸易竞争新优势的影响及对策》，载《国际贸易》2015年第7期，第33—34页。

表 1-2 2016 年 1—2 月货物进出口分国家和地区统计

（单位：亿美元，%）

国家和地区	进出口总值	同比	出口总值	同比	进口总值	同比
总值	5107.3	−17.40	3033.2	−17.80	2074.1	−16.70
香港地区	392.6	−10.50	370.2	−13.10	22.4	78.00
印度	106.8	−9.10	90.2	−5.60	16.6	−24.10
日本	378.6	−11.90	198	−12.20	180.7	−11.40
韩国	356.9	−14.90	129.9	−17.40	227	−13.40
台湾地区	229.1	−15.40	55.7	−11.50	173.4	−16.60
东盟	615.1	−19.60	368.5	−24.80	246.6	−10.40
印尼	74.4	−23.30	48.5	−30.20	25.9	−5.60
马来西亚	113.9	−27.50	52.1	−37.50	61.8	−16.30
菲律宾	62.1	−8.50	39.8	−3.70	22.3	−16.10
新加坡	105.1	−24.30	72.9	−22.60	32.2	−27.80
泰国	105.3	−9.40	56.8	−13.10	48.6	−4.70
越南	123	−16.70	76.2	−27.10	46.8	8.50
欧盟	796.1	−14.30	520.3	−15.40	275.8	−12.20
英国	107.5	−15.40	83.2	−16.70	24.4	−10.60
德国	212.3	−16.60	100.9	−17.10	111.4	−16.10
法国	72.6	−11.80	39.5	−18.90	33.1	−1.50
意大利	63.7	−13.90	42.2	−13.40	21.6	−15.00
荷兰	97.5	−14.60	84.4	−16.00	13.2	−4.40
俄罗斯	91.2	−9.70	48.6	−8.70	42.6	−10.70
南非	46.5	−27.90	18.6	−37.00	27.9	−20.20
巴西	76.3	−21.80	28.9	−50.30	47.4	20.20
加拿大	68.2	−18.10	39.2	−24.10	29	−8.30
美国	727.3	−17.00	544.9	−15.70	182.5	−20.60
澳大利亚	143.2	−24.30	59.5	−8.20	83.7	−32.70
新西兰	19.6	−7.60	6.9	−23.10	12.7	3.80

资料来源：http://data.mofcom.gov.cn/channel/includes/list.shtml?channel=mysj&visit=D&type=4.

从贸易结构和类型来看，产品结构更加优化，中国出口产品逐步向高端升级，向资本技术密集型产品升级；在垂直专业化程度越来越高的国际分工体系中，向高附加值的产业链两端延伸，如零部件生产和制造环节向高附加值部分升级；向产业链上游的研发设计环节升级，或向下游的自主品牌、自主销售渠道升级等。2015 年，中国出口机电产品 8.15 万亿元，增长 1.2%，占出口总值的 57.7%，较上年提升 1.7 个百分点。同期，纺织品、服装、箱包、鞋类、玩具、家具、塑料制品等 7 大类劳动密集型产品出口总值 2.93 万亿元，下降 1.7%，占出口总值的 20.7%；其中，玩具、家具、箱包、塑料制品出口保持增长。同时，中国服务贸易结构日益优化，2014 年高附加值服务进出口快速增长，金融服务、通讯服务、计算机和信息服务进出口增速分别达到 59.5% 、24.6% 和 25.4%，远远超过货物贸易进出口增速和服务贸易进出口增速。①

从贸易方式来看，一般贸易为货物进出口最主要的方式，2016 年 2 月出口总值 689.2 亿美元，进口总值 520.3 亿美元，超过了加工贸易和其他贸易的总和。而加工贸易 2016 年 2 月出口总值 439.1 亿美元，进口总值 248.4 亿美元，占比逐年降低，意味着中国贸易方式正向着更加良性、附加值更高的服务型贸易转型。

表 1-3 2016 年 2 月货物进出口按贸易方式统计

（单位：亿美元，%）

贸易方式	出口总值	同比	进口总值	同比
一般贸易	689.2	-28.50	520.3	-12.90
加工贸易	439.1	-22.20	248.4	-18.30
其他贸易	133.1	-18.20	166.8	-9.30

资料来源：http://tjxh.mofcom.gov.cn/article/tongjiziliao/feihuiyuan/201603/20160301275234.shtml.

3. 对外贸易面临的问题

（1）国内外宏观经济环境导致需求低迷。

① 张琳：《“十三五”时期中国外贸形势展望：机遇与挑战》，载《世界经济与贸易》2015 年第 9 期，第 35 页。

从国际环境看，世界经济处于后金融危机时期坎坷复苏态势，发达经济体得以温和复苏并逐渐巩固，新兴市场国家逐步进入结构性调整，国际市场需求低迷不足。从国内环境看，劳动力工资上涨，造成了出口企业成本激增，挤压利润空间，中国出口低成本优势受到挑战。未来国内经济增速持续下降，会导致国内进口需求不足，内外部环境都对外贸发展带来了巨大的挑战。[①]

（2）中国产品出口面临“双向挤压”。

改革开放以来，中国出口贸易增长的最主要驱动因素是数量的扩张，而不是产品的多元化与质量升级。中国的贸易增长方式是粗放与外延型的，即低价格和规模产出是中国出口的主要竞争优势。[②]而现在中国已经步入高成本时代，劳动力成本、土地成本等要素投入价格的上涨导致生产成本的全面上升，极大地挤压了企业的利润空间，出口企业的比较优势被削弱，使得大量工厂外迁，转移至东南亚、南亚、非洲等生产成本更低的地区，中国低端制造生存空间被大大压缩。另一方面，随着发达国家对制造业地位的重新认识，制造业回流和再工业化在金融危机后成为老牌制造强国的普遍选择，而中国在制造成本方面的优势渐少，产品质量和技术标准差距短期内尚无法赶超发达国家，高端制造同样面临挤压。

（3）外贸产品附加值相对较低。

在全球化背景下，资源和生产要素跨国别配置，国际分工的深化和全球产业链的形成，因此，深度融入全球价值链分工体系是中国经济和贸易的发展趋势，分工决定了一国在全球价值链上的位置和地位，单位附加值决定了全球分工后的福利收益。中国在参与全球分工、创造和获取产品新价值的程度上存在一定差距，应提升在全球价值链分工中所处

---

① 张琳：《“十三五”时期中国外贸形势展望：机遇与挑战》，载《世界经济与贸易》2015 年第 9 期，第 35 页。

② 盛斌、钱学锋、黄玖、立东艳：《入世十年转型：中国对外贸易发展的回顾与前瞻》，载《国际经济评论》2011 年第 5 期，第 84 页。

的位置，从价值链微笑曲线最底端的生产环节向两端延伸，提高产品附加值。

（4）新贸易保护主义对中国外贸影响凸显。

在爆发金融危机之后，很多国家开始加大对本国国内企业的关注，更加注重国内公民的生活状态等，而受到金融危机影响较为深重的国家开始采取新的贸易保护主义来对国内企业进行保护。这使得很多较为依赖出口的国家受到了一定的冲击，作为出口大国的中国首当其冲。在不少国家和地区，时常会出现“中国制造”引起的贸易调查，并且在不少发展中国家出现对中国产品的贸易调查数量正在逐年增加。很多国家开始对进口产品的质量进行关注，对产品的生产环境、生产过程以及包装等方面进行充分的考虑，而中国并不能尽快提高相关产品标准以适应国外的要求，使得对外贸易的数量急剧降低。出口企业为了维持相应的出口额，增加了人力和技术上的投资，造成了出口成本的增加，整体上出现了对外贸易行业的缩水情况。①

（5）国际经贸制度环境愈加复杂。

进入21世纪，世界经济发展的不平衡加剧，经济全球化的阻力与助力并存，尤其是全球金融危机以来世界经贸发展陷入低潮期，引发国际社会严重焦虑。这既有对国际经贸规则的反思，也开启了国际经贸规则重构的热潮。当前，国际贸易规则重构最强劲的推动力来自区域性自由贸易协定。发达国家尤其是美国试图通过“跨太平洋战略经济伙伴协定”（TPP）、“跨大西洋贸易与投资伙伴协定”（TTIP）和“服务贸易协定”（TISA）谈判，建立起高标准的贸易新规则。中国作为一个负责任的大国，也正在积极应对挑战，主动参与国际经贸新规则的制定。2014年年底，亚太经合组织第二十二次领导人非正式会议上，中国提出的建立亚太自贸区的战略构想得到各国领导人一致赞同。党的十八届三中全会正式提出，

① 李晓芳：《新贸易保护主义对中国对外贸易的影响研究》，载《企业导报》2015年第21期，第104页。

未来中国要建成“面向全球的高标准的自由贸易区网络”。贸易新规则的出现将极大改变当前世界贸易的格局，国际贸易环境发生变化的预期增大将是外贸企业面临的新常态。①

（二）对外投资的现状和问题

中国对外投资是近年来国际关注的热点话题，经济发展模式升级以及全球贸易投资格局的转换要求中国进一步开放；外汇储备增多、产业竞争力增强以及国际市场卷入程度加大，也使中国企业具备了向海外投资生产的可能性。②

1. 对外投资的现状

改革开放初期，中国只有少数国有企业主要是贸易企业走出国门，开办代表处或设立企业。随着对外开放步伐的加快，特别是加入世界贸易组织以来，中国企业对外投资进入快速发展时期。对外投资领域不断拓宽，对外投资层次和水平不断提升。资源、电讯及石油化工等行业成为中国对外投资的主要领域，金融业也成为继采掘业、制造业和商务服务业之后又一对外投资的重要领域。一批境外研发中心、工业产业集聚区逐步建立，境外经济贸易合作区域建设取得重要进展。③

（1）对外直接投资高速增长。

2015年，中国境内投资者共对全球155个国家和地区的6532家境外企业进行了非金融类直接投资，累计实现对外投资7350.8亿元人民币（合1180.2亿美元），同比增长14.7%。12月当月，对外直接投资865亿元人民币（合138.9亿美元），同比增长6.1%。截至12月底，中国累计

① 祁春凌、徐丽：《中国对外贸易新常态的表现与转型发展的路径选择》，载《经济纵横》2015年第8期，第90页。

② 门洪华、钟飞腾：《中国海外利益研究的历程、现状与前瞻》，载《外交评论》2009年第5期，第62页。

③ 李涛：《中国海外经济利益拓展的方式、风险及维护路径探析》，载《经济问题探索》2014年第1期，第28页。

对外非金融类直接投资 5.4 万亿元人民币（合 8630.4 亿美元）。

（2）对外投资格局不断优化。

2015 年，中国对外直接投资流量上亿美元的国家和地区有 54 个，其中 10 亿美元以上 13 个，分别为中国香港、开曼群岛、美国、英属维尔京群岛、新加坡、荷兰、澳大利亚、哈萨克斯坦、卢森堡、老挝、印度尼西亚、加拿大和巴西。中国企业共对"一带一路"相关的 49 个国家进行了直接投资，投资额合计 148.2 亿美元，同比增长 18.2%，占总额的 12.6%，投资主要流向新加坡、哈萨克斯坦、老挝、印度尼西亚、俄罗斯和泰国等。2015 年，中国内地对中国香港、东盟、欧盟、澳大利亚、美国、俄罗斯和日本七个主要经济体的投资达 868.5 亿美元，占同期总额的 73.6%。对东盟和美国投资增长较快，同比分别增长了 60.7% 和 60.1%；对香港地区投资增长 8.3%。

（3）对外承包工程发展迅速。

2015 年，中国对外承包工程业务完成营业额 9596 亿元人民币（合 1540.7 亿美元），同比增长 8.2%，新签合同额 13084 亿元人民币（合 2100.7 亿美元），同比增长 9.5%，带动设备材料出口 161.3 亿美元。其中，12 月当月完成营业额 239.5 亿美元，同比增长 13.5%，当月新签合同额 470.4 亿美元，同比增长 52.8%。2015 年，新签合同额在 5000 万美元以上的项目 721 个，比上年同期 662 个增加 59 个，合计 1758.5 亿美元，占新签合同总额的 83.7%。其中，上亿美元项目 434 个，较上年增加 69 个。12 月当月新签合同额在 5000 万美元以上的项目 131 个（较上年同期增加 19 个），合计 413.1 亿美元，占当月新签合同总额的 87.8%；其中上亿美元的项目 92 个，同比增加 29 个。2015 年，中国企业在"一带一路"相关的 60 个国家新签对外承包工程项目合同 3987 份，新签合同额 926.4 亿美元，占同期中国对外承包工程新签合同额的 44.1%，同比增长 7.4%；完成营业额 692.6 亿美元，占同期总额的 45%，同比增长 7.6%。截至 2015 年底，对外承包工程业务累计签订合同额 15717 亿美元，完成营业额 10892 亿美元。

（4）对外劳务合作稳中有降。

对外劳务合作方面，数据显示，2015 年，中国对外劳务合作派出各类劳务人员 53 万人，较去年同期减少 3.2 万人，同比下降 5.7%。其中，承包工程项下派出 25.3 万人，劳务合作项下派出 27.7 万人。12 月当月，派出各类劳务人员 5.8 万人，较去年同期减少 0.5 万人。年末在外各类劳务人员 102.7 万人，较去年同期增加 2.1 万人。截至 2015 年年底，对外劳务合作业务累计派出各类劳务人员 802 万人次。

（5）民营企业对外投资日趋活跃。

近年来，民企对外直接投资无论是规模总量、流量与存量占比、投资者构成占比以及跨国并购力度均明显增长，不断创下历史新高。2010 至 2014 年间，民企对外直接投资流量由 202.99 亿美元增至 467 亿美元，占比 2013 年达到峰值，为 54.8%。5 年间民企对外直接投资复合增速达 23.35%，远超过中国企业整体（13.95%）与国有企业整体（9.21%）增速。截至 2014 年年底，中国已有近万家民企在超过 160 个国家或地区投资 1 万多家企业，近 70% 对外直接投资集中于制造业、矿产业、纺织业、交通业、批发零售以及商业服务业等 6 大行业。其对外直接投资模式已从早期成立办事处、贸易公司与连锁商城等单一化投资方式向成立海外加工基地、构建全球营销网络、设立海外研发中心、兼并海外企业等集群化投资模式转变。[①]

2. 对外投资存在的问题

（1）对外直接投资比重相对偏低。

中国对外直接投资的流量和存量规模不断扩大，2013 年之后对外直接投资净额更是突破千亿美元。但无论是从中国对外直接投资占全球对外直接投资比例，还是从中国对外直接投资占对外投资总额比例来看，中国的对外直接投资相对规模和发展速度仍不足，使得对外直接投资整

① 方旖旎：《经济“新常态”下民企海外投资阻碍因素与对策研究——基于 2010—2014 年经验数据》，载《当代经济管理》2015 年第 12 期，第 39—40 页。

体质量和数量受到限制。

（2）对外投资结构有待优化。

从区域结构看，中国对外直接投资在流向上存在着方向单一和向发达国家倾斜的分布格局，从对外投资区域上看亚洲占有绝对压倒性地位，覆盖率高达 70%，其次是非洲和拉丁美洲。从行业结构看，中国对外直接投资虽然参与的行业比较齐全，但是行业分布严重不均且偏重于基础产业和劳动密集型产业，缺乏对高新技术产业投资，不利于中国产业结构和经济结构优化升级，未来对外直接投资应向技术密集型行业转变。

（3）投资保护主义影响较大。

国际金融危机和全球经济衰退也导致贸易投资保护主义重新抬头，特别是针对中国的各种形式的贸易投资保护主义措施层出不穷。发达国家出于自身利益和政治、经济、安全等方面的考虑，在遏制中国发展方面正在形成默契，不仅加大了对中国出口产品的反倾销、反补贴和特殊保障等方面的保护主义措施力度，而且对中国企业的对外投资和收购兼并活动也会设置更多的障碍和采取更多的限制性措施。这种带有偏见和针对性的投资保护主义，也会干扰和影响中国企业“走出去”扩大对外投资的步伐，需要保持高度警惕。①

（4）民营企业对外投资差距仍较大。

与发达国家企业海外投资相比，中国民企尚处于发展初期，其对外直接投资存量仅占世界 1%，总量仅为中国国内生产总值 2.5%，远低于同期英（76%）、法（58%）、德（40%）、美（34%）、日（17%）水平。对外投资民企中 95% 为中小规模企业， 50% 以上境外项目投资规模在 10 万—500 万美元，资本流向集中在亚非拉等发展中国家或地区，并购目标企业多为资本或技术短缺劳动密集型企业。民企规模小、实力弱、缺乏自主品牌、创新能力不足以及由文化差异导致绩效不佳等使民企在

① 毕吉耀：《国际金融危机给我国扩大对外投资带来新机遇》，载《中国金融》2010 年第 3 期，第 15 页。

对外直接投资进程中面临更多风险与压力。①

（5）对外直接投资形式单一。

中国对外直接投资主要有新设和并购两种形式，在中国经济发展的第一阶段，由于国家外汇管制严格、跨国并购审批程序复杂、国内企业资金不足和经验缺乏等原因，中国对外直接投资以新设为主。随着国家经济实力的增强和一批跨国企业的形成，中国对外直接投资逐渐转向以兼并、收购等形式为主。从 2004 年中国并购形式的对外直接投资比重首次超过 50% 后，并购已经成为目前对外直接投资的主要形式，但对外直接投资的进入方式缺乏创新。②

（三）国际金融合作的现状和问题

根据国际国内形势的发展变化，中国与国际金融组织合作关系不断调整。金融危机爆发以来，伴随着中国国际地位和影响力的大幅提升，着力深化与国际金融组织全方位合作，对内利用国际金融组织平台调动国际资源支持国内发展，对外积极参与国际金融组织改革，引导国际金融组织政策方向，提高中国在国际经济事务中的代表性和话语权。

1. 国际金融合作的现状

（1）银行业成为国际金融合作主体。

银行业是金融业海外投资的活动主体，正在积极推进中国金融业国际化进程。③金融危机重创发达国家金融体系，大批金融机构资产损失巨大、经营陷入困境，业务量明显萎缩，为中国的银行金融机构“走出去”开展跨国经营带来新的机遇。2014 年，金砖国家开发银行、亚洲基础设

---

① 方旖旎：《经济“新常态”下民企海外投资阻碍因素与对策研究——基于 2010—2014 年经验数据》，载《当代经济管理》2015 年第 12 期，第 40 页。

② 杨飞虎、晏朝飞：《“一带一路”战略下我国对外直接投资实施机制研究》，载《理论探讨》2015 年第 5 期，第 81 页。

③ 员智凯、李博：《中国海外经济利益的安全保障研究》，载《河南社会科学》2012 年第 4 期，第 54 页。

施投资银行分别成立。作为中国主导建立的两家金融机构，金砖银行以服务发展中国家为重点，为发展中国家投融资提供帮助。亚洲基础设施投资银行则以援助亚太地区国家的基础设施建设为主要方向，为亚洲国家的基础设施项目提供融资支持。两家金融机构的建立，不仅丰富了中国在投融资领域的经验，而且为人民币国际化提供平台；更为重要的是对于加速推动国际货币基金组织和世界银行的改革提供动力。①

（2）在国际金融组织的话语权不断提升。

国际金融组织对中国的期望上升，希望与中国开展全方位合作。国际金融危机后，世界银行、亚洲开发银行、国际农发基金、全球环境基金等相继进行增资，提高了自身财务能力，但仍不能满足全球巨大的发展融资需求。在发达国家经济普遍低迷，对发展援助的出资意愿和能力大大降低时，国际金融组织在资金方面对新兴大国特别是中国的期望增加，希望借助中国增强其资金动员规模。这些机构还希望通过参与中国下一步的改革和发展实践，搭上中国未来发展的快车，保持其在国际发展理念、政策和实践领域的领先地位。中国抓住机遇，推动世界银行如期完成投票权改革，提升中国在世界银行的地位和影响力。2009 年二十国集团匹兹堡峰会明确提出世界银行投票权改革的量化目标，中国经过激烈的交锋，最终使发达国家向发展中国家转移 3.13 个百分点的投票权，中国在世界银行的投票权由 2.77% 上升至 4.42%，成为世界银行第三大股东，为提高中国在国际金融组织的话语权和影响力奠定了坚实的基础。同时，与国际金融组织人事合作成效显著，越来越多的中国人在国际金融组织中担任高层职位。②

（3）不断拓宽合作领域和内容。

一是与国际金融组织共同开展综合性、战略性的联合研究。如 2010

---

① 邢凯旋、步星辉：《浅析中国海外经济利益治理》，载《宁夏党校学报》2015 年第 7 期，第 87 页。

② 郑晓松：《探索与国际金融组织合作的新思路》，http://gjs.mof.gov.cn/pindaoliebiao/jingyanjiaoliu/201305/t20130515_870239.html.

年9月财政部与世界银行联合开展中国未来发展战略研究，形成了《2030年的中国》报告，为推动经济体制改革、制定未来发展战略提供了有益的参考。

二是与国际金融组织搭建了新的合作平台机制。2012年8月和12月分别与亚洲开发银行、世界银行成立了“区域知识共享中心”和“世界银行—中国发展实践知识中心”。

三是积极利用国际金融组织技援资金推进国内体制机制创新和能力建设。近年来，利用世界银行技援贷款2000万美元和英国国际发展部信托基金赠款约600万美元，全面实施“中国经济改革实施项目”，支持中央和地方53个子项目开展相关领域的政策研究和机构能力建设，大部分子项目已顺利完成并产生了很好的政策成效。利用亚行技援赠款6000多万美元，支持有关部门和地方开展政策咨询和能力建设方面近百个技援项目。①

（4）人民币国际化快速推进。

伴随中国作为经济贸易大国地位的确立，人民币国际化的进程大大加快。研究表明：2009年人民币国际化指数为0.02%，而2014年已达到2.47%，增长了123.5倍。同年世界第四大主要货币（前三位为美元、欧元和英镑）日元的国际化指数已回落至3.82%。这表明在正常情况下人民币有望在近两年就可以跃升到第四大世界主要货币的地位。显然，作为推进对外直接投资强有力工具的人民币国际化，已经并将进一步成为促进中国对外直接投资的重要工具。当然，人民币国际化的意义不仅限于这一点，它对中国整个经济实力的增强、乃至促进国际金融新秩序的建立和世界经贸关系的发展，都有重要的作用。②

① 郑晓松：《探索与国际金融组织合作的新思路》，http://gjs.mof.gov.cn/pindaoliebiao/jingyanjiaoliu/201305/t20130515_870239.html.

② 汪海波：《论对外投资的历史发展》，载《首都经济贸易大学学报》2016年第1期，第12页。

（5）通过国际金融组织平台务实推进区域合作。

进一步增强中国对亚洲开发银行框架下大湄公河次区域（GMS）经济合作的主导权。结合国家总体发展战略和云南、广西两省区有关发展规划，深度参与大湄公河次区域2012—2022年新十年合作战略框架的制定工作，使大湄公河次区域新十年战略充分体现了关于区域合作的关切和主张。通过参与大湄公河次区域各领域项目的实施，特别是推动域内基础设施互联互通的制度化安排，进一步加强了对次区域经济合作的力度，有力促进了云南、广西两省区的对外经贸合作。在亚洲开发银行中亚区域经济合作机制（CAREC）下，不断深化同中亚国家的经济联系，提升中国在中亚区域的政治和经济影响力，促进新疆和内蒙古两省区的沿边开放。①

2. 国际金融合作的问题

（1）金融国际监管协调与合作不足。

随着全球化的深入发展，国际贸易和资本流动更加自由，但全球化在加速资源优化配置的同时，也扩大了危机的传导范围，加速了危机的传导速度。中国与国际金融机构及大国央行在重要银行机构的监管、国际金融改革以及跨境危机处置和跨境监管合作等方面交流不足，股市、债市和汇率的剧烈波动反映了中国在金融全球化条件下金融国际监管协调与合作的不足。

（2）国际货币体系亟待改革。

国际金融危机暴露了现行国际货币和金融体系的缺陷，急需改革和完善国际货币体系，建立稳定、可靠、基础广泛的国际储备货币体系。当前国际货币体系的核心构筑在美元霸权的基础上，在2008年次贷危机爆发后，美国政府大量印刷美元来刺激美国经济的行为，使得美元汇率在未来可能面临大幅贬值的风险，这将给包括金砖五国在内的美国债权

① 郑晓松：《探索与国际金融组织合作的新思路》，http://gjs.mof.gov.cn/pindaoliebiao/jingyanjiaoliu/201305/t20130515_870239.html.

国造成巨大损失。在经济复苏后又迅速进入加息通道，导致新兴市场国家资本大量外流，资本市场剧烈动荡。中国一方面应加强呼吁国际货币体系改革，加大新兴市场国家话语权，另一方面应充分利用特别提款权等手段，加强与主要经贸投资伙伴国之间的本币贸易与本币结算，加大人民币在国际储备货币中的地位，加快人民币国际化进程，降低对美元的依赖程度。

四、维护和发展中国海外经济利益的对策

维护和发展中国海外经济利益需要顶层设计、统筹谋划、系统推进，要进一步完善海外经济利益保护的制度体系，打造良好的双边和多边合作关系，积极融入国际规则的制定，提高国际金融合作水平，积极发挥企业主体性作用。

（一）完善海外经济利益保护的制度体系

1. 构建海外经济利益保护的战略框架

海外利益是涉及国家发展的战略问题，海外经济利益维护机制需以国家战略为统领。西方国家的战略决策层高度重视海外经济利益维护问题，大多将海外公民、对外贸易、能源运输等视为战略议题。随着对外贸易、海外投资的迅速发展，中国应将海外经济利益维护提至国家战略高度，为海外经济利益安全提供战略保障。首先，秉持促进海外经济利益发展的战略。改革开放是中国海外经济利益生成与发展的主要内在驱动力。全球化时代，中国应秉承改革开放、“走出去”和“引进来”等战略，为海外经济利益发展提供战略支撑。其次，明确海外经济利益维护的重心和目标。对快速崛起的中国而言，保障海外公民、对外贸易、

能源开采的安全是当下海外经济利益维护的重心，追求在领域性、地区性和全球性经济机制中的话语权、决策权乃至主导权是不应放弃的长远利益与战略目标。再次，法律制度是海外利益维护的合法框架与重要手段。应建立健全关于海外利益维护的法律体系和制度保障，出台《对外援助法》《对外投资法》《能源安全法》等法律，完善政策协调、危机预警、应急管理、保险补偿等制度，为海外经济利益安全提供法律保障和制度支撑。①

2. 建立海外经济利益的多元化保护体系

海外经济利益保护的关键是中国在全球的经济与政治实力切实提升，还需要丰富的外交、商业、民间等保护手段。应增强不同利益主体间的合作与协调，发挥其积极性、主动性和创造性，形成以政府引导、企业主导、民间辅助的海外利益维护体系。对外援助、各种多边合作平台、行业协会与商会、海外华侨等都应该成为海外经济利益保护的手段。既应从提升国家综合实力、参与国际经济规则制定、加强国际政治和文化交流等层面增强国家和政府层面维护海外经济利益的能力，又要强化跨国公司、行业协会、海外华侨和民间组织等利益主体的自我维护能力。加快对大型跨国公司自我保护能力的提升，使其成为中国保护海外经济利益的主要力量。②

3. 完善海外经济利益风险评估机制

中国要从政府和企业两个层面入手，加紧建成海外经济利益风险评估和预警体系。政府方面充分发挥职能作用，提高各部门组织协调和风险预警评估能力，从根本上建成和完善中国风险评估应急体制。建立海外投资的全流程风险管理服务模式（风险识别—风险转移—风险控制—保险保障—风险评价），帮助企业准确评估风险。在评估风险的时候，政

---

① 王发龙:《中国海外经济利益维护机制探析》，载《学术交流》2015年第4期，第124页。

② 李众敏:《中国海外经济利益保护战略刍论》，载《世界经济与政治》2012年第8期，第105页。

府要充分考虑到投资环境中可能影响中国海外经济利益安全的各个方面，认清其政治形势和经济发展水平，把握市场动向和财政收支状况等，做到具体情况具体对待，对不同层次、级别和不同行业或区域提供与之相适应的政策支持，力求在风险发生时将损失降到最低值。还应加强国际合作。中国是多边投资担保机构（MICA）的成员国之一，要利用该机构的规则，用足其担保额度及保险网络，提高海外投资的保险容量。[①] 企业应该对"走出去"面临的风险进行常态化的研究，降低对政府部门风险预警和风险信息服务的依赖，必要时可设立专门的风险研究部门，重点关注所在国的政治、经济动向，金融、税收、外汇等经济制度和政策信息，市场信息以及法律制度等；及时了解并掌握国际市场的需求状况和投资环境变化，研究分析相关产业、产品和企业信息，减少投资和经营的盲目性；加强对企业资金、投融资、担保等重大财务事项的监管，对重点指标进行跟踪分析和财务预警，切实加强金融衍生业务监管，增强抗风险能力。

（二）打造良好的双边和多边合作关系

1. 加强战略顶层设计

对外合作所涉及的海外利益复杂多样，对统筹规划和顶层设计要求很高。

一是进一步理顺政府与企业、社会的关系，明确政府在海外利益维护中的角色地位，引导各级政府、企业与社会形成良性互动，发挥不同行为体的作用，整合外交、军事、商务、安全等部门的资源，强化企业与政府间的沟通。

二是保持合理的目标预期与推进节奏，切忌在目标设定上过高过急，

① 员智凯、李博：《中国海外经济利益的安全保障研究》，载《河南社会科学》2012 年第 4 期，第 56 页。

以免战线过长、失速脱轨。在实施步骤上应先易后难，由近及远，不宜盲目铺摊设点。在推进速度上，应顺势而为，造势而行。[①]

三是要妥善处理大国关系，凝聚相关大国共识，避免相互掣肘与战略对抗。寻求与相关大国现有战略对接，寻找共同的目标与利益，合作解决共同关切的问题，避免战略上的竞争对抗，从而为战略的顺利推进塑造和平稳定的环境。[②]

2. 积极追求观念共识

海外经济利益的发展和海外经济权益的保护，最终依赖和平共处的双边关系、公正有效的多边国际制度和和谐有序的世界秩序。[③]中国当然有自身特色的价值特性，但中国与世界各国也拥有很多共同的愿景和共性的观念。长期以来，国际社会更强调中国特色的政治体制、价值观念、文化习惯等，对共性的价值理念严重忽略，中国在宣传方面也忽视了这方面的正向引导，不利于在国际社会凝聚共识。观念共识带来的信任资源比利益联系带来的物质资源，对中国的海外利益拓展维护更为重要。要加大力度宣传中国“永不称霸”以及“睦邻、安邻、富邻”政策，增强国际话语权。

3. 努力寻找利益交汇点

中国的海外利益不可避免要与西方国家的既得利益发生冲突，对中国存有敌意和疑虑的国家从传统的地缘政治因素出发，将中国的海外利益看作“新殖民主义”。[④]中国海外利益首先是利己而非利他的，但由于

---

① 中央党校省部级干部进修班（第57期）：《“一带一路”战略面临的风险挑战及对策研究》，载《理论视野》2015年第8期，第63页。

② 吴志成、董柞壮：《“一带一路”战略实施中的中国海外利益维护》，载《天津社会科学》2015年第6期，第74页。

③ 苏长和：《中国海外利益管理的新视角》，载《探索与争鸣》2011年第8期，第40页。

④ Alicia Garcia-Herrero and Daniel Santabarabara. “Does China Have an Impact on Foreign Direct Investment to Latin America?” *China Economic Review*, Vol.118, No.13, 2007, pp. 266-286.

国际社会愈加紧密地联系和互动，海外利益的实现必然取决于中国参与国际社会的程度[①]以及与其他国家能否找到利益交汇点，从而实现和谐共赢。具体看来，对老牌资本主义国家的传统势力范围进行投资时可以多采取国际产能合作的方式，各自发挥比较优势，共同开发第三方市场。在欠发达国家投资时，企业也可以采取风险共担的相互持股方式，尽可能雇佣当地职员，注重对当地社会的回馈等方式，增强企业与当地市场的联系度和亲和度。[②]

4. 打造良好的国家形象

随着近年来中国对外投资的快速发展，海外媒体的“中国投资威胁论”甚嚣尘上，成为维护中国海外经济利益的重要障碍。中国应主动承担一定的国际责任，如对国际体系或其他成员国家提供公共产品和直接物质支持，打造更负责任的大国形象。要大力宣传中国对外投资对东道国经济建设的积极影响，比如带来当地经济发展、就业增加、人才培育、技术提升、税收增加、基础设施改善、公共服务完善等，努力打消投资东道国的疑虑，为双边投资和经济合作创造一个良好的环境，[③]同时也更加注重遵守当地法律，加强与当地民间组织和底层民众的沟通交流，加强对当地生态环境的保护和修复，打造更受青睐的国家形象。可以灵活运用对外援助等手段，对外援助是重要的外交手段，是拓展国家海外经济利益的重要工具，是一种“巧实力”。中国的对外援助增进了与受援国的相互理解和信任，促进了外交战略目标的实现，为开拓对外经济关系发挥了重要贡献。同时，也对带动中国的商品出口、带动对外工程承包、带动对外投资或者资源开发都起着十分重要的推动作用。有必要适度扩大对外援助规模，有利于实现中国的“市场多元化战略”，有助于

---

① 王金强：《现实建构主义视野下的中国海外利益分析》，载《当代世界社会主义问题》2010 年第 1 期，第 109 页。

② 苏长和：《中国海外利益管理的新视角》，载《探索与争鸣》2011 年第 8 期，第 41 页。

③ 苗迎春：《中国海外经济利益的维护与拓展》，载《红旗文稿》2011 年第 8 期，第 25 页。

发挥援外的市场先导开拓效应和商品品牌的传播效应，还有利于推动中国海外投资，分享全球战略资源。

（三）提高国际金融合作水平

1. 由国际金融规则的遵循者迈向制定者

中国在与国际社会的互动中，如何寻找自身海外利益坐标是外交活动和经济活动的重要基础，而无论是国家身份还是利益的认同都不是一成不变的。中国的海外经济利益越来越多地体现在国际法和国际条约中，是在全球化相互依赖的规范作用下形成的。[①] 随着全球经济格局的结构性变化和金融危机带来的全球金融协调和金融监管问题逐步暴露，金融稳定理事会、国际货币基金组织、世界银行、巴塞尔银行监管委员会、国际证监会组织、国际保险监督官协会等官方和半官方国际组织，需要包括中国在内的新兴市场和发展中国家更多地实质性参与，所制订的规则要着眼于全球金融业共同发展、共同繁荣和共同防范风险的需要。[②] 积极参与制定让世界认同的国际互联网金融规则，不仅可以提升中资金融企业在国际金融领域的地位，还有助于取得与中国经济地位相应的国际金融服务贸易和投资领域的话语权。随着参与国际化程度不断加深和国际影响力的不断加大，中国应由国际金融规则的简单遵循者逐步向规则的影响者和规则的制定者方向迈进，探索在旧有的国际经济金融秩序基础上建立新秩序，使之更加公平公正，也更利于自身发展服务。

2. 更加注重创新，提高金融合作的附加值

要将进一步加强与国际金融组织的合作创新作为一种责任，更加自觉、主动地予以推动。在贷款合作方面，要更加注重项目所蕴含的知识

---

① David Wall. "China as a Trade Partner: Threat of Opportunity for the OECD", *International Affairs*, Vol.172, No.12, 1996, pp. 1329-3441.

② 刘明志：《国际金融规则及其演进方向》，载《上海金融》2012 年第 3 期，第 6 页。

效应，积极支持实施具有示范意义的试点项目，探索帮助中国在促进新型城镇化的健康发展、实现包容性增长和绿色发展等方面的可行方式，从而推动相关领域的体制机制创新。在项目融资机制上，要加强与私营部门合作，扩大国际金融组织贷赠款与财政资金、社会资金的结合使用，发挥“四两拨千斤”的杠杆效应，为探索财政投融资体制改革发挥参谋和试点作用。在知识合作方面，要更加注重借助国际金融组织资源，参与全局性改革议题以及地方经济体制改革重大问题的顶层设计。

3. 稳步提高金融开放水平

实现互利共赢就是要与国际金融组织建立新型伙伴关系，发掘更多的利益交汇点。如在南南合作方面，对中国而言，既可以向其他发展中国家提供宝贵的发展经验，扩大中国经验的影响力并树立良好的国际形象，又能从其他发展中国家的发展经验和教训中获得启发，为国内改革发展提供借鉴；对国际金融组织而言，通过南南合作可以探寻、比较、总结多种发展经验，进而为其完善全球发展理念和政策工具提供经验支持。实现多元平衡就是要动员国际金融组织资源，促进沿海、内陆、沿边各地区开放优势互补，不断增强开放型经济发展的平衡性、协调性和可持续性。实现安全高效就是要积极探索与国际金融组织合作的新方式，积极利用国际金融组织熟悉成员国情况、发展经验丰富以及在公共部门贷款、私营部门业务、联合融资、投资担保及投资争端解决方面的综合优势，提升总体效益。如借助国际金融公司、多边投资担保机构等平台，探索通过实行联合融资、建立公私合作伙伴关系、提供担保等方式，进一步丰富和完善支持企业走出去的有效途径，减少风险，提高效益。[①]

① 郑晓松：《探索与国际金融组织合作的新思路》，http://gjs.mof.gov.cn/pindaoliebiao/jingyanjiaoliu/201305/t20130515_870239.html.

（四）发挥企业在国家海外经济利益中的重要作用

1. 坚持企业是海外经济利益的核心主体

企业是拓展海外经济利益的核心主体。各类企业在走出去之前，要充分分析自身的应对能力和可能出现的风险，建立危机管控机制，并从风险管理的角度制定妥善的应对方案，以避免各种突发性因素导致企业海外利益遭受重大损失。[①] 企业应加强对开展经济合作国家和地区的文化背景、法律制度的研究，建立与当地政府、企业、媒体和民众良好的关系。政府应加强部门间协调，加强对企业拓展海外业务风险评估的指导工作，采取具体有效的政策。例如，在审批手续、取得贷款、引导国内企业发挥联合优势、设立风险基金等方面出台具体政策予以支持。[②] 此外，还应通过建立健全对外投资保险以及风险补偿体系来降低损失的程度，积极为"走出去"的企业提供全方位的保障与服务。

2. 支持鼓励民营企业走出去

民营企业虽然近年来"走出去"步伐有所加快，在数量上也迅速增长，但与大型国有企业相比，在投资规模和投资质量方面仍有较大缺陷，与发达国家相比差距更大。在融资方面，考虑到民企资金来源更多倾向于民间非官方渠道的短期资本，为降低民企资金压力与断贷风险，政府应该鼓励金融机构或国有企业资本进入其投资，并适当予以部分利息减免或补贴，以增强民企资金利息承受能力与资金流连贯性。鼓励国企与民企联合，保留民企经济灵活性的同时，使其分享国企内部化优势与经营网络。[③]

---

① 孙晓光、张赫名：《海洋战略视域下的中国海外利益转型与维护》，载《学习与探索》2015 年第 10 期，第 55 页。

② 张志：《关于维护和拓展中国海外利益问题的思考》，载《社会科学论坛》2008 年第 12（下）期，第 71 页。

③ 方旖旎：《经济"新常态"下民企海外投资阻碍因素与对策研究——基于 2010—2014 年经验数据》，载《当代经济管理》2015 年第 12 期，第 42 页。

3. 重视企业社会责任

中国国际贸易促进委员会历年数据显示，中国企业对企业社会责任的重视程度多与东道国政府及其法律压力相关，即企业缺乏自觉性。当东道国政府相关制度松散，而企业却能有效约束并执行企业社会责任时，更能树立并考验企业品牌形象。中国企业习惯性模仿国内思维，重视东道国政府、投资者、消费者等传统利益方，对社区、自然环境与媒体等新利益相关者重视不够。因此，企业在海外投资实践过程中应加强与当地社区以及民间组织的关系建设，拓宽信息沟通与宣传渠道，加大媒体宣传与参与力度，营造舆论监督的社会责任环境。

第二章
海外资源能源利益

◆ 程春华　曲鹏飞

当前世界的主要资源分为矿产资源与非矿产资源。矿产资源指所有矿产资源及其产品（如矿石、精矿、金属、衍生物和副产品）。本章将其区分为能源资源与非能源类矿产资源。非矿产类资源包括农业、渔业资源等。中国经济的运行离不开世界市场供应的能源、矿产等重要原材料，世界市场的风吹草动牵涉到中国海外资源利益的枯荣。中国的海外资源能源利益指对中国发展具有重要意义的资源能源获取的安全保障，包括海外能源矿产供应安全利益、运输通道利益、能源矿产价格与市场利益、新能源全球市场利益、能源资源全球治理的国际规则利益，等等。能源和矿产资源作为中国经济发展必需的战略性大宗商品，具有政治、经济、安全、文化等属性，涉及中国海外政治、经济、安全与文化等各种海外利益，可谓“牵一发而动全身”。本章从能源与非能源矿产资源两个方面剖析中国的海外资源能源利益。

一、全球能源资源概况与中国海外利益

（一）能源安全的意义

能源资源指在中国当前和未来的能源资源消费构成中能占到显著市场份额（通常指 5% 以上）的能源资源，主要包括煤炭、石油、天然气、水能、风能、太阳能、生物能、核能、地热能等。[①]能源是一个国家经济发展的重要物质基础。作为发展中的大国，中国是世界上主要的能源生产国和消费国之一。1949 年以来，历届中国领导人都极为重视能源安全问题。本章所指的能源安全主要指“供应与经济安全性”，即通过维持

① 彭武元：《我国重要能源资源需求峰值预测与分析》，中国地质大学出版社 2016 年版，第 10 页。

能源的供应与需求之间相互均衡的状态，在保障能源稳定供给的前提下满足生存与发展的正常需求。[①]

有学者认为，中国能源战略经历了酝酿、探索、发展和成熟四个阶段。[②] 以石油为例，新中国成立之初，全国每年生产的石油仅 12 万吨，大部分成品油特别是国防战备用油要依靠进口。1959 年大庆油田的发现，极大地提升了中国石油自给能力。1963 年，中国政府宣布：由于大庆油田的建成，中国经济建设、国防建设和人民需用的石油，不管是数量上还是品种上，都已经基本自给了。[③] 中国不仅实现了石油自给，还实现了石油的少量出口。

改革开放之后，随着国民经济的迅猛发展，中国的能源消费也在节节攀升，尤其是石油在中国能源消费结构中的比例持续上升。中国从 1993 年成为成品油净进口国，1996 年成为原油净进口国，中国的能源供给形势发生了转折性变化。中国政府、企业、学界开始研究如何通过进口石油补足中国能源缺口。1993 年 12 月，江泽民总书记在中央财经领导小组会议上提出“稳定东部，发展西部，国内为主，国外补充，油气并举，节约开发并重”的能源战略，[④] 标志着中国能源发展战略已经开始关注国际市场。

进入新世纪以来，中国经济实现了持续快速增长，经济总量已经跃居世界第二位，综合国力稳步提高。但是，中国仍然是人均资源拥有量相对贫乏的国家，其中能源（主要是油气资源）的供求矛盾随着经济的增长更加突出，成为中国经济升级换代及人民生活水平提高所必须攻克的难题。

从国内经济发展的趋势来看，中国对进口油气资源的依赖度还在不

① 修光利、侯丽敏编著：《能源与环境安全战略研究》，中国时代经济出版社 2008 年版，第 75—76 页。

② 夏义善主编：《中国国际能源发展战略研究》，世界知识出版社 2009 年版，第 12 页。

③ 同上，第 12—13 页。

④ 同上，第 13 页。

断提高，进口油气规模还在不断扩大。据估算，2020年中国石油对外依存度将上升至65%，2030年这一比例可能增至80%。[①]从全球油气资源供给情况来看，全球油气资源较为充足。据英国石油公司统计，截至2008年全球探明石油剩余可采储量为1708亿吨，可供人类使用42年，[②]在可预计的未来人类仍将长期处于油气时代。能源供应日益成为中国经济与社会发展中的“瓶颈”问题。中国能源的根本问题在于其长期能源需求可能远大于供给，[③]由此带来能源对外依存度过高，严重影响中国经济社会发展安全，主要表现在三个方面：

一是获取境外能源的难度加大。能源在世界各国的分布很不均衡，少数几个国家拥有世界较大份额的能源，能源的垄断导致市场规则失灵，能源的获得在很大程度上并非由国际贸易规则支配，供给非常不稳定。如对中国发展核电核能工业至关重要的铀矿，其82%的储量由澳大利亚、哈萨克斯坦和加拿大三国所有。

二是利用境外能源的成本陡增。世界上“资源占有跨国公司化”日趋发展，主要能源已日趋被主要西方大型能源公司集中占有，导致“中国买什么，国际市场就涨什么”的尴尬局面。

三是能源运输存在较大安全隐患。中国能源运输主要依靠海运，而在目前地缘政治不稳、新兴经济体快速崛起、国家间政治经济利益博弈、全球能源竞争加剧的局面下，海上运输困难和风险显著加剧。如中国进口石油的一半以上来自动荡不安的中东地区，大约4/5的海上石油运输要经过马六甲海峡。一旦受阻，石油安全将受到严重威胁。当前，国际上争夺战略资源的斗争日趋激烈，中国能源安全形势不容乐观。

① 苏文：《全球战略：中国油气产业国际化研究》，中国物资出版社2010年版，第290页。

② 同上，第290页。

③ 林伯强：《中国能源问题与能源政策选择》，煤炭工业出版社2007年版，第88页。

（二）常见能源资源的供需现状

2012 年，世界石油总剩余探明储量为 2276.42 亿吨，储产比为 55.27；常规天然气剩余探明储量为 187.29 万亿立方米，储产比为 55.68；煤炭剩余探明储量为 8609.38 亿吨，储产比为 109。其中，石油剩余探明储量前三位地区依次为中东地区（1093 亿吨）、中南美洲（509 亿吨）、北美洲（338 亿吨），[①] 前三位的国家是委内瑞拉（465 亿吨）、沙特阿拉伯（365 亿吨）、加拿大（280 亿吨）；常规天然气剩余探明储量前三位的地区依次为中东地区（80.5 万亿立方米）、独联体国家及土库曼斯坦（58.4 万亿立方米）、亚太地区（15.5 万亿立方米），前三位的国家是伊朗（33.6 万亿立方米）、俄罗斯（32.9 万亿立方米）、卡塔尔（25.1 万亿立方米）。

在能源生产方面，全球已经形成了中东、北美、前苏联地区三大油气供应中心。2011 年，全球石油总产量达 40 亿吨油当量，全球天然气产量达 3.3 万亿立方米。中东、北美、前苏联地区石油产量占全球的比重分别为 32%、17%、17%，合计占全球 2/3，天然气产量分别占全球 16%、25%、24%，合计占全球近 2/3。[②] 亚洲地区是全球区域油气供需矛盾最突出的地区。以石油为例。2011 年，亚洲生产石油 3.6 亿吨，占全球 9%，然而消费量却达到 12.7 亿吨，占全球近 1/3，石油缺口高达 9.1 亿吨，供需矛盾位居全球各地区之首。亚洲主要大国中，日本石油对外依存度几乎达到 100%，中国和印度石油依存度也达到 62% 和 79%（2011 年），且依存度还在不断攀升。[③]

① 孙小兵、乐金朝：《中国和世界其他主要经济体能源发展情况及相关热点问题》，黄河水利出版社 2014 年版，第 15 页。

② 中国工程院编著：《中国矿产资源形势与对策》，高等教育出版社 2014 年版，第 11 页。

③ 同上，第 11 页。

在能源消费方面，发达国家由于已经完成了工业化，能源消费已经达到顶点。以中国为代表的亚洲发展中国家成为全球能源消费新的增长点。全球已经形成了亚洲、北美和欧洲三大能源消费中心，这三个区域能源消费总和超过全球的3/4，其中亚洲占全球能源消费的43%。2011年，中国能源消费24.4亿吨油当量，超过美国（22.7亿吨油当量）位居全球首位，占全球能源消费的20%。21世纪头十年，全球能源消费增量的55%来自中国。[①]

综合世界资源研究所等多家机构的分析，全球经济和社会发展指标在可预期的未来依然保持增长态势，尽管将会面临各种风险，能源与非能源矿产等主要资源的需求驱动因素如故。届时，资源消耗及相关环境影响的范围和规模很有可能会发展到国家、市场、技术无法应对的地步。中国对此必须要有清醒的认识，及早应对可能出现的资源缺口及资源转型升级考验。

就中国而言，中国总体能源对外依存度并不高，但是品种结构矛盾比较突出，目前能源供给过度依赖煤炭，石油和天然气的供应且越来越依赖国际市场，[②]这加大了安全供应的脆弱性。

中国社会科学院世界经济与政治研究所的研究显示，2020—2025年中国煤炭需求进入高峰平台，2030年煤炭需求占比降至50%；2030年前中国石油供需以1%—2%的速度增长，石油需求占比稳降，对外依存度稳定在60%左右；2020年前中国天然气需求保持双位数增长，天然气需求占比将升至10%，对外依存度达到37%左右，油气比得以优化；核电发展将进入快速发展期，至2030年中国核电装机容量和发电量在总电力装机容量和发电量中的占比将从2014年的1.51%和2.42%提高到4.35%和8%。但与其他核电大国相比仍为低核能占比国家，核能发展潜力

---

① 中国工程院编著:《中国矿产资源形势与对策》，高等教育出版社2014年版，第10页。

② 彭武元:《我国重要能源资源需求峰值预测与分析》，中国地质大学出版社2016年版，第11页。

较大。[①]

值得欣慰的是，中国国土面积广大，地质构造复杂，成矿内外条件众多。随着中国探矿技术的进步，以往不具备勘探条件的高海拔地区、深海地区、地质构造复杂地区都将成为新的勘探热点，尤其是中国在深海油气开采上尚有广阔的发展空间，随着勘探工作的推进，能源的资源总量及探明资源量均有大幅提升的可能。若持续加大勘探力度，不断提高开采技术，中国有望长时间保持较高的能源自给率。[②]

（三）国际能源市场发展的整体趋势

从中长期看，全球能源需求增长相对平稳，2025—2030 年，全球能源需求年均增长率将由目前的 2% 降至 1%。[③] 欧洲、北美、日韩、澳新等发达经济体能源需求趋于稳定或下降，世界新增能源需求主要来自发展中国家。在新一轮能源政治经济风潮中，处于核心的是中国等新兴经济体。在“十三五”期间，中国能源需求增长的年均速度将达到 3.79%，而能源供应的年均增速仅为 2.72%。照此速度发展，至 2020 年，中国能源供需表现缺口为 7.39 亿吨标准煤。到 2030 年，这一缺口将进一步扩大至 8.46 亿吨标准煤。[④]

综合国内外一系列预测资料，未来世界能源格局存在以下确定趋势。

趋势一：世界能源产量与需求的动态平衡将是未来能源市场发展的主题之一。

到 2025 年，世界不同地区面临的能源供应与需求的形势各有特点。

---

① 中国社会科学院世界经济与政治研究所《世界能源中国展望》课题组：《世界能源中国展望：2014—2015》，社会科学文献出版社 2015 年版，第 4—6 页。

② 同上，第 15 页。

③ 同上，第 3 页。

④ 同上，第 4 页。

非欧佩克国家的液态化石能源供应的增长（如原油、液态天然气和油砂等非常规能源）赶不上需求的增长。阿根廷、阿曼、埃及、秘鲁、哥伦比亚、挪威、突尼斯、也门、印度尼西亚、英国等许多传统能源生产国的能源生产水平已处于下降通道，而像中国、卡塔尔、马来西亚、墨西哥、印度等国的能源产量则趋于平稳。而能够有效提升产量的国家数目在下降。预计到2025年，沙特、伊朗、科威特、阿联酋、伊拉克(潜在的)和俄罗斯六国的石油产量占世界石油总产量的比重将达39%。能源的主要生产国日趋集中于拥有全球石油探明储量2/3的中东地区，2003—2025年，预计波斯湾地区的欧佩克国家的石油生产年均增长43%，仅沙特一国的产量就占海湾国家总产量的几乎一半，超过非洲和里海国家的总产量。生产的集中化趋势增加了国有石油公司对油气资源的控制力。为了攫取更高的利润，国有石油公司有很强的经济和政治动机采取延后生产等手段，压缩投资。①

美孚公司2008年发布《2030年能源展望（2010）》② 指出，全球能源需求到2030年将比2005年增加35%，而来自非经合组织国家的能源需求到2030年预计将增加70%。由于发电和工业活动增加，中东地区的能源需求在2005—2030年将增长85%，中东地区将引领全球能源需求增长。这期间，沙特阿拉伯和伊朗将呈现最多的能源需求增长，其次是阿拉伯联合酋长国和伊拉克。

《英国石油公司2030世界能源展望》认为，人口和收入增长是能源需求的两个最强大推动因素。自1900年以来，世界人口已经增长4倍多，实际收入增长了25倍，一次能源消费增长了22.5倍。未来20年可能看到持续的全球一体化，中低收入经济体快速增长。人口增长呈下降趋

---

① This section is based on: National Intelligence Council, *Global Trends 2025: A Transformed World*, November 2008, pp. 41-45.

② William M. Colton CSIS (Exxonmobil), “The Outlook for Energy: a view to 2030”, January 27, 2011, http://www.exxonmobil.com/corporate/files/corporate/energy_outlook_slides.pdf.

势，而收入增长呈上升趋势。在过去20年，世界人口增加了16亿，预计未来20年将再增加14亿。世界的实际收入在过去20年增长了87%，而未来20年可能还会增长100%。在全球层面，能源经济学所提出的最根本关系仍然有效，更多的人口和更多的收入意味着更高的能源生产和消费。①

趋势二：从石油向天然气和新型能源的能源结构转型进程将加快，但规模上仍然难以代替传统能源。

对气候变化的担忧以及石油资源的日趋枯竭将促进能源行业的另一个发展趋势，即向更清洁能源的过渡。短期内受到青睐的能源是天然气。美国能源署预测，到2025年天然气的消费将增长近60%。拥有世界天然气储量超过57%的俄罗斯、伊朗和卡塔尔三国将受益。

到2030年，预计天然气将成为全球增长最快的化石燃料。除欧洲以外，各个区域的天然气产量均有所增长。但欧洲成熟气田减产可能会逆转1975年以来保持的产量增长。亚洲成为世界最大的天然气生产和消费增长地区。中国占该地区消费增长的56%。中东地区是世界第二大生产和消费增长地区。中东在全球消费中所占份额将从1990年的5%和2010年的12%扩大到2030年的17%。它在全球产量的份额将从2010年的15%增至2030年的19%。尽管北美地区产量持续增长，但仍被其他地区赶超。该地区占全球总产量的份额将从2010年的26%降至2030年的19%。前苏联地区和非洲的产量增长强劲，以满足出口需求。②

2010—2030年，中东地区天然气消费年均增长3.9%。随着一些国家用国产和进口天然气替代石油，电力行业将占天然气消费量增长的44%。在工业天然气消费量年均3.2%的增长中，石化行业发挥着重要作用。巴西、俄罗斯、印度和中国（金砖四国）占整个非经合组织国家天然气消费增量的40%。通过提高国内产量和加大进口，中国（年均

---

① 《英国石油公司2030世界能源展望》，伦敦，2011年1月，第9页。

② 同上，第45页。

7.6%）、印度（年均 4.7%）和巴西（年均 4.6%）的天然气消费量增长最为迅速。[1]

天然气需求的增长得到非经合组织国家的拉动以及全球电力行业的支撑。非经合组织国家包括金砖四国等新兴国家，占全球天然气消费增长的 80%，到 2030 年年均增长率为 3%。需求增长最快的是亚洲非经合组织国家（年均 4.6%）和中东（年均 3.9%）。中国的天然气需求将以年均 7.6% 的增幅迅速增长，到 2030 年消费量将达到 430 亿立方英尺 / 日，接近欧盟当前水平（470 亿立方英尺 / 天）。但由于起点低，天然气在中国一次能源所占份额仍然较低（2010 年为 4%，2030 年将达 9%）。

传统能源在面临能源转型挑战时仍然能保持规模优势。国际能源署（IEA）《2011 年世界能源展望——我们是否进入了天然气黄金时代？》预测，到 2035 年，全球天然气需求量将在 2010 年基础上增长 50%，超过煤炭而成为全球第二大使用燃料。全球对天然气的需求将增加到每年 5.1 万亿立方米。核电增长的放缓与全球对清洁能源的需求是推高天然气需求的主要原因。在全球天然气消费总量中，非常规天然气可占到 40% 左右。未来由于页岩气及其他一些非常规天然气的开发，到 2015 年欧洲的天然气平均价格可能为每百万英热单位 9 美元，美国将为每百万英热单位 5.6 美元，日本可能达到每百万英热单位 11.5 美元。[2] 未来油气价格高企将推高对更廉价、更丰富的煤炭资源的需求。预计到 2025 年，中国能源难以逆转以煤为主的能源结构，但出于减排的压力，中国将不得不更多地使用清洁煤技术。日本福岛核泄漏事故引发了全球对核电利用的争论，核电的发展因舆论压力短期内难有大的迈进，但由于电力短缺，核电的发展不会就此裹足不前。[3]

---

① 《英国石油公司 2030 世界能源展望》，伦敦，2011 年 1 月，第 40 页。

② “World Energy Outlook 2011”, http://www.iea.org/weo/docs/weo2011/WEO2011_GoldenAgeofGasReport.pdf, 23 Feb 2011.

③ Ben Schiller, “Managers for a nuclear future,” *Financial Times,* 1 August 2011.

趋势三：能源变革可能导致一些传统能源出口国的衰落，世界权力可能由传统能源强国向抓住能源变革机遇的国家转移，新兴国家在世界能源消费中作用日益上升。

世界向清洁能源转移的能源变革正改变全球权力的格局。美国的霸权与其对石油资源的长期垄断密不可分，能源变革对于国际体系的变化和权力更迭至关重要。若传统能源出口国未能成功建立合适的替代能源出口模式或经济结构，世界向新能源转变对沙特、俄罗斯、伊朗等传统能源出口国家可能有重大冲击。俄罗斯原来打算与卡塔尔等中东国家成立“天然气欧佩克”（天然气输出国组织），而页岩气等非常规天然气的发展缓解了世界天然气市场供需压力，造成使俄罗斯等国利用天然气进行能源外交的算盘落空。新兴国家崛起往往伴随着新一代能源链的崛起，抓住能源变革机遇的国家将有可能获得国际地位的提升。[①]

新兴经济体与发达经济体在新能源领域的竞争与合作将并存。未来中长期中国、印度、日本、韩国、加拿大等国将成为光伏应用新兴市场。根据印度在2010年公布的太阳能计划，印度计划到2022年太阳能发电装机增加20吉瓦。同时，发达经济体在新能源开发与应用领域仍有较大优势。据欧洲工业协会（EPIA）的统计和预测，未来数年光伏行业的复合增长率将高达30%以上。到2020年全球光伏发电装机容量将达200—300吉瓦。欧盟委员会所属的专业工作委员会发布的一份题为《光伏技术愿景》的报告提出，到2030年欧盟光伏发展目标为200吉瓦，全球目标则5倍于此。绿色和平组织报告《太阳能发电：2020年服务10亿人，提供200万工作机会》指出，预计2020年世界范围内光伏发电装机量将达205吉瓦，其中德国将达18.5吉瓦。2013—2021年，美国将每年投资5亿美元用于对1兆瓦及以下屋顶太阳能发电系统进行50%的安装补助，目标是在未来10年之内安装1000万套屋顶太阳能发电系统，美国有望成为全球最大的光伏应用市场。美国太阳能产业协会提出的光伏发电路

---

① 于宏源:《能源链和国际体系权力转移》，载《世界经济研究》2008年第2期。

线图指出，到2030年，美国光伏装机量将达200吉瓦，发电价格降到3.8美分千瓦时，到2050年光伏发电将占新增装机量的一半。[①]

全球风能协会（Global Wind Energy Council，GWEC）与国际绿色和平组织（Greenpeace International）预计，在2020年之前风能产量的增长将无法恢复。全球经济面临的挑战以及为刺激更多绿色投资而创建的商业环境的失败均对风能产量的增长产生影响。全球风力发动机的装机功率预计从2011年的240吉瓦增加到2020年的759吉瓦、2030年的1600吉瓦。预计风力发动机的装机功率2020年达1150吉瓦、2030年达2500兆瓦，其中欧洲风力发动机的总装机功率将从2011年的94.3吉瓦增加到2020年的211吉瓦、2030年的372吉瓦。[②]

据国际能源署数据，在快速发展的新技术背景下，到2050年化石燃料石油、煤炭、天然气的需求在世界能源的供应中仍占多数份额，大大高于现今的需求。但可再生能源、新能源仍然很有潜力。到2050年前，水能、风能、太阳能以及生物质能等可再生能源的增长可以降低发电带来的二氧化碳排放量的9%—16%。可再生能源在电源结构中所占的比重将涨至2050年的34%之高。

新兴国家将改变全球能源的未来，但新兴国家对国际能源政治的改变将是长期渐进的过程。发展中经济体的工业和发电业主导能源消费的增长。经合组织成员国交通运输部门的能源消费正在减少，而工业用量可能持平；所有最终能源消费量的增长均来自居民和服务业等其他行业。在非经合组织国家，工业将推动最终能源消费的增长，尤其是迅速发展的经济体。总体而言，在电力行业，以可再生能源为代表的非化石燃料占能源消费增长的一半以上。用于发电的能源消费增长最快，占2030年

---

① 马隆龙：《太阳能产业发展现状与趋势》，中国科学院广州能源研究所、中国证监会报告，第3—4页，http://www.csrc.gov.cn/pub/newsite/cyb/cybzxyjbg/201203/P020120330324607345098.pdf。

② 《全球至2020年风能生产增长速度将放缓》，载《元培产业情报》2012年11月。

前一次能源消费预期增长的 57%。燃料结构的多元化很大程度上受电力行业推动。[①]

趋势四：燃料结构中石油和煤的份额逐渐下降，天然气和可再生能源份额提高，且能源供应结构多样化。

随着全球化的进程，未来 20 年有可能看到中低收入经济体的迅速发展。到 2030 年，人均能源消费量增长率与 1970—1990 年增长率（年均 0.7%）大致相同。但能源效率（通常按单位国内生产总值能耗衡量）将继续在全球范围内加速提高。2010—2030 年，全球平均能源效率在几乎所有重要国家和地区加速提高。这种加速很重要，它会抑制一次性能源消费的总体增长。能效的提高和长期结构转变（从工业转向低能耗活动）。首先出现在富裕国家，然后是新兴经济体强化了这一趋势。价格、经济发展（工业部门的兴衰）和能源政策（促进能效）在改变经济持续发展所需的技术和能源中发挥重要作用。[②]

燃料结构中石油和煤的份额逐渐下降。在过去的 20 年世界一次性能源消费增长了 45%，未来 20 年可能增长 39%。2010—2030 年，全球能源消费平均每年增长 1.7%。2020 年以后，增速将逐步降低。到 2030 年，非经合组织国家的能源消耗将提高 68%；从 2010 年起，平均每年 2.6%，占全球能源增长的 93%。到 2030 年，经合组织能源消费量仅比今天增长 6%，平均每年增长 0.3%。从 2020 年起，经合组织人均能源消费量呈下降趋势（年均 -0.2%）。由于资产寿命周期较长，燃料组合的变化相对缓慢，但天然气和非矿物燃料所占份额将提高，而煤和石油的份额将降低。增长最快的燃料是可再生能源（包括生物燃料），预计 2010—2030 年每年增长 8.2%；矿物燃料中，天然气增长最快（年均 2.1%）。天然气在化石燃料发电的能源消费增长中占一半以上。交通运输行业，在政策推动和技术支持下出现能源多元化，生物燃料占能源需求增长的

① 《英国石油公司 2030 世界能源展望》，伦敦，2011 年 1 月，第 21 页。

② 同上，第 15 页。

近 1/3。[①]

随着燃料份额趋同，天然气和可再生能源份额提高，且能源供应结构多样化。三种化石燃料的市场份额将趋同至 26%—27%，而主要非化石燃料的市场份额各为 7%左右。石油市场份额长期持续下降，而天然气份额则稳步增长。中国和印度快速工业化的背景下，煤的市场份额近年来保持增长，但到 2030 年开始逆转。燃料结构的多元化可以从对消费增长贡献率中明显看出。1990—2010 年，化石燃料在能源消费增长中占 83%；在此后 20 年，化石燃料增长在能源消费增长中占 64%。未来 20 年，所有非化石燃料对能源消费增长的总贡献率（36%）将首次高于任何其他化石燃料。至 2030 年，可再生能源（包括生物燃料）占能源消费增长达 18%。可再生能源在全球能源市场的普及速度将类似于 20 世纪 70 年代和 80 年代核电的出现。[②]

（四）中国维护海外能源利益的政策建议

通过以上对国际能源市场发展的整体趋势的分析，可以得出结论，国际能源市场长期坚守的格局将被改写。主要进口国正变为出口国，而长期被定位为主要的能源出口国家正在逐渐转变为全球能源需求增长的中心。能源需求的重心正毫无疑义地向新兴经济体转移，特别是中国、印度和中东地区。新的供需地缘改变意味着全球石油贸易重心即将经历转向亚洲市场的重构，对加强合作确保石油安全带来诸多影响。[③]对此，中国必须未雨绸缪，进行有针对性的布局谋划。

一是不断提高能源资源企业的国际经营与竞争能力。企业发挥主体作用，坚持市场化原则，开展电力国际产能和装备制造合作。采用多种

---

① 《英国石油公司 2030 世界能源展望》，伦敦，2011 年 1 月，第 17 页。

② 同上，第 19 页。

③ OECD/IEA, “World Energy Outlook 2013”, http://www.iea.org/publications/freepublications/publication/WEO2013_Executive_Summary_Chinese.pdf.

投资合作方式开拓国际能源资源市场，坚持属地化经营，重视环境保护，积极履行社会责任；通过自身培养和海外引进为“走出去”提供人才支撑；加强自主技术研发，重视自身质量管理，探索与其他国家企业共同开发第三方市场；大企业带动中小配套企业，能源资源投资企业带动能源资源设备、建设、运营企业，实现全产业链“走出去”；龙头能源资源企业探索投资建设境外经贸合作区。

二是在能源资源丰富、亟须实现能源产业升级的国家，以产能合作为平台，建立能源资源输送合作关系；在电力缺口大，煤炭、水力、地热、太阳能等能源丰富的非洲国家，企业可积极参与当地电站建设、电网升级改造，带动设备出口；在拥有充沛的水力、阳光等发展条件，能源缺口巨大的拉美国家，企业可加强能源交流合作，承建水力、风能、光伏发电工程，带动清洁能源产品和设备出口。

三是加强对能源资源利益保护的政策支持，实现资金来源多元化。实现政策创新，加大对能源资源产业投资的资金支持力度，提高中国投资有限责任公司、丝路基金、中非基金、中国—东盟投资基金等股权投资公司和基金的参与度。研究加快推动人民币国际化，便利企业使用人民币跨境投资合作。鼓励政策性银行和商业性银行扩大对能源资源企业“走出去”的融资支持。

四是创新模式，探索能源资源合作新方式。选择能源资源市场潜力较大、与中国关系较好的发展中国家，探索实行规划—项目—实施—运营的政府间能源资源项目合作模式。中国企业通过公私合营（PPP）、建设—经营—转让（BOT）、工程总承包（EPC）等方式参与，中国的金融机构提供融资支持、中国的保险机构提供保险，项目建成后由中国的能源资源企业负责后期运营维护。

在当下，中国企业要以“一带一路”战略实施为契机，利用贸易投资平台、“走出去”投融资综合服务平台，以高铁、电力等大型成套设备“走出去”为牵引，引导优势钢铁企业到海外建设炼铁、炼钢、钢材等钢铁生产基地和加工配送中心，推进冶金装备自主创新和自主集成，带动先进装备、技术、管理出口。加强与“一带一路”国家产业协作，共同研究编制钢铁产能合作规划或指南，推动境外工业园区建设。根据钢铁产业对外合作的资源指向和市场指向，指导企业组成由投资方、金融机构、施工企业、大型设备生产商和运营商等多方参与的联合体，抱团“走出去”，以成套设备出口、投资并购、承包工程等方式，在资源条件好、配套能力强、市场潜力大的重点国家建设钢铁生产基地，向上下游全产业链延伸。继续支持钢铁企业通过股权投资形式参股境外矿山，稳步推进具有成本优势的海外权益铁矿资源开发。支持有条件的企业集团或联合体采用独资、合资等多种方式，建立矿产资源境外生产供应基地。

五是政府引导，做好顶层设计和统筹协调。将推动中国能源资源企业整装“走出去”作为实施“一带一路”战略、推进国际产能和装备制造合作的重要内容。尽快推进中国能源资源技术标准的翻译工作，促进与其他国家的行业标准互认，推动能源资源技术标准“走出去”。通过在国内使用自主能源资源技术设备，为能源资源企业“走出去”提供业绩支撑。充分发挥中国能源资源企业联合会、境外中资企业商会作用，加强行业自律，维护企业间良好竞争秩序。通过合作区建设，建立有效利用境外矿产、油气、森林、农业等各类资源的渠道，有利于保障海外资源的长期、稳定供应。另一方面，合作区立足于资源综合开发利用，有力地回击和驳斥一些国际舆论认为中国开展境外资源合作是“掠 夺资源”、搞“新殖民主义”的不实之词。合作区定位于加强资源综合开发利用，发展下游生产加工，增加资源产品附加值、推动东道国经济和产业发展，把更多利益留在当地，留给当地人民，是一种互利共赢的合作。

六是织好投资合作安全网。加快与有关国家签署投资协定、避免双重征税协定等政府间协定，为企业境外投资合作创造有利外部环境。建立健全境外风险评估和防控机制，加强风险信息收集工作，及时发布预警提示或预警信息，制订风险应对预案。继续发挥境外中国公民和机构安全保护工作部际联席会议的牵头作用，完善境外安全风险预警机制和突发安全事件应急处理机制。综合运用外交、经济、法律等手段，切实维护能源资源企业境外合法权益。

二、全球非能源矿产资源概况与中国海外利益

（一）非能源矿产安全的意义

矿产资源是国民经济的“粮食”和“血液”，是工农业生产的物质基础与保障。人类至今的高度发达的生产力和生活方式很大程度上是建立在消耗大量矿产资源的基础上的发展。据统计，中国矿业及矿产品加工业产值在国内生产总值中所占的比重达30%以上，而且还支撑了约90%的其他产业的发展。[①]

在20世纪的100年里，全球国内生产总值增长了18倍。在生产力得到大发展的同时，资源消耗的速度和数量增长更为迅猛，钢、铜和铝等的消费量分别由2780万吨、49.5万吨和6800吨增加至8.47亿吨、1400多万吨和2454万吨，约增长了30倍、28倍和3600倍。[②]新世纪以来，随着新兴经济体国家的城市化、工业化进程加快，矿业市场迎来新一轮繁荣，全球矿产资源需求爆发式增长，消费量之大、消费增速之快均前所未有。

随着全球人口增长和经济发展，人类对矿产资源的需求还在不断增长，矿产资源的供需矛盾也日益凸显。众所周知，矿产资源与能源资源一样属于不可再生资源，具有稀缺性与有限性。在现有科技条件下，矿产资源的供需矛盾将长期存在，全球矿产资源市场将长期处于紧绷状态。

① 余敬、张京、武剑：《重要矿产资源可持续供给评价与战略研究》，经济日报出版社2015年版，第11页。

② 中国地质科学院全球矿产资源战略研究中心：《全球矿产资源战略研究2001年报告（社会版）》，地震出版社2002年版。

为平抑需求，矿产品价格不断上扬。最近20年世界矿产资源需求增长的2/3来自发展中国家。[①]尤其是中国作为制造业大国，对全球金属和矿产价格的影响越来越大。全球金融危机导致矿产品价格猛挫，但新兴市场国家的需求却重新推高了矿产品的价格。2011年5月，金属和矿产品的综合价格指数比2008年12月的低点上升了155%。除了铝之外，大多数金属价格都至少翻了两番。[②]尽管受经济危机影响，全球经济增长放缓，新兴经济体增长预期下调，全球矿产品需求在2012年以后略有下降，全球矿业呈现一定程度下滑趋势。但从长远来看，矿产品的供需矛盾并未有效缓解，力拓勘探公司总经理戈登·瑞博格对全球矿业未来持乐观态度，预计未来25年全球矿业经济年增长平均为7%。[③]

因此，矿产资源安全[④]与能源安全一样，都是中国所面临的重大战略问题。进入21世纪以来，中国矿产品进出口贸易逆差持续增长，仅在21世纪的头十年，中国的矿产品贸易逆差就从2001年的190.38亿美元增加到2010年的2531.90亿美元，年均增速高达33.3%。[⑤]这个巨大的逆差意味着中国必须妥善利用本国之外的矿产资源，合理利用全球贸易平台配置资源，来弥补国内资源供给的不足。

从全球资源的分布来看，各种重要的非能源矿产资源在地理分布上极不均匀。大规模资源开采依然集中在少数几个国家。中国、美国、澳

---

① Batternham RJ, Hollitt MJ., "Production of primary metals - towards improved sustainability", *ERZMETALL*, 2003, Vol. 56, pp. 519-528.

② World Bank, "Global Economic Prospects", June 2011.

③ 韦玉芳：《世界矿产勘查形势与展望》，载《中国国土资源报》2013年11月6日，http://www.mlr.gov.cn/xwdt/jrxw/201311/t20131106_1288646.htm。

④ 学界认为，矿产资源安全是一种矿产资源供需平衡的状态，强调一国或地区能够经济、稳定、适时、持续地获取足量的矿产资源，以满足经济发展和人民生活的需要。余敬、张京、武剑：《重要矿产资源可持续供给评价与战略研究》，经济日报出版社2015年版，第12页。邓光君：《国家矿产资源安全的经济学思考》，载《中国国土资源经济》2009年第1期，第26—28页。沈镭等：《我国矿产资源安全战略研究》，载《矿业研究与开发》2004年第5期，第6—12页。

⑤ 《中国矿业年鉴》编辑部：《2011中国矿业年鉴》，地震出版社2012年版。

大利亚、欧盟、巴西、俄罗斯、印度、印度尼西亚等八个经济体是人类社会发展所需的农作物、木材、金属、化肥等19种战略资源主要生产地，产量最高的三个生产地平均占比达到全球产量的56%。50%以上的锡矿分布在东南亚，82%的铀矿储藏在澳大利亚、哈萨克斯坦和加拿大，80%的锂资源堆积在玻利维亚和智利两国组成的狭长地带。[①]加拿大（钾肥和镍矿）、智利（铜）等其他一些国家则主要出产一两种主要资源以及棕榈油、特种金属等一些产量较小的资源。

在境外资本的推动下，一批新的重要出产国（如秘鲁、蒙古国、安哥拉、莫桑比克）应运而生，这些国家资源部门的快速扩张已经成为引发社会政治紧张局势的导火索。在可预期的未来，非能源矿产资源供需价格是否合理将是诸多因素协同作用的结果，其中包括资源储备开采难易程度、运输线路、环境因素、技术及水和能源等投入资源成本等。通常情况下，资源的储量数据并不具有很好的指导意义。此外，投资环境也是一个重要因素，而投资环境由生产国和消费国社会政治环境决定。

总体而言，当前全球非能源矿产资源的供需关系呈现以下特点。

一是资源产品的供需和价格越来越具有跨国性。全球化的发展使得很多资源产品的定价越来越具有全球性，其供给和需求不仅仅限于一国国境之内，而这类产品的金融化趋势则扩大了资源价格波动的频度和幅度，国内外的价差不可避免地对政府的管制力提出更高的挑战。但也正是这种全球性导致某些国家、国家集团或者大的跨国公司拥有比其他国家或企业更大的定价权和话语影响力。除此之外，国际化的另一个表征是一些资源的开发和资源利用造成的环境影响具有跨国性，导致其治理需要更多的国际协作，但同时也成为一些国家之间争端与冲突的根源。

二是各国对自然资源的需求大增，而资源的供给却受到前所未有的制约。一方面，需求的压力来自不断增加的全球人口数量；另一方面，伴随着新兴国家的崛起，全球中产阶级队伍在不断扩充，这些新富阶层

① 李因才：《检视全球矿产资源争夺战》，载《南风窗》2010年11月9日。

拥有强烈的提高生活质量的愿望和要求。与之形成鲜明对照的是，全球资源特别是不可再生资源的供给力受到越来越大的限制。

三是在资源供给有限但需求更加强劲的情况下，未来对资源的争夺将更加激烈。中国的《矿业快报》预测，全球已探明的主要金属与非金属矿储量为1450亿吨，美国、加拿大、澳大利亚、南非的主要矿产资源储量占80%以上。非金属矿产资源品种、数量增长很快。有人预言，人类即将进入“新石器”时代。全球已探明的矿产资源保证程度分别为：铝220年，铜33年，铅18年，汞43年，镍51年，锌20年，铁矿石160年，石油45年，天然气52年，煤炭209年。[①] 需求猛增与有限储量之间的矛盾，往往导致各国对矿产资源的争夺。清科集团研究中心的研究报告表明，2000—2011年十年间矿产资源领域的跨国并购事件呈高速增长态势，全球范围内发生的跨国并购事件数量有5%出现在采矿、采石和石油业等矿产资源领域，其年均增长速度达到15.5%。[②]

四是各种自然资源之间存在密切关联。一方面，一种资源的大规模开发和利用需要其他资源的支撑。这意味着对某种资源的替代性开发（如为替代石油而大规模推广太阳能）将推高对与其相关的其他资源的需求，并可能加速后者的枯竭，或引起后者价格的暴涨。因此，人类在大规模开发某种资源之前，必须要考虑这种活动所引起的其他资源代价和环境承载力。另一方面，各种资源产品的价格高度相关，某种资源价格的上涨可能推高其他资源产品的价格，并可能造成连锁反应，带来总体的通货膨胀的压力。未来人类要应对诸多互为关联的问题，这样就增加了发生大规模危机的可能性。

---

① 《全球矿产资源的保证年限简况》，载《矿业快报》2003年第2期。

② 钟仰浩：《国际矿产资源争夺加剧 中国企业跨国并购活跃》，载《证券时报》2011年9月30日，第5版。

（二）常见非能源矿产资源的供需现状

1. 铝

现代铝工业由两个部分组成：原铝工业和再生铝工业。前者主要包括铝土矿开采、氧化铝冶炼和原铝电解；后者包括铝废料工业、再冶炼以及再加工制造业。

从储量上看，2004 年世界铝土矿探明储量为 230 亿吨，储量基础为 330 亿吨。但全球铝土矿的分布很不均衡，几内亚的铝土矿储量最为丰富，2004 年达 74 亿吨；其次为澳大利亚，储量为 44 亿吨，两国的储量超过世界总储量的 50%；而中国 2004 年的铝土矿储量仅为 7 亿吨。①

1998—2008 年，世界铝土矿产量从 1.23 亿吨增长至 2.05 亿吨，增长了 66.7%。铝土矿最大的生产国依次是：澳大利亚、中国、巴西、印度和几内亚。这些国家的铝土矿产量占世界产量的 3/4 以上。这说明铝土矿工业的集中度与其储量分布比例并不一致。②

铝土矿开采之后要制成氧化铝，并在此基础上冶炼成原铝。2008 年全球原铝的产量达 3900 万吨，比 2007 年增长了 3%。主要的原铝生产国按产量大小依次是：中国、俄罗斯、加拿大和美国。这四国的产量占全球原铝产量的 58%。③

在消费端，最大的原铝消费国是美国和中国，两国约占世界原铝消费的 40%。2008 年全球铝消费总量为 3848 万吨，其中，发达国家、新兴工业化国家和欠发达国家铝消费量分别为 1402 万吨、2058 万吨和 389 万吨，占全球比例分别为 36.4%、53.5% 和 10.1%。

未来，全球铝需求在逐渐增加，但增速逐渐变小。预计 2035 年，全

---

① 均按金属含量计，下同。转引自：朱永峰：《矿产资源经济概论》，北京大学出版社 2007 年版，第 49—50 页。

② USGS: *Minerals Yearbook*, “Bauxite” and “Alumina” (various years).

③ Ibid.

球铝总消费量达到6898万吨，比2008年的3848万吨增加近80%。发达国家铝需求将趋于稳定并呈缓慢下降趋势，2035年将下降到1000万吨，占全球铝需求的比例为15%。而新兴工业化国家的铝需求预计在2020年前仍将保持较高增长速度，铝消费峰值将超过3300万吨，占全球消费总量的比例最高接近60%，2020年前后出现缓慢下降。2020年之后，欠发达国家将进入工业化发展阶段，铝需求将快速增长。[①]在中国，铝需求预计2020年将达到目前水平的三倍以上。世界银行预测，全球铝市场在可预见的未来将处于过剩状态，在近期内中国、印度、中东和俄罗斯等国家和地区新增产能以及闲置产能的恢复将对铝价格形成打压态势。[②]

2. 铜

铜工业和其他行业的关联程度较高。世界铜储量约5.48亿吨、80%资源分布在美洲西海岸、非洲中部、俄罗斯的西伯利亚和哈萨克斯坦。储量最大的前五位国家依次是智利、美国、秘鲁、波兰和印度尼西亚。其中智利是世界上铜资源最丰富的国家，其铜金属储量约占世界总储量的1/3。而在产量方面，1998—2008年，除在2002—2003年产量稍有回落外，世界铜冶炼量大体保持增长态势，从1410万吨上升至1820万吨，增长了29%。[③]铜产量大国依次是：智利、美国、印度尼西亚、澳大利亚、秘鲁、俄罗斯、加拿大、中国、波兰和哈萨克斯坦。智利同时是全球最大铜产国，2006年其产量约占全球产量的37%。世界上大部分铜矿已经处于开采状态，但秘鲁的大部分铜矿还在勘探和评价中。因此，秘鲁将成为未来主要的铜生产国之一。[④]

在消费方面，2000年前在铜消费市场唱主角的是西方工业化国家，但在2000年后，主角换成了中国、印度、俄罗斯和巴西。世界铜消费量

① 《全球铝市场需求与消费市场分析》，2010年5月5日，http://www.alu.cn/aluNews/NewsDisplay_ 46141.html。

② World Bank, “Global Economic Prospects”, June 2011.

③ USGS: *Minerals Yearbook*, “Cooper” (Various years).

④ 朱永峰：《矿产资源经济概论》，北京大学出版社2007年版。

从 1950 年的人均不到 1 公斤增长到目前的人均超过 2 公斤。从全球铜需求地区看，美国在 2002 年以前是最大的铜消费国，其需求占全球精炼铜的 16%（约 240 万吨）；[①] 但 2002 后，中国取代美国占据全球铜第一消费大国地位，需求量约占全球总需求的 30%，中国需求一直是市场关注的焦点。中国 2009 年精炼铜进口创下 319 万吨的高位，较 2008 年锐升 118.7%。[②] 包括国际锻造铜委员会、《金融时报》、巴克莱资本等多家机构均预计全球铜需求将超过供给，供应缺口加大，铜价两年内非常可能创历史新高。[③] 2010 年，由于需求的增加，全球铜供给将出现 4.4 万吨的缺口，并且在 2011 年有扩大趋势。但在中期内，价格的高企将刺激新铜矿的开发和老铜矿的再开发，从而满足市场对铜的需求。大部分供应的增加将来自南美和非洲的铜矿地带，如赞比亚和刚果民主共和国。[④]

按照 2008 年世界铜冶炼量 1820 万吨的水平，世界上的铜储量可以供人类使用约 30 年。高价铜同时将增加旧铜的重复利用，并促进其他更便宜的可替代铜的产品（主要是铝和塑料）的利用。由此也会对高价铜形成下行压力。

2011—2015 年全球确定新增产能达到 350 万吨，未来还有新建矿山产能 370 万吨。目前逐步形成四大基地——北美、拉丁美洲、澳大利亚、非洲中南部，中国铜的对外依存度一直保持在 70% 以上，更加缺乏话语权，但是简单从供需来看，未来几年将从供应短缺向过剩转化。

3. 金

世界黄金储量基础为 89700 吨，主要分布在南非（39933 吨）、美国（8987 吨）、俄罗斯（7606 吨）、加拿大（6508 吨）、澳大利亚（5012 吨）、

---

① USGS, "Facts about Cooper", June 2009, http://geology.com/usgs/uses-of-copper.

② 中投顾问：《2010—2015 年中国铜行业投资分析及前景预测报告》，2010 年 5 月。

③ 《中国铜需求令智利供应紧张》，载《金融时报》2010 年 8 月 7 日。《国际锻造铜委员会预期全球 2010 年铜需求增加 2.3%》，http://china.toocle.com/cbna/item/2010-07-07/5258208.html.

④ World Bank, "Global Economic Prospects", June 2011.

乌兹别克斯坦（3000吨）和中国（1000吨）。[①]

全球黄金产量和官方黄金储备都呈下降趋势，其中，黄金产量在1999—2000年达到产量的峰值，此后一路下降，只在2005年有小幅回升，黄金产量从1998年的2500吨下降到2008年的2280吨，降幅为8.8%，年均降幅为0.89%。官方黄金储备则从1998年的33600吨下降到2008年的28700吨，下降了14.6%，年均降幅则达1.56%。[②]

印度是全球最大的黄金消费国，2009年全球黄金需求价值总量达1273亿美元，其中中国的黄金消费价值超过了140亿美元，占全球价值总量的11%。世界黄金协会预计，由于强劲的投资和消费需求，预计未来10年中国市场对黄金的需求量将翻番，达到约290亿美元。目前，中国人均珠宝消费量仅为0.26克，是拥有相似黄金文化的地区中消费量最低的国家之一。世界黄金协会预计，“如果中国的人均消费量维持印度、香港地区或沙特阿拉伯的水平，仅珠宝消费方面中国的黄金需求每年可能增加100—4000吨的规模。”尽管中国是全球第六大官方黄金储备国，但目前黄金储备只占全部外汇储备的不到2%，按国际标准来衡量仍然很低。世界黄金协会警告称，强劲的需求与供应的增长失衡，未来十年的供应压力较大，从全球金矿勘探预算的角度来看，中国仍属于勘探不足的国家。“在过去十年里，中国的黄金矿业生产商将黄金产量提高了84%，但已知的金矿储备仅占全球已知金矿储备总量的4%。”[③]

4. 钢铁和铁矿石

钢铁是从铁矿石中通过高炉冶炼和加工而得到的矿产品，是一国国民经济的支柱性金属材料，其产量和消费量往往是衡量一国实力的重要标志。世界主要产钢国家的钢材产量自20世纪90年代以来呈逐年增长态势，由1998年的7.7亿吨迅速增加至2008年的13.3亿吨，增长了

---

① 朱永峰：《矿产资源经济概论》，北京大学出版社2007年版，第64页。

② USGS: *Minerals Yearbook*, “Gold” (various years).

③ 陈云富：《世界黄金协会预计：未来十年中国黄金需求将翻番》，http://news.xinhuanet.com/fortune/2010-03/29/content_13267901.htm.

73%。其中亚洲占比 58%、欧盟 16%、北美 9%、前苏联共和国 9%。中国是最大的粗钢生产国，2008 年的产量占世界产量的比重达 38%。但由于金融危机的影响，2008 年粗钢生产出现小幅回落，比上一年减少了 2000 万吨。2008 年，前苏联共和国、欧盟、北美和南美的粗钢生产分别下降了 7.7%、6%、5.3% 和 1.6%，而印度、韩国和中国的粗钢产量分别增长了 4%、3.5% 和 2.3%。2008 年，全球炼钢的生产能力利用率达 87%。①

世界钢材消费量自 90 年代以来也呈逐年增长态势，2004 年已经达到 9.16 亿吨，比 1994 年的 6380 万吨增长了 14.35 倍。国际钢材进口国主要有中国、美国、德国、意大利、法国、韩国，出口国主要有日本、俄罗斯、乌克兰、德国等。②

目前，四大铁矿石企业巨头海运量占比 70% 左右，未来 4—6 年铁矿石产能大幅增加，从 2013—2019 年数据分析，全球铁矿石新增产能达 7.48 亿吨，但新增产能中四大巨头同样占比 64%，达 4.8 亿吨。若产能全部释放，因短期内需求不会快速上升，长期看铁矿石市场价格会下降。但关键取决于四大巨头在铁矿石方面采取怎样的战略，取决于中国是否在海外有铁矿石供应基地，否则无话语权。

据美国地质调查局（USGS）2012 年初公布的数据显示，全球铁矿石储量为 1700 亿吨；矿山铁（即铁矿石中所含的金属铁）储量为 800 亿吨。世界铁矿石储量主要集中在澳大利亚、巴西、俄罗斯和中国，四国储量之和占世界总储量的 65.9%。世界矿山铁储量主要集中在澳大利亚、巴西和俄罗斯，三国储量之和占世界总储量的 58.8%。澳大利亚、巴西和俄罗斯是世界铁矿资源最丰富的国家。中国铁矿石储量位居世界第 4 位，

---

① USGS, *Minerals Yearbook*, “Iron and Steel,” 2008.

② 陈元：《加强对外合作，扩大中国能源、原材料来源战略研究》，中国财政经济出版社 2007 年版，第 142—143 页。

但铁矿石含铁量低。[①]铁矿石在自然界中的储量比较丰富，在世界范围内的分布较广。目前澳大利亚、巴西、俄罗斯、中国、印度、美国、加拿大、乌克兰是查明储量最多的国家。

表 2–1　2012 年世界铁矿石资源分布情况

排序	国　家	粗矿储量（百万吨）	占比（%）	含铁量（百万吨）	占比（%）
1	澳大利亚	35000	20.58	17000	21.25
2	巴　西	29000	17.05	16000	20
3	俄罗斯	25000	14.7	14000	17.5
4	中　国	23000	13.53	7200	9
5	印　度	7000	4.12	4500	5.62
6	美　国	6900	4.05	2100	2.63
7	加拿大	6300	3.71	2300	2.87
8	乌克兰	6000	3.53	2100	2.63
9	其　他	31800	18.73	14800	18.5
	世　界	170000	100.00	80000	100

资料来源："USGS–mineral Commodity Summaries 2012"，p.85，http://minerals.usgs.gov/minerals/pubs/mcs/2012/mcs2012.pdf.

全球的铁产量也保持增长态势，生铁和直接还原铁的总产量从 1998 年的 5.72 亿吨上升至 9.98 亿吨，这期间增长了 74.5%，其中生铁由 5.35 亿吨增长到 9.32 亿吨，而直接还原铁则由 3720 万吨增长到 6640 万吨。但生铁的产量在 2008 年下降，比上一年下降了 2200 万吨。2008 年中国依然是全球最大的生铁生产国，共生产了 4.7 亿吨，略少于 2007 年的产量，但占全球生铁产量的比重高达 50.4%，日本、俄罗斯、巴西、美国和韩国分别生产了 8600 万、4800 万、3500 万、3400 万和 3100 万吨。2008 年，全球直接还原铁的生产能力预计为 7200 万吨 / 年，实际产量为

① 刘学等：《全球铁矿石资源与贸易形势浅析》，载《科学研究动态监测快报》2012 年 10 月 15 日第 20 期（总第 146 期），http://www.igg.cas.cn/xwzx/kyjz/201211/W020121116497564288027.pdf.

6600万吨。印度是全球最大的直接还原铁的生产国，按产量顺序之后依次是伊朗、委内瑞拉和墨西哥。[①]

钢铁市场是一个典型的双垄断市场。一方面，钢铁生产存在的规模经济效应往往导致这一市场下中小规模企业的市场出清和较高的产业集中度，因而钢铁的上游生产企业和供销企业对下游的钢材消费企业拥有相当大的定价权。另一方面，钢铁生产企业的垄断性并不能保证其高额利润，因为国际市场上铁矿石资源的高度垄断性也挤压了钢铁企业的利润空间。也就是说，钢铁企业要受到上游铁矿石供应商定价的约束。

从成本上看，铁矿石供应商也掌握有一定的定价权。在世界范围内，铁矿主要分布于澳大利亚、巴西、俄罗斯、乌克兰、中国和哈萨克斯坦，全球大约3/4的铁矿石储量集中于上述六国。按含铁量计算，世界铁矿总资源为1964亿吨，其中工业储量930亿吨。从铁矿石的洲际分布来看，欧洲的铁矿石资源最丰富，总资源量622亿吨，工业储量350亿吨；南美洲的铁矿石总资源量为462.4亿吨，工业储量188.7亿吨；北美洲的铁矿石资源总量为444.4亿吨，工业储量149亿吨；大洋洲的资源总量达191亿吨，工业储量109亿吨；亚洲的铁矿石资源总量仅171亿吨，工业储量102亿吨，相当贫乏；而非洲的铁矿资源最贫乏，资源总量为73亿吨，工业储量33亿吨。[②]全球铁矿石市场是个高度集中的寡头垄断市场，"龙头老大"巴西淡水河谷一家即独占全球产量的30%，力拓以25%屈居第二，必和必拓15%，它们对全球铁矿石市场有较大的影响力。

除1999年和2001年稍有回落外，全球铁矿石产量整体保持上涨态势。按总重量计，2008年的铁矿石产量达22.2亿吨，是1998年产量的2.12倍；按金属含量计算，2008年的铁矿石产量为11.3亿吨，是1998年产量的1.97倍。[③]2008年全球最大的铁矿石生产国依次是中国、巴西、

① USGS: *Minerals Yearbook*, "Iron" and "Steel" (various years).

② 《世界铁矿石资源及中国需求状况》，2009年4月13日，http://www.xjkytz.com/kuangyan/13-1477.html.

③ USGS: *Minerals Yearbook*, "Iron" and "Ore" (various years).

澳大利亚和印度，四国的产量占全球产量的比重高达75.8%，其中中国的产量占全球铁矿石产量的比重为23.9%。全球最大的铁矿石出口国（依据2008年产量）依次是澳大利亚（35%）、巴西（32%）、印度（12%）、南非（4%）和加拿大（3%），此五国的铁矿石出口量占世界总出口量的86%。2008年全球铁矿石进口达9.07亿吨，比2007年增长了8%，世界最大的铁矿石进口国依次是中国、日本、德国、韩国、法国和美国。其中中国在2001—2008年的铁矿石进口量年均增长率高达25.3%，对铁矿石资源的强劲需求。① 从1978年到2007年，中国铁矿石产量从1.18亿吨增长到7.07亿吨，增长了5倍。但是，铁矿石产量增长仍远远跟不上需求的增长。继2003年中国铁矿石进口量（1.48亿吨）超越日本、欧盟成为全球最大的铁矿石进口国后，进口铁矿占全球海运贸易量的比例不断加大。1978—2007年的30年间，中国进口铁矿石从802.02万吨增长到3.83亿吨，翻了45倍。②

5. 稀土

稀土一般指原子序数57—71号、化学性质相似的15种金属元素。它们在许多尖端技术领域如电子、超导、航天、航空、气象、军事等领域运用广泛而且作用不可替代。中国、印度、马来西亚是主要的稀土生产国，其中中国稀土产量在全球稀土总产量中的比重从1998年的77.8%迅速上升到2008年的96.8%。进入新世纪后，美国等国尽管坐拥丰富的稀土资源，却停止开采本国资源，转而从其他国家进口。在全球已探明的稀土资源中，中国的稀土储量占全球的36%左右，而在1996年，中国稀土储备在全球的占比为43%，但是全球96.8%的稀土产量出自中国，同时提供了80%—90%的稀土贸易总量。商务部对外贸易司工业品处处长晁宁在中国国际白银年会上称，中国稀土储量在1996—2009年大跌37%，只剩2700万吨。按现有生产速度，中国的中、重类稀土储备仅能

① USGS: *Minerals Yearbook*, “Iron” and “Ore”, 2008.

② 郭娟：《基于BP神经网络的中国铁矿石需求量预测》，载《国土资源情报》2008年第11期。

维持15—20年，有可能需要进口。[①]

表 2-2　全球稀土产量与储量

（单位：吨，%）

国家	产量		储量	
	2015年	2016年	储量数	占世界比重
中国	105000	105000	44000000	36.67
巴西	880	1100	22000000	18.33
俄罗斯	2800	3000	18000000	15
印度	1700	1700	6900000	5.75
澳大利亚	12000	14000	3400000	2.83
格陵兰岛（丹麦）	–	–	1500000	1.25
美国	5900	–	1400000	1.17
其他	1720	1200	22800000	19
世界	130000	126000	120000000	100

数据来源："USGS–mineral Commodity Summaries 2012"，p.135，https://minerals.usgs.gov/minerals/pubs/mcs/2017/mcs2017.pdf.

在稀土问题上有几个动向值得关注。

一是对稀土的市场需求超过了其供给。稀土长期的应用前景依然被看好。例如，目前稀土在中国新材料领域的应用约占50%，而全球对新能源汽车、风电装机容量、核电装机容量等方面的推崇，使得稀土原材料工业将被拉动提升。预计未来10年，对稀土的需求将从目前的4万吨上升到12万吨。[②]

二是日本、美国、欧盟等西方发达国家对中国2010年采取的限制稀土出口的措施十分紧张。2010年，中国的稀土出口配额总数为30258吨，比2009年的50145吨少了近40%；同时对出口稀土加征了15%—20%

① 耿雁冰：《中国稀土70%出口日美，商务部呼吁他国加大开采》，载《21世纪经济报道》2010年11月15日。

② Ian Cooper, "Rare Earth Metal Supply vs. Demand", *Wealth Daily*, February 23, 2010.

的关税，将稀土的原矿和41种稀土产品列入了加工贸易禁止品种。[①]中国稀土储量已下降至全球的1/3左右，出于环保和合理利用的考虑采取限产和配额措施是合理的，但却引发了发达国家的不满。

三是未来稀土等新型或新技术矿产发展将受更多重视。目前新技术矿产主要包括稀土、稀有、稀散、铂族、轻金属、重金属和非金属等7个大类共39种矿产。随着新材料技术和应用的不断发展，新技术矿产的种类还将不断增加。作为高新技术产业的关键元素，新技术矿产目前难以替代，如绿色能源所必需的储能材料、磁性材料、发光材料等。全球对稀土、稀散和稀有金属需求量激增，反映了人类发展对矿产资源的需求演进至一个新的历史阶段。

6. 锡

锡是一种无污染的稀缺金属，号称"工业味精"。因为储量有限，锡的消费主要集中在焊料、镀锡板、锡化工等领域。2009年，锡用于焊料的比例为53.7%，其中电子焊料占比47.4%，工业焊料占比6.3%，电子焊料已经成为锡最重要的消费领域。《2010年矿产品概览》（Mineral Commodity Summaries 2010）的统计数据显示，全球锡金属资源储量为560万吨。全世界探明的有价锡资源（指有开采价值的资源）储藏量仅约610万吨，锡保有储量为1100万吨。锡资源主要分布在中国、东南亚和和南美洲。目前，中国、马来西亚、印度尼西亚、秘鲁的有价锡资源分别为170万、100万、80万和71万吨，合计占世界锡资源的69%。其中中国、印度尼西亚、秘鲁、玻利维亚和巴西是全球主要锡生产国。

近几年，世界锡供应的增量主要来自中国和东南亚等国家。从供给结构看，全球锡精矿产量超过一半来自小矿山，其中中国和印度尼西亚这两个国家均是以小矿山为主，而且非法开采的比较多。因此，锡生产国政府的整顿活动或政策变化将对锡生产产生较大的影响。

---

① 耿雁冰：《中国稀土70%出口日美，商务部呼吁他国加大开采》，载《21世纪经济报道》2010年11月15日。

锡金属供给方面，面临的不稳定因素较多。中国锡矿产量难以大幅增长，国际锡业协会（ITRI）预计未来2—3年中国的矿山产量最多能够维持在9万吨左右。印度尼西亚、秘鲁等国锡矿由于政策保护、品位下降等原因，产量面临下滑。来自中非的新兴锡矿产地受到政治的严重影响。美国国防后勤局（DLA）锡库存2008年已经抛售一空，无法继续供应市场。全球范围内锡的矿山开采项目投资一直比较缺乏，近几年才活跃起来，但是到2013年之前全球锡矿山资源将处于一个新旧交替的低谷期，没有规模较大的矿山项目投产。①锡资源分布和开采的高度集中决定了锡供给易受到资源大国的控制。中国和印度尼西亚是全球最大的锡矿和精炼锡生产国，全球锡资源储量逐年下降（按2011年产量仅能保障16年）以及2002年以来锡价飙升使两国充分认识到锡资源战略价值，逐步开始加大对锡资源的控制力度。印度尼西亚锡砂矿采矿成本上升将导致很多小型锡矿以及非法锡矿被迫关闭。燃油成本上升和矿石品位下降是印度尼西亚锡砂矿采矿成本上升的两大主因：国际锡业协会（ITRI）成本模型显示，若原油价格从100美元/桶升至150美元/桶，全球锡矿开采边际成本曲线整体将上移500美元/吨，处在边际成本曲线末梢的印度尼西亚浅层锡砂矿采矿成本上升幅度则更大，因燃油成本在浅层锡砂矿采矿成本中占比近50%；联合国工业发展组织预计，到2020年印度尼西亚锡砂矿平均品位将由目前的0.35kg/m^3左右下降至近0.2 kg/m^3，这将使采矿成本增加近一倍。

中国是全球最大的锡生产国与消费国，其精锡产量和需求量均占全球市场的1/3左右。2006年中国精锡产量同比增长15.6%，达到13.8万吨，消费量达12.3万吨，与2005年相比增加19.2%，净出口量约为4000吨。从全球的范围看，今后锡供应不足的局面将更加严峻，锡是2010年最先出现供应短缺的基本金属。2010年1—7月，全球锡资源短缺9900吨，

① 《锡：受益于全球智能化、绿色化进程》，http://finance.qq.com/a/20110216/003283.htm.

而前八个月供应短缺量达到 1.09 万吨，这一数据今后仍有扩大的可能。[①]

（三）国际矿产资源市场发展的整体趋势

在未来一段时间内，全球矿业向好发展的基本面不会改变。未来绝大多数矿产储量的增长速度仍将高于这些矿产的开采速度，因为从世界范围看，发现新矿床的潜力还是很大的，许多地区的地质研究和地球物理研究程度还不够。且全球固体矿产勘查支出连续保持大幅度增长，2011 年同比增幅高达 50%；新兴国家工业化、城镇化持续推进，在相当长一段时间内都将维持对矿产资源的强劲需求。近期，世界各国为推动经济复苏增长出台了一系列有力举措，也为矿业发展提供了更加积极的政策预期。[②] 因此，国际矿产资源市场在可预期的未来将面临更加激烈的竞争。

1. 世界重要矿产资源市场总体上供需平衡、但局部不平衡现象严重

矿产资源储量的高度集中使得生产和需求高度脱节，其他需要依赖这一资源的国家不得不接受资源拥有国政策变化、政局不稳等带来的风险。这种不平衡在亚太地区表现尤为突出：一方面，世界经济发展的重心正向亚太地区转移，导致这一地区资源需求较大；另一方面，对大多数重要矿产资源而言，亚太地区在世界矿产资源供应中所占比重均较小，导致这一地区矿产品资源供需缺口和对区外资源的依赖度越来越大，特别是对中国这样一个发展正处于金属高强度阶段的国家，保证国内需求的压力更大。[③] 例如，东亚国家和地区（中国大陆、日本、韩国、中国

---

① 张国栋：《全球锡矿仅能保障 30 年，中国储量居首亟待保护》，载《每日经济新闻》2010 年 11 月 17 日。《2006 锡市场年度报告》，http://www.asianmetal.cn/report/2006xi.pdf.

② 肖中仁：《中国国际矿业大会开幕专家：全球矿业发展向好态势未变》，http://gb.cri.cn/27824/2012/11/04/5951s3912159.htm.

③ 例如，2007—2009 年，中国每 1000 美元的真实国内生产总值中铜强度和铝强度分别是 1.8 千克和 1.4 千克，而世界平均水平分别是 0.4 和 0.7 千克。World Bank, “Global Economic Prospects”, June 2011.

台湾）的铁矿石进口量占世界铁矿石贸易量的60%以上，进口依存度在70%以上。此外，除日本外的亚太地区其他国家大多主要通过现货市场采购，加剧了市场的不确定性。亚太地区矿产资源的供需不平衡造成的后果，既导致这一地区进口的矿产品价格普遍高于欧美地区，又导致区域内国家对矿产品资源的激烈竞争，这种竞争也蔓延到了海外市场。

2. 世界重要的矿产资源供求关系可能失衡

比如从"买方市场"转变为"卖方市场"。在20世纪大多数时间里，国际矿产品市场基本上是"买方市场"，供应比较充足。然而到了21世纪，世界矿产品市场逐渐转向"卖方市场"。"卖方市场"出现的表征是：首先，价格大幅度攀升。如前所述，铜、锡、铀、煤炭、铁矿石等的期货价格屡创新高，在投机炒作下，市场价格严重背离了基本的供求规律而大幅上升。其次，大多数重要矿产资源出现了供应紧张的局面。尤其是铁矿石、铜、铝等。一方面，发达国家的需求量仍在增加；另一方面，发展中国家尤其是中国的需求量大幅度增加，对全球矿产品的有限供给造成很大的压力。从未来20年世界矿物原料的保证程度看，大多数矿产不存在问题。从主要金属矿产的静态保证年限看，铁矿石储量可保证生产128年，铜矿储量可保证生产32年，镍矿储量可保证生产49年，钨矿储量可保证生产47年，钾盐储量可保证生产276年。保证年限偏紧的矿产有锌（24年）、锡（21年）、铅（21年）、金（19年）、银（15年）和锰（14年）。目前，勘探储量与开采量相比的静态保证年限，今后10—20年仍将保持较高水平。随着矿产勘查、开采和冶炼进一步向发展中国家转移，主要工业国的矿产保证程度将进一步降低，对进口的依赖程度可能会持续增大。[①] 再次，世界重要的矿产资源库存量急剧下降。由于世界矿产资源分布极不均匀，开发已知矿产需大量投资等原因，许多国家难以摆脱能源和矿物原料短缺的局面。在供应紧张的局面下，许

① 《世界铁矿石储量可保证生产128年》，http://news.wjw.cn/content/wjzx/2012/2/20/266200.shtml.

多国家被迫动用库存来缓解需求压力。最后，矿产品资源生产者对价格有更大的控制权。[①]

虽然2007—2008年爆发的全球性金融危机恶化了世界经济形势，导致矿产品的价格急剧下跌，甚至出现供应过剩的局面。但随着全球经济逐渐走出危机阴霾，新兴经济体对资源的需求又恢复了爆发性增长，许多矿产品资源的发现成本和开发成本都大幅度增加，储量的增长速度明显放缓，剩余产能大幅度减少，导致储量的保障年限总体上呈现下降趋势，产能的大幅度增加面临严重制约，但消费却依然在增长。因此，矿产品资源“卖方市场”将主导未来的市场格局（见表2-3）。

表2-3 2010—2020年全球矿物类商品需求

商 品	2010年	2011年	2012年	2015年	2020年	年复合增长率
铜（kt）	19220	19890	20190	22815	27068	3.5%
铝（kt）	40900	45200	48000	59200	82465	7.3%
锌（kt）	12030	12760	13400	15000	17752	4.0%
镍（kt）	1494	1595	1693	1940	2430	5.0%
铁矿石（mmt）	1025	1090	1145	1401	1919	6.5%
冶金煤（mmt）	266	256	281	320	374	3.5%
动力煤（mmt）	713	774	810	919	1136	4.8%
黄金（t）	4261	4090	4324	4188	4274	0.0%

注：1. 铁矿石和煤的预计消耗量体现为海运需求。铁矿石海运需求一直以来约为全球商品总需求的40%。

2. kt= 千吨，mmt= 百万公吨，t= 吨。

资料来源：牛津经济研究院和埃森哲分析：《麦考瑞研究报告》，转引自：《2020：成就采矿业卓越绩效》，http://www.accenture.com/SiteCollectionDocuments/cn-zh/Research%20and%20Insights/Accenture-Insight-Achieving-High-Performance-Mining-2020.pdf.

① 陈元：《加强对外合作，扩大我国能源、原材料来源战略研究》，中国财政经济出版社2007年版，第68—70页。

3. 矿产品市场的金融化及受世界经济波动影响的趋势更加明显，在日益便利化的同时也带来了更多的风险和不确定性

2008 年下半年以来，受不断扩散和蔓延的国际金融危机的影响，矿产资源出现新的变化趋势：矿产品需求增势减缓、矿产品价格急剧下跌、矿业融资难度加大。世界经济复苏困难，导致对钢铁、水泥、玻璃以及铜、铝等矿物原材料需求减少，资源消耗密集型产业萎缩，企业利润降低甚至亏损，导致大量矿业企业关闭矿山或减产，人员大幅裁减。[①]

4. "资源民族主义"更加强烈

诸多政府在寻求增加其在采矿及金属行业中的所得比例时已经不局限于征税，因而资源民族主义仍将是采矿及金属企业面临的头号风险。首先，限制外国矿业投资。美国经常利用资格审查将中国投资拒之门外。有些国家干脆规定了外资限额，或者强调资源须为本国企业控制。不少资源国政府更强调保持对矿产资源的所有权。在试图消除有关国有化讨论的同时，南非出台了《黑人经济振兴法案》(Black Economic Empowerment)，规定黑人投资者拥有至少 26% 股权，并且正在研究国有采矿企业强制参与的想法。印度尼西亚宣布计划 10 年后将外资对矿山的所有权限制到 49%。津巴布韦也开始实施 51% 本地化法律，蒙古国对外资在战略矿山中的所有权进行限制，最高比重不得超过 49%，俄罗斯规定外资不能谋求对战略资源企业的控股。印度也出台限制外资获得部分矿产资源所有权的措施。[②] 其次，通过各种手段限制矿产品资源外流。2010 年 4 月，印度宣布将块矿出口关税从 10% 提高到 15%。印度钢铁部长阿图尔·查图维迪甚至提议完全禁止本国铁矿石外流。最后，对本国矿产行业实施极端的国有化政策。2010 年 5 月，玻利维亚地方政府将一

① 刘树臣等：《当前矿产资源形势及未来走势》，http://www.mlr.gov.cn/zljc/201006/t20100617_152012.htm.

② 安永全球采矿和金属行业中心：《采矿及金属行业面临的业务风险 2012—2013》，2012 年，第 6—7 页，http://www.ey.com/Publication/vwLUAssets/Business_risks_for_mining_and_metals_2012-2013/$FILE/Business%20risks%20for%20mining%20and%20metals%202012-2013_ch.pdf.

家瑞士公司控股的锑矿冶炼厂和四家电力公司收归国有。[①] 总之，资源丰富国家政府政策的突发性变化而造成的不确定性和价值毁损不能被低估。

5. 世界重要矿产资源市场总体上呈现“寡头市场”局面

尽管受到诸多挑战，但受供给与需求、开发成本及金融投机影响，长期来看，全球矿业垄断特征难以改变，投资并购的全球化流动将加快，跨国矿业公司对世界资源的控制程度不断提高，新一轮并购重组热潮或再现。大多数有色金属的市场将以垄断竞争为特征，但在供求双方的博弈中供应方将占据主动地位。铁矿石、煤炭、铀等的国际市场将受全球能源市场供给长期趋紧的影响，进一步呈现寡头市场的特征。跨国矿业巨头的大规模扩张，进一步加强了它们对矿业市场的资源控制度和价格话语权。如美国铝业公司（Alcoa）在经过多年的全球并购扩张后，成为世界最大的有色金属工业企业，其氧化铝和铝材加工能力位居世界第一。目前，跨国能源和资源公司控制全球大多数优质能源、储量和产能，是矿业全球化的载体，在全球矿产品贸易中占主导地位。从矿业公司对金属的控制的集中度来看，最大的矿业公司控制了西方国家 31.5% 的锡产量，23.2% 的铁矿石产量，14.9% 的铜矿产量，12.3% 的金产量和 12.2% 的锌产量。10 家公司分别控制了西方国家 70.2% 的铁矿石、79.3% 的锡矿产量、74.6% 的铜矿产量，57.4% 的金产量和 57.1% 的锌产量。[②] 跨国能源和资源公司控制全球大多数矿业资本和矿业投资，通过资本流动加强对全球 资源的控制。另外，它们还控制并引导全球矿业技术的发展方向，引导能源、资源领域的技术创新和技术转让。

6. 各国资源竞争呈现政治化的趋势

在资源高度垄断的局面下，各国越来越重视能源和资源外交，资源不再单纯，成了政治交易的重要载体。中国为落后的矿业国提供相关资金、技术支持，帮助他们修建道路、桥梁、港口等基础设施，这套做法

① 李因才：《检视全球矿产资源争夺战》，载《南风窗》2010 年 11 月 9 日。

② 陈元：《加强对外合作，扩大我国能源、原材料来源战略研究》，中国财政经济出版社 2007 年版，第 71—72 页。

几乎成了潮流，各国纷纷效仿。对中国资源外交的学习不止于此。为获得种类丰富、数量庞大的非洲资源，新德里开始搞印非峰会，欧盟则将类似论坛调整为中国式的三年一次，日本和印度还宣布将其对非优惠贷款扩大一倍。

（四）中国维护海外非能源矿产资源利益的新举措

在全球资源类大宗商品价格持续下跌的背景下，中国企业有望通过并购建设一批大宗商品境外生产基地和物流集散中心，提高资源就地加工转化能力，深度融入全球产业链、价值链、物流链。

商务部《2015年中国对外投资合作报告》指出，2014年优势钢铁企业国际化经营进程加快，纷纷赴海外投资设厂，如武钢集团、河北集团、德龙钢铁、天津钢管、青山不锈、四川罕王等公司。钢铁行业对外投资大多集中在上游矿产资源开发环节，以鞍钢、首钢为代表的龙头企业在澳大利亚、马来西亚等铁矿石资源丰富地区建立了资源基地。中游冶炼环节对外投资很少，目前只在东南亚、非洲零星建立钢厂。目前投资国外铁矿项目多以需选贫矿资源为主，已投产矿山项目仅13个，实际形成权益成品矿年供应量仅6200万吨，占进口总量的不到10%，与日本、欧洲等国家的50%以上相比，差距巨大。河北钢铁集团收购并全面接管南非PMC公司，使河北钢铁集团成为第一大股东，成功掌控了一个成熟运营的境外矿山项目。①

结合资源供给或市场需求就地新建钢铁企业的合作方式初见成效。商务部《2015年中国对外投资合作发展报告》指出，河北钢铁集团借助PMC资源条件，与南非工业发展公司和中非基金公司合作建设南非500万吨钢铁项目，该项目是目前中国在海外投资建设的最大规模全流程钢

① 商务部：《2015年中国对外投资合作发展报告》，第97页，http://fec.mofcom.gov.cn/article/tzhzcj/tzhz/upload/zgdwtzhzfzbg2015.pdf.

铁项目。青山集团印度尼西亚青山工业园区正在建设，主要以不锈钢产业链为主导，从上游矿产开发、镍铁冶炼到不锈钢冶炼及不锈钢制品加工等打造整个产业集群。中国钢铁矿业企业成功并购海外企业，延伸产业链，为终端客户提供增值服务，巩固国际市场。[①]

然而中国的非能源类矿业海外投资也面临着相当高的风险。主要问题体现在：中国矿业企业投资国外项目普遍受到配套基础设施投资大、运输距离长、建设成本高、采选成本高等因素影响，项目成本偏高，竞争优势偏弱，企业国际化经营水平普遍不高。在“走出去”开发铁矿石资源的过程中，存在多头对外、过度竞争、信息成本重复投入等现象。

中国矿业企业海外投资中存在的信息不畅通、缺乏统筹协调现象必须通过政府部门的力量加以扭转。目前，中国政府在为矿业企业海外投资提供保障方面已经取得了可喜的成绩。国土资源部深化与相关国家和地区在地质调查领域的合作，与中亚、东南亚、南美洲等十多个国家地区合作开展地球化学填图工作，编制相关图件；举办“丝绸之路经济带矿产资源国际合作论坛”，与孟加拉国等国在地学研究、矿产勘查开发等方面签署多项谅解备忘录和合作协议，有效促进与相关国家在矿产领域的务实合作。[②]

当前，中国政府正致力于推动“一带一路”战略实施，沿线许多国家矿产资源丰富，在这方面中国与这些国家的合作具有较好基础，未来合作前景十分广阔。中国将本着互利共赢的原则，不断完善合作机制，推进与沿线国家在资源勘探开发、生产、运输领域的合作。同时，与重点国家加强合作，合理利用所在国资源，建设一批境外生产基地，提升就地加工转化资源的能力。

国土资源部利用商务部援外资金，为亚洲、非洲等地区发展中国家政府官员和科技人员举办培训和研修班。累计培训来自亚洲、非洲、南

① 商务部：《2015 年中国对外投资合作发展报告》，第 97 页，http://fec.mofcom.gov.cn/article/tzhzcj/tzhz/upload/zgdwtzhzfzbg2015.pdf.

② 同上，第 27 页。

北美洲等70个国家和地区的500多名官员与技术人员。与受援国建立了良好合作关系，促进了专业技术领域合作与后续合作项目开展，为企业境外勘查开发搭建了桥梁。加强与世界重要矿产资源国家的合作，与美国、加拿大、澳大利亚、俄罗斯、南非、智利、印度、老挝、缅甸、柬埔寨等30多个重要矿产资源国家和周边国家建立政府间对口合作机制。通过双边机制性会议和国际性会议，为国际矿业合作搭建重要平台。加强同国内外矿业项目信息发布与合作对接。举办2014年度境外地质矿产信息发布会以及澳大利亚、加拿大、中亚、非洲等重点国家和地区矿业项目推介会，向社会公布国外地质矿产信息和境外地质调查工作最新情况。①

国土资源部编制发布世界重要国家矿产资源风险勘查投资指南，目前已完成82个国家和地区的矿业投资指南编制工作，包括国家概况、地质矿产特征、矿产资源勘查开发利用与服务、矿业投资准入、矿业权制度、土地准入、矿业权经营、投资风险与投资机会等内容，为有意向到国外投资的矿业企业及国内的金融保险机构、行业协会等提供免费信息服务。同时，建立覆盖全球重点国家和重点成矿带的全球地质矿产信息系统，面向矿业企业及社会公众开放，已在国土资源部门户网站开通。联合有关高等院校开展矿产资源领域对外投资合作中高级人才的培养，提高人才队伍能力。

① 商务部：《2015年中国对外投资合作发展报告》，第42页，http://fec.mofcom.gov.cn/article/tzhzcj/tzhz/upload/zgdwtzhzfzbg2015.pdf.

第三章
海外制度利益

◆ 王发龙

海外制度利益是国家海外利益的有机组成部分，指国际制度参与者在国际制度体系之内的相关需求和欲求，在物质层面和精神层面所追求并享有的一切权益。其中，国际制度框架下的投票权、决策权、话语权、代表性、国际形象、国际影响力、国际认同度及其相关的权益，是国际制度参与者的主要利益诉求。国际制度既是催生海外利益的外生变量，又是发展、维护和实现海外利益的重要手段。纵观历史，中国国际制度利益的发展状况体现出明显的阶段性和变动性。透析现实，中国在参与、改革、创建国际制度等方面的国际制度能力较为欠缺，致使中国国际制度利益发展的国际制度路径不甚宽广。展望未来，中国国际制度利益将进入全面、均衡、持续发展的繁荣时期，在地位、分布、构成等方面均将展现出全新特征。

一、国际制度与海外制度利益

概念是进行理论研究和政策分析的逻辑基点。研究中国的海外制度利益问题，当以阐释国际制度和海外制度利益等核心概念为基本前提。

（一）国际制度

国际制度是西方国际关系理论之现实主义、自由主义、建构主义三大主流范式皆研究和关注的主要议题之一。德国学者沃尔克·利特伯格（Volker Rittberger）认为，“我们可探讨三大学派关于国际机制的研究：现实主义者侧重研究权力关系；新自由主义者以利益聚合为研究基础；以及认知主义者强调知识动力、互动和认同”。[①] 总体看来，三大理论流

① Andreas Hasenclever, Peter Mayer and Volker Rittberger, *Theories of International Regimes*, London: Cambridge University Press,1997, pp.1-2.

派尽管均就国际制度问题做出了不同维度的理论研究，但是皆固守各自的理论假定、逻辑推理、因果机制，以致难以彻底消弭彼此之间的范式隔阂。其中，三大流派不但就国际制度的概念、属性、功能等基本理论问题观点迥异而难以通约，而且对国际制度、国际组织、国际机制、国际惯例等相关概念之间的逻辑关系问题众说纷纭而难达一致。

相较而言，新自由制度主义流派的领军人物罗伯特·基欧汉对国际制度概念做出了广为学界接受与借鉴的界定。他论述道："我将制度定义为'持续作用而相互关联的规则集合（正式或非正式的），它们规定行为的角色，限制行动，塑造期望'。我们可以按照这样的定义思考国际制度，它可以采取以下三种形式中的一种：①正式的政府间或跨国的非政府组织。这种组织是为一定目的服务的实体。它们能够监督行动并对其作出反应，是由国家深思熟虑地予以设计并设置……；②国际机制。国际机制是那些具有明确规则，得到政府同意，适用于国际关系的特定领域的制度；③国际惯例。在哲学和社会理论中，惯例是具有隐含规则与理解的非正式制度，它塑造行为体的预期。它使得行为体能够彼此理解，并在没有明确规则的情况下协调它们的行为。"[①] 由此可见，基欧汉不仅对国际制度的概念做出了较为清晰的界定，还辨析了国际制度与国际组织、国际机制、国际惯例等相关概念之间的关系。[②]

借用基欧汉关于国际制度（International Institutions）的界定，我

① Robert O.Keohane, *International Institutions and State Power: Essays in International Relations Theory*, Boulder: Westview Press, 1989, pp. 3-5. 转引自王杰主编：《国际机制论》，新华出版社 2002 年版，第 8—9 页。

② 在国际制度与国际组织、国际机制、国际惯例之间的关系问题上，国内学界概存两种观点。一种观点认为，国际制度不包含国际组织。苏长和认为，国际制度虽然不包含国际组织，但是必须依靠国际组织和国际机构等实体的支撑，国际组织是国际制度安排的产物。参见苏长和：《重新定义国际制度》，载《欧洲》1999 年第 6 期，第 26—27 页。另一种观点认为，国际制度由国际组织、国际机制、国际协约等要素构成。许嘉认为，国际制度本质上是一种权力（主要是软权力），由国际组织和国际机制两部分组成。参见许嘉、蔡玮：《国际制度与中国的选择》，载《国际政治研究》2007 年第 4 期，第 135—136 页。

们将国际组织（International Organizations）、国际机制（International Regimes）、国际惯例（International Usages）视为国际制度的组成部分、表现形式和外化形态。其中，国际组织指“科层化的官僚组织，具有明确的规则以及对个人和团体特定的规则安排”。[①] 国际机制“可被界定为在国际关系特定问题领域里由行为体期望所汇聚而成的一整套明示或默示的原则、规范、规则和决策程序”。[②] 国际惯例是国际行为体在长期的国际交往中生成的不成文的、非正式的、默示的行为模式（物质因素）和比较稳定的心理预期（心理因素）的聚合体。换言之，国际惯例包含心理因素。[③] 基于不同的标准，我们可以对国际制度做出不同维度的分类。按照成员属性的不同，国际制度可分为政府间国际制度和非政府间国际制度；按照功能领域的不同，国际制度可分为综合性国际制度和经济、政治、文化、安全等领域的专门性国际制度；按照分布区域的不同，国际制度可分为全球性国际制度和区域性国际制度（次区域性国际制度、跨区域性国际制度）。

（二）海外制度利益

在日益制度化、规范化的国际社会，“利益是判断、指导政治行为的唯一永存的标准”，[④] 制度则是催生、发展国家利益的难以替代的工具。全球化时代，国际制度不仅成为各国发展和维护海外利益的主要手段之一，还是海外利益的重要生成机制。

---

① Robert O. Keohane, *International Institutions and State Power: Essays in International Relations Theory*, Boulder: Westview Press, 1989, pp. 3-5. 转引自王杰主编：《国际机制论》，新华出版社 2002 年版，第 9 页。

② Stephen D. Krasner, “Structural Causes and Regime Consequences: Regimes as Intervening Variables”, *International Organization*, Vol.36, 1982, p. 186.

③ 马武业主编：《简明世界知识辞典》，世界知识出版社 1991 年版，第 227 页。

④ [美] 汉斯·摩根索：《国家间政治：权力斗争与和平》，徐昕等译，北京大学出版社 2006 年版，第 36 页。

目前，学界尽管高度关注国家在国际制度框架内的权益问题，但是就海外制度利益的概念尚未做出明确的界定。究竟何谓海外制度利益？我们认为，海外制度利益是国际制度参与者在国际制度体系之内的相关需求和欲求，在物质层面和精神层面所追求并享有的一切权益。[①] 其中，国际制度框架下的投票权、决策权、话语权、代表性、国际形象、国际影响力、国际认同度及其相关的权益是国际制度参与者的主要利益诉求。2014 年 12 月 5 日，习近平同志在中央政治局第十九次集体学习时强调，“加快实施自由贸易区战略，是中国积极参与国际经贸规则制定、争取全球经济治理制度性权力的重要平台”。[②]2015 年 10 月 26 日，党的十八届五中全会亦提出，“积极参与全球经济治理和公共产品供给，提高中国在全球经济治理中的制度性话语权，构建广泛的利益共同体”。[③] 应当指出，获取、巩固、增进海外制度利益是任一国际制度参与者融入、改革、创建、运用国际组织、国际机制、国际惯例的主要出发点和落脚点。进而言之，海外制度利益是任何国家开展多边外交、参与国际组织、签署国际协约的终极依归，“不考虑自我利益的实现，来制定道德上有价值的国际机制的抽象计划，无疑是空中楼阁”。[④]

大航海时代，权力思维、炮舰政策是传统大国拓展和实现海外利益（殖民利益）的主导逻辑。全球化时代，国家大多通过多边外交、国际合作来保障自身海外利益乃至国际共同利益的发展与安全。作为源自国际交往的海外利益形态，海外制度利益并非先验给定、固定不变的，而是内生于国家与他者在国际制度体系之内的互动进程。二战后，权力不再是主导国际交往的唯一逻辑，人类社会已然进入国际制度蓬勃发展的

① 国际制度利益概念的界定受到西方国际关系学者马克·阿姆斯特茨关于国家利益概念之界定的启发。Mark R. Amstutz, *International Conflict and Cooperation: An Introduction to World Politics*, Boston:Mc-Graw-Hill, 1999, p. 179.

② 《人民日报》2014 年 12 月 7 日，第 1 版。

③ 《人民日报》2015 年 10 月 30 日，第 2 版。

④ [美]罗伯特·基欧汉：《霸权之后：世界政治经济中的合作与纷争》，苏长和等译，上海人民出版社 2012 年版，第 248 页。

历史新阶段。该时期，美国、英国、法国等西方大国几无例外地将谋取和增进海外制度利益作为重要的战略议题，不仅将国际制度视为发展和维护海外利益的重要手段，还积极争取和巩固在国际制度体系之内的投票权、决策权乃至主导权。其中，美国构建了以自身为主导的庞大国际制度体系，“在发展和维持国际法和国际制度上有着广泛利益，这些国际法和国际制度不仅涉及贸易和环境，还关涉武器扩散、维和、人权及其他问题”。[①] 客观而论，美国为“独善其身”而保障经济、政治、安全等领域的具体海外利益和谋取国际组织决策权、国际秩序主导权乃至“全球制度霸权”等国际制度利益，假“兼济天下”之名而向国际社会供应世界银行、国际货币基金组织、关贸总协定等“公共物品”。冷战后，西方大国不仅更为清醒地认识到海外制度利益的重要性，还以官方文件就发展和维护海外制度利益的问题做出了较为明确的战略部署。2000 年年初，时任美国国家安全顾问康多莉扎·赖斯（Condoleezza Rice）表示，“美国共和党政府的外交政策应使美国重新关注国家利益和对关键优先事项的追求，这些任务包括……通过扩大自由贸易和稳定的国际货币体系来促进经济增长和政治开放。”[②]2000 年 7 月，美国国家利益委员会发布了《美国国家利益》报告，明确将“保障全球主要体系（贸易、金融市场、能源供应和环境）的生存性和稳定性”列为“至关重要的利益”之一。[③]2010 年 5 月，奥巴马政府发布的报告《国家安全战略》提出，安全、繁荣、价值观和国际秩序是美国的四大利益。[④]

随着国际社会制度化程度的不断提升，海外制度利益无疑会步入大发展、大繁荣的历史新时期，在各国海外利益之整体格局中的地位和比

---

① Nye, Joseph S,Jr, “Redefining the national interest”, *Foreign Affairs*, Jul/Aug 1999, p. 25.

② Condoleezza Rice, “Campaign 2000: Promoting the National Interest”, *Foreign Affairs*, Jan/Feb 2000, pp. 1-2.

③ The Commission on America’s National Interests, “America’s National Interests”, July 2000.

④ The White House, “National Security Strategy”, Washington, May 2010.

重亦将更为凸显。相应的是，国家尤其是大国之间为谋取和维护自身海外制度利益，将难以避免地展开更为频繁而激烈的博弈。

二、中国海外制度利益的演进

作为境外的国家利益，海外制度利益是国际交往的产物。新中国成立以来，中国与国际制度的互动关系充满了阶段性、曲折性、戏剧性，历经了从相互敌视到彼此选择再到双向融合的演变过程。中国与国际制度的关系即成为考察中国海外制度利益发展状况的一条主线。①

（一）改革开放前的中国海外制度利益发展状况

改革开放前，中国与国际制度之间概呈双向敌对的互动关系。一方面，主流国际制度将中国排斥在外。冷战开始后，西方大国将自身视为国际社会的"正统"，把社会主义新中国视为洪水猛兽、异类国家而拒其于主流国际制度之外。新中国成立后，中国曾积极申请恢复在国际红十字会、联合国粮农组织、联合国教科文组织、联合国国际法委员会、世界卫生组织、世界气象组织、国际劳工组织、国际民用航空组织、国际货币基金组织、国际复兴开发银行、万国邮政联盟等十余个全球性国际组织的合法代表权，均遭到了西方大国的无端拒绝。《国际组织年鉴》（1985/1986、1989/1990、1996/1997）数据显示，直至20世纪60年代中期中国参与的政府间国际组织的数量几近于零，远远落后于美国、日本、

① 本小节根据中国与国际制度之互动关系的变动情况，以新中国成立、改革开放、加入世贸组织为界点，分述改革开放前（1949—1978年）、改革开放后（1979—2000年）、新世纪以来（2001—2015年）三大历史时期内的中国海外制度利益发展状况。

加拿大等西方大国（见图 3–1）。60 年代末 70 年代初，美苏争霸态势的变动使得西方大国放松了对中国参与主流国际制度的限制。1967 年 10 月，准备竞选美国总统的理查德·尼克松在其《越战之后的亚洲》一文中写道："从长远来看，我们简直经不起永远让中国留在国际大家庭之外，来助长它的狂热，增进它的仇恨，威胁它的邻国。在这个小小的星球上，容不得十亿最有才能的人民生活在愤怒的孤立状态之中。"① 在此形势下，中国获得了恢复联合国合法席位和加入其他主流国际制度的可能。

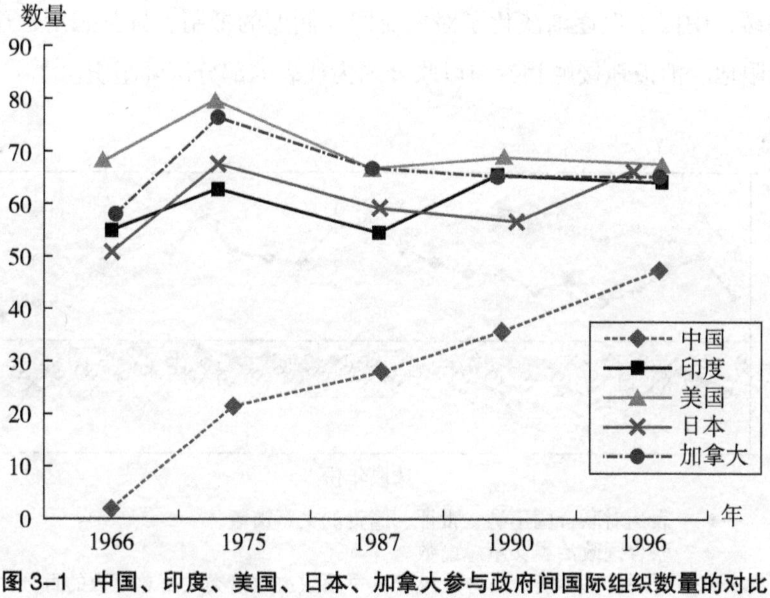

图 3–1 中国、印度、美国、日本、加拿大参与政府间国际组织数量的对比

资料来源：[美]江忆恩：《中国参与国际体制的若干思考》，载《世界经济与政治》1999 年第 7 期，第 6 页。

另一方面，中国对主流国际制度持批判、否定的态度而主动拒绝参与其中。在冷战的时代背景下，中国做出了"一边倒"的对外战略选择。在国际制度的选择上，中国认为主流国际制度是"被美帝国主义操纵的，

① 宫力：《从中美缓和到实行"一条线"的战略——20 世纪 60 年代末、70 年代初中国对外战略的转变》，载《中共中央党校学报》2002 年第 2 期，第 74 页。

因而只可能做坏事不可能做好事”，[①]有选择地加入了以苏联为首的社会主义阵营之内的部分国际组织。1961年6月13日，毛泽东在同印度尼西亚总统阿哈默德·苏加诺的谈话中表示：“只要蒋介石的代表还在联合国，我们就不进联合国。我们已经等了十一年了，再等十一年或者更久也没有关系。我们不忙于进联合国。”[②]1949—1971年的《人民日报》刊发了大量批评、谴责联合国的政治类文章，展现出中国对联合国的不满、批评乃至敌视。其中，1966年的《人民日报》中批评联合国的文章占到政治类文章的95.12%。[③]70年代以来，随着国际局势的变化和中美关系的趋缓，中国不仅逐渐淡化了对主流国际制度的抵制、批判态度，还开始有限地、消极地接触和参与以联合国为代表的部分国际组织。

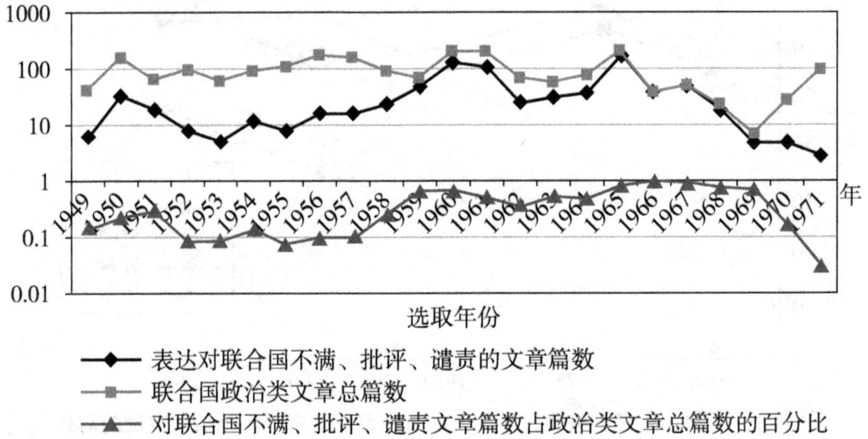

图3-2　1949—1971年《人民日报》涉及对联合国不满、批评、谴责的文章统计

资料来源：赵磊：《中国外交布局中的多边舞台》，载门洪华主编：《中国外交大布局》，浙江人民出版社2013年版，第162页。

---

① 中国外交部、中共中央文献研究室编：《毛泽东外交文选》，中央文献出版社1994年版，第554页。

② 中共中央文献研究室编：《建国以来重要文献选编（第十四册）》，中央文献出版社2011年版，第328页。

③ 赵磊：《中国外交布局中的多边舞台》，载门洪华主编：《中国外交大布局》，浙江人民出版社2013年版，第162页。

作为国际社会的一种规范性结构，国际制度既是助力成员国获取国家利益、提升国际地位的有效工具，又是阻碍非成员国发展乃至生存的结构性障碍。在战争与革命主导一切的不利国际形势下，中国的海外制度利益尽管已经艰难起步，但是在总体规模、发展速度、地位比重、分布区域等方面仍较为有限。其中，中国因长期游离于主流国际组织之外而极少享有国际制度框架内的决策权、投票权、代表权、成员身份、国际形象、国际影响力等国际制度利益。简言之，中国与主流国际制度的双向敌对关系，严重恶化了中国海外制度利益之生成和发展的国际环境，致其始终处于“萌而难发”的艰难萌生阶段，展现出缓慢、动荡、曲折的整体发展态势。

（二）改革开放后的中国海外制度利益发展状况

改革开放后，中国与国际制度之间概呈双向选择的互动关系。

一方面，国际形势的发展为中国参与国际制度提供了更为宽松的外部环境。70年代末，中美正式外交关系的建立和美苏争霸态势的变动，进一步消减了中国参与国际制度的结构性障碍。彼时，苏攻美守的争霸态势使得中国一度成为美国借以牵制苏联的“准盟友”。在此形势下，美国不仅与中国建立了正式外交关系，还放弃了御其于国际制度之外的传统做法。此外，方兴未艾的全球化为中国加快融入国际制度的社会化进程提供了历史良机。比如，中国加大了参与国际人权机制的力度，先后加入了《消除对妇女一切形式歧视公约》《消除一切形式种族歧视国际公约》《关于难民地位的公约》《禁止并惩治种族隔离罪行国际公约》《防止及惩治灭绝种族罪公约》《禁止酷刑和其他残忍、不人道或有辱人格的待遇或处罚公约》《反对体育领域种族隔离国际公约》《男女工人同工同酬公约》《儿童权利公约》《经济、社会及文化权利国际公约》《就业政策公约》《公民权利和政治权利国际公约》等十余项国际人权公约，[①] 显著提升了在国际人权机制乃至国际政治机制内部的代表性、话语权和影响力等国际制度利益。

另一方面，改革开放战略的实施为中国参与国际制度提供了内在驱动。十一届三中全会后，经济建设转变为党和国家的工作重心。为满足国内经济社会发展的现实需要，中国放弃了此前以意识形态和社会制度划分敌友的传统做法，大力实施对外开放战略，不断提升国家的开放程度与合作水平。在此形势下，中国对国际制度的态度较之以前更加温和、积极而彻底，不仅摈除了主流国际制度之革命者、挑战者的角色，加快了参与国际制度的步伐，还逐渐实现了由消极参与向积极参与、由部分参与到全面参与的历史转变。

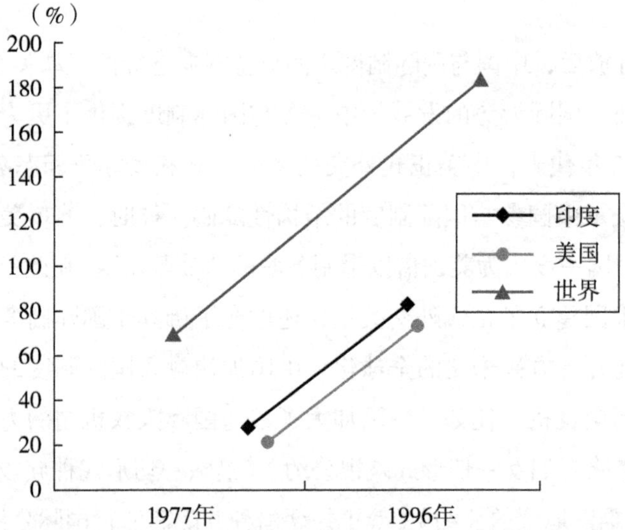

图 3-3 中国参与政府间国际组织数占美国、印度和世界平均参与数的比率

资料来源：[美]江忆恩：《中国参与国际体制的若干思考》，载《世界经济与政治》1999 年第 7 期，第 5 页。

① 《人民日报》2006 年 3 月 27 日，第 9 版。

比如，中国在1980年一年之内即先后加入了或恢复了国际农业发展基金会、国际货币基金组织、世界银行、国际开发协会、国际金融公司、世界知识产权组织、《消除对妇女一切形式歧视公约》等近十个主要国际制度。如图3-3所示，中国所参与的政府间国际组织的数量在90年代中期大约增至美国的70%、印度的80%、世界平均值的160%①，较之改革开放前有了大幅提升。诚如美国学者江忆恩所言，“在后毛泽东时代，中国在国际机制和国际组织内的会员身份明显增加”。②

改革开放后，中国不仅开始主动地接触、学习、内化国际制度的具体规则，还注重借国际制度之力发展海外利益。改革开放之初，邓小平即曾表示，“我们建国以来长期处于同世界隔绝的状态。这在相当长一个时期不是我们自己的原因，国际上反对中国的势力，反对中国社会主义的势力，迫使我们处于隔绝、孤立状态。六十年代我们有了同国际上加强交往合作的条件，但是我们自己孤立自己。现在我们算是学会利用这个国际条件了。”③该时期，中国在经济、政治、文化、安全等领域的海外制度利益均体现出日渐复苏、逐渐向好的发展势头。比如，“自1980年中国恢复世界银行成员资格到2005年，中国在约270个项目上获得了世界银行共约400亿美元的贷款支持（其中，国际复兴开发银行提供约300亿美元的硬贷款，国际开发协会提供约100亿美元的软贷款）。”④再如，中国彻底打破了西方大国的政治孤立和外交围堵，大幅提升了在国际制度体系之内的话语权、代表性、身份认同和国际形象等国际制度利益。见微知著，中国尽管仍保有国际社会后来者的角色，但是已开始在国际制度体系内重塑其参与者、开放者、合作者的良好国际形象，获得了其他参与者乃至国际社会较高的身份认同。

---

① Alastair Iain Johnston, “Is China a Status Quo Power?”, *International Security*, Vol.27, No.4, Spring, 2003, p. 12.

② Ibid.

③ 《邓小平文选（第二卷）》，人民出版社1994年版，第232页。

④ Pieter Bottelier,“China and the World Bank: How a Partnership Was Built”, *Journal of Contemporary China*, Vol.16, No.51, May 2007, p. 251.

综上可见，中国海外制度利益随着中国与国际制度互动关系的逐渐趋暖而不断发展，在发展速度、整体规模、领域分布等方面均有了明显起色，已然进入缓慢起步阶段。

（三）新世纪以来的中国海外制度利益发展状况

新世纪以来，中国与国际制度之间概呈双向融合的互动关系。一方面，国际社会的发展需要为中国参与国际制度提供了时代良机。在经济全球化、政治多极化、文化多元化并行不悖的时代背景下，应对全球公共问题、推进全球治理进程、改革国际制度成为关涉世界和平与发展大业的现实之需。遗憾的是，西方大国主导下的现行国际制度，不但存有合法性危机、公正性缺失、有效性不足等痼疾，而且在应对全球性问题的过程中展露出越来越多的“制度低效”、“制度失灵”、“制度赤字”等问题，加剧了全球治理需求旺盛与国际制度供应不足之间的结构性矛盾。借此，国际社会需要中国具有充当国际制度参与者、推动者乃至改革者的时代担当。在此形势下，中国通过推进国际制度改革，提升了在某些国际组织、国际机制内的话语权和影响力，促进了海外制度利益的发展。比如，新世纪以来，中国通过促进上合组织由偏重安全和政治问题的专门性国际组织向兼重安全、政治、经济、文化等问题的综合性国际组织的转变，大大提升了在该组织的话语权、影响力和国际地位。现实表明，中国在经贸往来、人文交流、安全合作等方面的话语权和影响力不断提升。2010 年 11 月 25 日，时任国务院总理温家宝在上合组织第九次总理会议上，最先提出了建立上合组织开发银行的倡议。2011 年 9 月 2 日，中国在第二届上合组织商务日最先提出了建立上合组织自贸区的问题。俄塔社、俄新社、《共青团真理报》、英国广播公司网等数个国外主流媒体均认为，中国已经成为上合组织的核心国与主宰者。[①]再如，2008年国际金融危机爆发以来，中国更加积极地推进世界银行（WB）、国际货币基金组织（IMF）、二十国集团（G20）等主要国际经济机制的改革进程，以更好地满足全球经济治理的现实需要。2015年11月30日，国际货币基金组织不仅将人民币纳入特别提款权（SDR）货币篮子，还使得人民币的权重（10.92%）超过了日元（8.33%）和英镑（8.09%）。中国显著增进了在国际货币基金组织内的投票权、决策权、影响力等国际制度利益。

另一方面，国家发展的现实需要为中国参与国际制度提供了内在动力。在经济全球化日益深入的背景下，中国为了更好地接轨世界经济，有效地利用两种资源、两个市场，不仅要实施人员、资金、商品的“走出去”战略，还需加快融入国际制度的进程，拓展海外制度利益。新世纪之初，党的十六大报告即明确提出，“我们将继续积极参与多边外交活动，在联合国和其他国际及区域性组织中发挥作用”[②]，指明了中国发展与国际制度关系的基本方向。在此形势下，中国在处理与国际制度关系的问题上更加“有所作为”，不仅加入了以世界贸易组织为代表的大量国际组织，还参与或主导了上海合作组织、博鳌亚洲论坛、东盟“10+1”合作机制、中国—阿拉伯合作论坛、世界旅游城市联合会、金砖国家开发银行、金砖国家应急储备基金、亚洲基础设施投资银行、澜沧江—湄公河合作机制等十余个区域性、次区域性、跨区域性国际制度的创建、运行和发展，不仅展现出由国际制度参与者、遵循者、追随者向推动者、倡导者、引领者转变的良好发展势头，还显著提升了在国际制度体系内的投票权、决策权、影响力等国际制度利益。比如，中国通过倡议、主导亚投行的创建和运行，不仅成为亚投行第一大股东而获得了26.06%的最高投票权和首任行长、理事会主席两大主要职位，还赢得了其他成员

① 《中俄携手促上合组织发展》，http://opinion.china.com.cn/opinion_45_109145.html，访问日期：2016年6月5日。

② 江泽民：《全面建设小康社会，开创中国特色社会主义事业新局面》，人民出版社2002年版，第49页。

国对其爱和平大国、发展中大国、负责任大国等身份的国际认同。此外，中国该时期通过创建国际组织、改革国际机制、签署国际协约、举办国际论坛等方式积极开展多边外交活动，秉持“结伴而不结盟”的理念与70多个国家和国际组织建立了或提升了近百个伙伴关系，构建了覆盖全球的“伙伴关系网”，进而在国际制度体系内不仅塑造了重和平、谋合作、促和谐的良好国际形象，还提升了其国际制度参与者、建设者、维护者的国际身份认同。

综上可见，中国海外制度利益随着中国与国际制度关系的日渐融洽而不断进步，已然进入全面、稳健、持续发展的历史新阶段。客观而论，中国海外制度利益的发展以中国与国际制度互动关系的变动为标尺，二者概呈正相关关系。

三、中国海外制度利益发展的经验与问题

历史与现实表明，中国海外制度利益的生成、发展、实现均源于国内外之多重因素的交互作用。其中，国际制度既是影响中国海外制度利益生成的外在变量，又是左右中国海外制度利益发展和维护的重要因素。目前，中国在参与、改革、创建国际制度等方面的能力较为有限，致使中国海外制度利益发展的国际制度路径不甚宽广。

（一）中国海外制度利益发展的历史经验

1. 中国海外制度利益发展以准确判断国际局势为前提

正如建构主义者亚历山大·温特（Alexander Wendt）所说的，“我们需要一种国家利益理论。怎样才能找到这种理论呢？一个方向是研究国

际体系；另一个方向是研究国内政治”。[①] 作为海外利益的特殊形态，海外制度利益的生成、发展、实现无疑均是在国境之外进行的。借此，准确判断国际局势即成为中国发展海外制度利益的基础条件。

改革开放前，“战争与革命”是中国对国际社会时代主题的基本判断。新中国成立之初，中国秉持“一边倒”的对外政策，将社会主义阵营作为发展海外制度利益的主导方向。毛泽东表示：“我们在国际上是属于以苏联为首的反帝国主义战线一方面的，真正的友谊的援助只能向这一方面去找。”[②] 相应的是，中国在国际制度参与度、国际组织成员身份、国际制度话语权和影响力等方面的国际制度利益，几乎完全存于社会主义阵营内部。1974 年 2 月，毛泽东基于对美苏争霸态势转变和中美关系趋暖的判断，提出了关于“三个世界”划分的战略思想。遂之，中国海外制度利益的地理分布区域突破了主要限于社会主义国家的局面，逐渐在资本主义国家和第三世界国家拓展开来。改革开放后，“和平与发展”成为中国对国际社会时代主题的基本判断。邓小平指出：“现在的世界是开放的世界。……三十几年的经验教训告诉我们，关起门来搞建设是不行的，发展不起来。”[③] 相应的是，中国加大了参与各类国际制度的进程。在苏东剧变的严峻挑战下，中国仍然坚持不以社会制度和意识形态划线而积极开展多边外交，发展对外关系。1990 年 7 月，邓小平表示：“尽管东欧、苏联出了问题，尽管西方七国制裁我们，我们坚持一个方针：同苏联继续打交道，搞好关系；同美国继续打交道，搞好关系；同日本、欧洲国家也继续打交道，搞好关系。”[④] 借此，中国在冷战结束之初迎来了参与国际制度的高潮，大大发展了在经济、政治、文化、安全等问题领域的海外制度利益。新世纪以来，和平、发展、合作成为国际

---

① [美] 亚历山大・温特：《国际政治的社会理论》，秦亚青译，上海人民出版社 2008 年版，第 32 页。

② 《毛泽东选集（第四卷）》，人民出版社 1991 年版，第 1475 页。

③ 《邓小平文选（第三卷）》，人民出版社 1993 年版，第 64 页。

④ 同上，第 359 页。

社会的主旋律。该时期，中国基于对经济全球化深入发展、政治多极化日益明显、全球问题不断凸显等世界发展大势的精准判断，不仅积极参与各类属的国际制度，还主动推进联合国、世界银行、国际货币基金组织、二十国集团等主要国际组织的改革进程。此外，中国还通过推进上海合作组织、二十国集团、金砖国家合作机制、亚洲基础设施投资银行（以下简称“亚投行”）等国际机制的创建、运行及其功能的发挥，增进了自身海外制度利益和国际社会共同利益的发展。显然，中国在发展自身海外制度利益的同时，成为构建人类利益共同体和命运共同体的主要贡献者。

2. 中国海外制度利益发展以助力国内建设需要为目标

外交是内政的延续。作为境外的国家利益，海外制度利益因国家参与国际制度进程的开启而逐渐产生，随融入国际制度体系之速度的提升而加速发展。进而言之，国内建设的现实需要既是驱动海外制度利益发展的根本动力，又是海外制度利益发展的基本目标。列宁曾表示:“把‘对外政策’和一般政策分开，或者甚至把对外政策和对内政策对立起来，是根本错误的、非马克思主义的、非科学的想法。”①

历史与现实表明，中国的海外制度利益发展以服务、满足国内政治稳定、经济发展、社会进步、文化繁荣等现实需要为归依。改革开放前，中国的海外制度利益发展以服务政权稳定、领土安全、政治承认为基本目标。王缉思亦认为，“毛泽东、周恩来时代的中国外交，……一直致力于维护国家安全和政权稳定”。②相应地，中国在发展和维护海外制度利益的实践进程中，提出了抵制主流国际制度、创建新型国际组织、开展意识形态论战等手段。客观而论，中国的海外制度利益实质上并不具有充分的独立性，几乎完全以国内政治稳定、社会安全为指针和目标。改革开放后，中国的海外制度利益发展以促进经济发展、国家富强为基本

① 《列宁选集（第二卷）》，人民出版社1995年版，第748页。

② 王缉思：《中美外交决策的国内环境比较》，载《国际政治研究》2006年第1期，第9页。

目标。该时期，经济建设转变为党和国家的工作重心，对内改革与对外开放均以服务经济发展为基本目标。借此，中国在体制机制、法律制度、战略政策等层面做出了有助于海外制度利益发展的调整。党的十一届三中全会明确提出，“在自力更生的基础上积极发展同世界各国平等互利的经济合作，努力采用世界先进技术和先进设备”。[①] 在此形势下，中国不仅改变了此前以国家垄断经营与统负盈亏为核心特征的对外贸易体制，还加快了参与或恢复世界银行、国际货币基金组织、世界贸易组织等主要国际经济机制的步伐。新世纪以来，中国海外制度利益的发展以助力和平崛起、推进民族复兴为基本目标。2013 年 3 月 17 日，习近平在第十二届全国人民代表大会第一次会议上的讲话中指出：“实现中华民族伟大复兴的中国梦，就是要实现国家富强、民族振兴、人民幸福。”[②] 毋庸赘言，中国的和平崛起与民族复兴绝非单一领域、某一方面的进步，而是经济、政治、文化、军事、社会、生态的全面繁荣。与之相应的是，中国的海外制度利益发展，已然展现出更加全面而均衡的整体格局，逐渐走出此前“重点突出、难及其余”的发展趋势，在经济、政治、文化、安全等领域的海外制度利益呈现出齐头并进、多点开花、整体向好的发展态势。

3. 中国海外制度利益发展以实施国家对外战略为依托

作为境外的国家利益，海外制度利益并非他者赋予之物而是主动追求的结果，国家在战略层面的顶层设计是影响海外制度利益发展与实现的根本保障和战略支撑。冷战结束后，美国历届政府多就海外制度利益的发展问题进行了周详的战略谋划。比如，美国前国务卿马德琳·奥尔布赖特直言道，“多边行动是美国凭一己之力维护自身核心利益之外的

① 中共中央文献研究室编：《三中全会以来重要文献选编（上）》，人民出版社 1982 年版，第 5 页。

② 《人民日报》2013 年 3 月 18 日，第 1 版。

一种必要补充手段。”[①] 再如，2011 年 2 月，奥巴马政府颁布的《美国国家军事战略》更是明确提出，“美国利益与更加广泛的国际稳定体系紧密相连，该体系包括联盟、伙伴关系和多边机制”。[②] 在此等国家战略的强力支撑下，美国凭其在国际制度体系中的主导地位，以巩固国际制度话语权、掌控国际商品定价权、阻碍国际组织改革等方式来保障其国际制度利益的发展与安全。

类似于西方大国的是，中国不但高度重视海外制度利益的发展问题，而且将其提至国家战略高度。改革开放前，中国基于对变幻不定之国际局势的判断，做出了有助于国际制度利益发展与安全的具体战略安排。新中国成立之初，中国为了满足巩固新生红色政权、获取国际政治承认、重建国民经济体系、消除积贫积弱局面等现实之需，曾一度做出了积极参与主流国际制度的战略决策。比如，中国曾积极申请恢复在联合国粮农组织、国际劳工组织、国际民用航空组织、国际货币基金组织、国际复兴开发银行等主流国际经济组织的正式会员资格与一切合法权益。该时期，中国在各领域的海外制度利益虽然显失均衡而有所侧重，但是均以“一边倒”、“两个中间地带”、“三个世界划分”等对外战略为指引。改革开放后，对外开放战略为中国海外制度利益的发展和实现提供了强大的内在驱动。1982 年 9 月，邓小平在中共十二大上强调：“坚定不移地实行对外开放政策，在平等互利的基础上积极扩大对外交流。”[③] 新世纪以来，中国进一步将海外制度利益的发展问题提至战略高度。2002 年 11 月，江泽民在中共十六大报告中指出：“我们将继续积极参与多边外交活动，在联合国和其他国际及区域性组织中发挥作用，支持发展中国

---

① Albright, Madeleine K, “Advancing American interests through the United Nations”, *U.S. Department of State Dispatch*, Vol.6, No.8, Feb. 20, 1995, p. 126.

② Department of Defense, “The National Military Strategy of the United States of America: Redefining America’s Military Leadership”, Feb. 2011.

③ 《邓小平文选（第三卷）》，人民出版社 1993 年版，第 3 页。

家维护自身的正当权益。”[①]2004 年 8 月，胡锦涛在第十次驻外使节会上明确提出了“海外利益”问题，强调“要增强中国海外利益保护能力”。2013 年 9 月和 10 月，习近平提出了“一带一路”倡议，更是为中国海外制度利益的发展描绘了宏远的前景。2014 年 12 月，习近平在中央政治局第十九次集体学习时进一步指出，“多边贸易体制和区域贸易安排一直是驱动经济全球化向前发展的两个轮子”。[②]综上可见，中国海外制度利益的每一步发展均体现着国家的战略政策，而国家的大政方针和总体战略又支撑着海外制度利益的生成、发展与实现。

（二）中国海外制度利益发展的现实问题

1. 中国海外制度利益发展的国际制度能力不足

作为国家综合实力的一种外在投射和外化形式，国际制度能力是国家在国际社会参与、改革、构建国际制度的能力与影响力。

在参与国际制度方面，中国的国际制度参与度较低。就中国自身而言，中国尽管在参与国际制度的速度、力度、程度等方面均取得了巨大进步，但是与其综合实力、国际地位、国际影响力远不相称。进言之，中国尽管早已完成了从国际制度局外者向局内者的角色变迁，亦在利益诉求、态度偏好方面发生了明显的变化，但是在国际身份的定位与认知上尚未完全实现由“中国之世界”向“世界之中国”的转变。相较其他国家而言，中国在国际制度体系内的成员身份、财政贡献、人员贡献、政策输入等方面的表现，不仅远落后于西方大国，甚至还不及某些中小国家。比如，中国在联合国、世界银行、世界贸易组织等主要国际组织内任职的高级官员和技术人员，存有层级不高、数量不多、比例过低等现实问题。

---

① 江泽民：《全面建设小康社会，开创中国特色社会主义事业新局面》，人民出版社 2002 年版，第 49 页。

② 《人民日报》2014 年 12 月 7 日，第 1 版。

在改革国际制度方面，中国的国际动员能力不足。[①]新世纪以来，中国尽管早已在联合国、世界银行、国际货币基金组织等全球性国际制度的改革上展现出较强的大国责任和历史担当，但是缺乏充分的国际动员力和国际影响力。比如，中国推进国际制度改革的合作者多为新兴国家和发展中国家，而缺乏与国际制度既得利益者的国际合作。此外，中国在国际制度改革上存有前瞻性缺乏、创造性不足等问题，所参与的国际制度之改革行动亦多是“事后救济”型、“刺激—反应”式的反制或反抗。新世纪以来，西方大国主导下的国际制度在改革和发展等问题上面临着多重而复杂的现实困境，有时处于寸步难行乃至原地踏步的状态。作为迅速崛起中的新兴大国，中国在国际制度体系之内尚未彻底摆脱权力不大、地位不高、影响不强的尴尬境地。2009 年 4 月，尽管世界银行通过了发达国家向发展中国家转移投票权的改革方案，但是中国的投票权仅仅从 2.27% 增长为 4.42%。

在创建国际制度方面，中国的议程设置能力不足。新世纪以来，中国尽管早已展现出创建国际制度的初始意识和积极行动，但是仍然处于起步阶段、摸索时期，更遑论“提升自己、塑造世界”了。2010 年，中国尽管超越日本而成为全球第二大经济体，但是“在国际经济制度中，中国所倡议的新规则寥寥无几”。[②]近年来，中国在创建金砖国家合作机制、亚洲基础设施投资银行、澜沧江—湄公河合作机制等国际机制的实践进程中，尽管体现出倡导者、推动者乃至主导者的角色，但是主要着力

---

① 阎学通认为，国际动员能力是“一国为了使别国接受本国的建议和要求而对别国运用非强制力所产生的影响力，它主要来自于与其他国家的战略友好关系和所拥有的国际规则制定权。一国拥有较多的战略友好关系，该国在国际事务中就容易争取到较多国家的支持；掌握较大国际规则制定权，则有较大机会促使他国接受本国在国际事务中的政策立场”。阎学通、徐进：《中美软实力比较》，载《现代国际关系》2008 年第 1 期，第 26 页。

② [美] 江忆恩：《中国和国际制度：来自中国之外的视角》，载王逸舟主编：《磨合中的建构——中国与国际组织关系的多视角透视》，中国发展出版社 2003 年版，第 351 页。

于单一领域、地区层面的国际组织，明显缺乏创建更具综合性、全球性国际制度的充分自觉意识和主动实践。其中，全球公域治理领域因存有国际制度“赤字”问题而致其暂处“无法可依”的地步，做出预见性、可行性的国际制度创建理应是中国更加“有所作为”的努力方向。

2. 中国海外制度利益发展的国际制度路径狭窄

一方面，中国欠缺运用国际制度以发展国际制度利益的充分意识。二战后，人类社会进入了国际制度迅猛发展的历史新阶段。相应地，西方大国即产生了借助国际制度发展国际制度利益的超前意识。1970 年 6 月 18 日，英国前首相爱德华·希思（Edward Heath）在大选中，提出了借助国际组织发展国际制度利益的方略。他明确表示，“我们将保护英国的海外利益”，“加入欧洲经济共同体将符合英国人的长远利益，并且这将对中国的繁荣和安全做出重大贡献。”① 相较而言，中国在对外交往中深受独立自主、自力更生等观念的影响，缺乏借助国际组织、国际机制、国际规则来发展海外制度利益的自觉意识。实际上，中国自改革开放战略的实施后才彻底放弃了对主流国际制度的敌视和怀疑，进而逐渐产生了借助国际制度发展海外制度利益的朦胧意识。直至 2004 年 8 月，中国官方才首次明确提出“海外利益”维护问题。近年来，中国尽管更为强烈而深刻地意识到国际组织、国际机制、国际规则之于海外制度利益发展的战略性作用，但是尚未彻底解决法制理念不强、规范意识淡薄、合作机制不足等固有问题，双边外交而非多边外交、政府外交而非多元外交仍是中国海外制度利益发展的主导逻辑。

另一方面，中国缺乏借助国际制度发展海外制度利益的切实行动。大航海时代，炮舰政策是西方大国发展海外利益的不二选择。全球化时代，西方大国更加鲜明地展现出借助国际制度发展海外制度利益的切实行动。作为曾经雄霸全球数百年的“日不落帝国”，“英国的许多帝国

---

① Iain Dale ed., *Conservative Party General Election Manifesto 1900-1997*, London: Routledge, 2000, pp. 181-196.

利益是在诸如英联邦、主要国际金融机制、北约、联合国和近年来的欧盟等许多新的、广为国际社会认可的国际组织的旗号下获得的”。[①]无独有偶，美国杜鲁门政府不仅早在实施其“马歇尔计划”之际首创了对外投资保证制度，还通过与海外利益相关国签署投资、贸易、税收乃至军事等方面的国际双边协定，促进经济和安全等问题领域之海外制度利益的发展。作为国际社会的后来者，中国借助国际制度发展海外制度利益实际上是改革开放后的事情，致其海外制度利益的发展尚存明显的路径狭窄问题，即重视国家层面的政府外交途径而轻视国际层面的国际制度路径。目前，中国尽管完成了由国际制度之旁观者向局内人的转变，但是实际上仍处于接受、了解、内化现行国际制度之具体规则、规范的学习阶段，借助国际制度以发展海外制度利益的实际行动仍然不甚充分。2011年2月，50余家海外中资企业在利比亚动乱中惨遭188亿美元的巨额损失，最终只获得不足4亿元人民币的保险赔付，其重要原因在于“中国尚未与利比亚政府签订任何双边投资保护条约”。[②]

四、中国海外制度利益的前景与趋势

作为一种历史范畴，中国海外制度利益有其明显的阶段性、变动性，已历经艰难萌生、缓慢起步两大历史阶段而正稳健发展。不难预见，中国海外制度利益未来必将步入全面、均衡、持续发展的繁荣时期，成为支撑中国最终实现民族复兴“中国梦”的重要保障。

---

① Ashley Jackson, “Empire and Beyond: The Pursuit of Overseas National Interests in the Late Twentieth Century”, *English Historical Review*, Vol.122, No.499, December 2007, pp. 1353-1354.

② 冷新宇：《利比亚危机，中国损失怎么办？》，载《中国经济周刊》2011年5月23日。

（一）中国海外制度利益的地位将越来越重要

在主观层面，中国将越来越重视海外制度利益的发展与维护问题。类似于其他海外利益的是，海外制度利益兼具客观存在和主观认知两大属性。换言之，海外制度利益本身是客观的，而人们对海外制度利益的认知、偏好、判读是主观的。新中国成立以来，中国对海外制度利益本身与地位的认知经历了从无到有、由淡至浓的变迁历程，对海外制度利益发展和维护的态度亦实现了由被动到主动、从消极向积极的性质转变。新世纪以来尤其是2008年国际金融危机爆发以来，中国党和国家更加深刻而强烈地认识到海外制度利益之于社会进步、国家发展、民族复兴的极端重要性，不仅就海外制度利益的发展问题做出了总体的战略部署，还提出了具体的实践举措。比如，党的十七大报告提出，“遵循联合国宪章宗旨和原则，恪守国际法和公认的国际关系准则”。[①] 十八大报告提出，“积极参与多边事务，支持联合国、二十国集团、上海合作组织、金砖国家等发挥积极作用，推动国际秩序和国际体系朝着公正合理的方向发展”。[②]《中共中央关于全面深化改革若干重大问题的决定》提出，“坚持世界贸易体制规则，……，建立开发性金融机构，……，形成全方位开放新格局”。[③]《中共中央关于全面推进依法治国若干重大问题的决定》提出，“积极参与国际规则制定，推动依法处理涉外经济、社会事务，增强中国在国际法律事务中的话语权和影响力”。[④] 此外，2005年至2016年的国务院《政府工作报告》不仅连续十二年提及海外利益问题，还将海外制度利益的发展与维护问题设为年度主要的外交任务之一。基

---

① http://news.xinhuanet.com/newscenter/2007-10/24/content_6938568.htm.

② 《人民日报》2012年11月18日，第2版。

③ 《人民日报》2013年11月16日，第1版。

④ 中国法制出版社编：《中华人民共和国宪法　中共中央关于全面推进依法治国若干重大问题的决定》，中国法制出版社2014年版，第75—76页。

于有力的战略保障和政策支撑，中国海外制度利益的发展速度日渐提升、总体规模不断扩大，在海外利益之整体格局中的地位显著提升。不难预见的是，中国无疑将更加重视海外制度利益的发展和维护问题，会继续视之为国家的重要战略议题。

在客观层面，中国海外制度利益将成为支撑中国最终实现民族复兴"中国梦"的重要保障。纵观历史，历代大国的成功崛起几无例外地是物质性成长和社会性成长的统一，而物质性海外利益和非物质性海外利益则是支撑国家最终实现崛起的重要物质基础和精神动力。在以制度为本位的国际社会，海外制度利益（非物质性海外利益）是守成大国和新兴大国进行权力博弈的战略焦点，是支撑新兴大国最终实现崛起的合法平台。改革开放后，中国海外利益进入了日渐复苏、稳健起步的历史新时期。其中，对外贸易、海外投资、国际金融、海外工程、国际劳务等海外经济利益更是进入了迅猛发展的"高速车道"，已然成为促进经济社会发展、综合国力增加、国际地位提升的主要物质支撑。一定意义上而言，中国的和平崛起进程尽管早已开启，但是主要表现为经济实力虽不断提升但仍然处于不全面、不均衡的上升阶段。后冷战时代，大国崛起面临着更为复杂的挑战与压力，需要兼备物质性基础与合法性基础。作为崛起于异质文明的新兴大国，中国的海外制度利益无疑以减轻其在国际社会的体系压力和外部成本，进而助力其在国际制度框架之内逐渐实现"软崛起"的战略资产。新世纪以来，中国在国际制度体系内的成员身份、观念认同、国际形象等国际制度利益均展现出良好的发展势头，大大消减了传统大国、新兴大国乃至部分发展中国家对其和平崛起的心理疑虑、认知错误和战略猜疑，已然成为推进其和平崛起进程的重要保障。比如，中国在倡导和创建"亚投行"的实践进程中，不仅塑造了国际制度之参与者、建设者、引领者等良好的国际形象，消减了创始成员国英国、法国、德国、意大利等传统大国对其和平崛起前景的战略疑虑，还提升了与其他成员国之利益共同体、责任共同体、命运共同体等身份认同。

（二）中国海外制度利益的分布将越来越均衡

不难预见的是，未来中国海外制度利益将逐渐展现出由偏于某一领域向遍及各个领域转变的发展趋势。改革开放前，海外政治利益和海外安全利益无疑是中国在境外的主要利益诉求。相较而言，中国海外经济利益的发展空间极其狭小而处于受挤压、被轻视的境地，不但规模小、发展慢，而且不具独立性而从属于、服务于海外政治利益和海外安全利益。在此形势下，中国的海外制度利益几乎完全局限于政治和安全领域，主要是在国际学生联合会、国际民主妇女联合会、万隆会议、日内瓦会议、联合国安理会等政治性、安全性的国际机制之内发展和实现的。改革开放后，经济建设转变为党和国家的工作重心，中国海外经济利益亦随之超越了海外政治利益和海外安全利益而成为海外利益发展的战略重心。与之相对应的是，中国的海外制度利益主要生成于、体现在世界银行、国际货币基金组织、世界贸易组织、亚洲开发银行、亚太经合组织等国际经济机制之内，政治领域和安全领域的海外制度利益不但在海外利益之整体利益格局中的地位和比重日渐下降，而且在受重视程度、发展速度等方面已然不及此前。该时期，中国的海外制度利益逐渐形成并几乎固化了失衡的整体格局，即略呈偏于经济、难及其余的发展态势。

新世纪以来，中国着眼于全面建成小康社会的战略目标，更加注重经济建设、政治建设、文化建设、社会建设、生态文明建设的“五位一体”综合发展。相对应的是，中国在继续发展海外经济利益的同时，提升国际制度权力、塑造负责任大国形象、增进国际身份认同、推动文化产品输出、建设海外孔子学院等成为其他海外利益发展的重要方向。在此形势下，中国在国际制度体系之内更为积极地开展多边外交，全面发展在经济、政治、文化、军事、安全、环境等领域的海外制度利益，使得不同领域之海外制度利益的分布更为均衡而协调。其中，中国在文化、军事、环保等领域之国际制度的参与度、话语权、影响力均有了长足的进步，使得海外制度利益的整体格局更为全面。比如，2013 年 6 月，《中国武装力量的多样化运用》明确提出，“全方位开展对外军事交往，……推动建立公平有效的集体安全机制和军事互信机制”。[①]2015 年 5 月，《中国的军事战略》进一步提出，中国应该“深化上海合作组织防务安全合作，参加东盟防长扩大会、东盟地区论坛、香格里拉对话会、雅加达国际防务对话会、西太平洋海军论坛等多边对话与合作机制，举办香山论坛等多边活动，推动建立有利于亚太地区和平稳定繁荣的安全和合作新架构”。[②] 显然，中国通过在国际制度体系之内开展对外军事交往、创建国际安全机制、强化国际安全合作等路径，高度重视发展军事和安全领域的海外制度利益。展望未来，中国在不同问题领域的海外制度利益将步入多点开花、均衡分布、全面发展的繁荣时期。

（三）中国海外制度利益的构成将越来越全面

历史与现实表明，国家处于不同的历史发展阶段，其海外制度利益在发展时序、权重排列、构成要素等方面具有明显的差异性。1943 年，美国心理学家亚伯拉罕·马斯洛在其《人类激励理论》一文中提出了关于人类的“需求层次理论”，认为个人的需要和诉求分为生理需求、安全需求、爱和归属感、尊重和自我实现等五类，它们在实现的时序上呈现为从低向高逐级上升的层次关系。与此类似的是，大多数国家在发展和实现海外制度利益的实践进程中，通常按利益的重要性和紧迫性来做出轻重缓急的战略部署。

可以预见，中国海外制度利益将逐渐展现出由源于部分要素向出自全部要素转变的发展趋势。在国际制度体系之内，各成员国之海外制度利益的构成，通常会随其综合国力的提升和利益诉求的增加而不断丰富

① http://news.xinhuanet.com/politics/2013-04/16/c_115403491.htm.

② http://news.xinhuanet.com/2015-05/26/c_1115408217.htm.

起来。比如，国际制度的主要参与者在借助国际机制之力塑造良好国际形象、提升国际身份认同的同时，会逐渐展现出谋求、提升乃至独霸国际制度话语权、主导权的主观意图和客观实践。进而言之，小国（弱国）在发展为大国（强国）之前，通常无心亦无力谋求在国际制度体系之内的主导权。换言之，国际制度主导权、决策权是大国谋取的主要海外制度利益。比如，英国伦敦大学教授阿什利·杰克逊直言道："英国国家利益与维护以英国为主要创始国的国际体系密切相关，该国际体系在战后受到新国际经济政治组织（英国为主要成员之一）的维护。"[①]改革开放前，中国海外制度利益的构成要素较为单一，主要局限为在国际制度框架内的参与程度、身份认同和国际形象等方面。该时期，中国消极地参与以苏联为首的部分边缘国际组织，主要是基于争取社会主义国家的政治承认和身份认同等海外制度利益的战略考量。改革开放后，中国虽然更为积极而主动地参与各类型的国际制度，但是塑造其国际社会之参与者、开放者、合作者等国际形象乃其海外制度利益的核心不足。新世纪以来，中国海外制度利益的构成要素变得更为丰富而多元。该时期，中国在继续借国际制度之力提升国际认同、改善国际形象的同时，还有意识、有行动地争取某些国际制度的话语权、主导权、影响力等更具战略性、长远性的海外制度利益。2008年国际金融危机爆发以来，中国为了更好地参与国际经济治理而积极推进国际制度的改革和创建进程，在外交理念、对外战略等层面将海外制度利益的发展问题提至战略高度，不仅推进了世界银行、国际货币基金组织、二十国集团等主要国际经济组织的改革，还在创建金砖国家合作机制、金砖国家新开发银行、亚投行、澜沧江—湄公河合作机制等国际经济机制的实践中体现出了主要参与者、倡导者乃至主导者的角色。2014年12月5日，习近平在中央政治局第十九次集体学习时强调："我们不能当旁观者、跟随者，而是要做参与者、引

① Ashley Jackson, "Empire and Beyond: The Pursuit of Overseas National Interests in the Late Twentieth Century", *English Historical Review*, Vol.122, No.499, December 2007, pp. 1353-1354.

领者，……，在国际规则制定中发出更多中国声音、注入更多中国元素，维护和拓展中国发展利益。”[①]展望未来，待到中国最终实现和平崛起之时、民族复兴之日，亦即中国海外制度利益全面繁荣之际。

历史已昭示，“数百年来列强通过战争、殖民、划分势力范围等方式争夺利益和霸权逐步向各国以制度规则协调关系和利益的方式演进”。[②]现实亦表明，国际社会制度化进程的速度、广度、深度均继续向纵深发展，为各国实现海外制度利益与国际共同利益提供了合法框架与战略平台。2015年10月12日，习近平总书记在中央政治局第二十七次集体学习时表示：“世界上的事情越来越需要各国共同商量着办，建立国际机制、遵守国际规则、追求国际正义成为多数国家的共识。”[③]借此，中国应在国际制度的参与、改革、创建等环节更加奋发有为，不断提升国际制度能力以夯实海外制度利益快速发展、有效维护、不断实现的法制基础。

① 《人民日报》2014年12月7日，第1版。

② 2015年10月12日习近平在中央政治局第二十七次集体学习时的讲话。《人民日报》2015年10月14日，第1版。

③ 同上。

第四章
海外文化利益

◆ 陈世阳　朱伟婧

海外文化利益是海外利益的有机组成部分。海外文化利益作为国家利益和文化利益在海外衍生的交叉，对这一概念的界定需要综合借鉴国际关系和文化学的视角，体现其作为国家利益一般性的一面，还要体现其文化的特殊性。笔者认为，海外文化利益是国家在对外交流中产生的精神层面的权益和好处，包括维护海外文化安全，提升国际形象、促进国际认同，推动文化产业输出以及维护海外文化权利。国家利益无外乎生存和发展两方面的需求，拓展开来就是主权、安全和发展利益，具体到海外文化利益就表现为：海外文化安全、国际形象和认同、文化产业输出和海外文化权利。其中海外文化权利指公民、团体和国家等不同主体进行合理的国际文化交流的权利，例如学习、吸收、利用、研究国际文化、科技、教育等资源，对外传播本国优秀文化（包括民族传统文化、价值观念、发展模式和经验）的权利，维护文化主权（保持文化的主体性和完整性），反对文化霸权，建立国际文化新秩序。海外文化安全指国家文化对外传播、交流的内容和渠道处于不受威胁的状态。文化产业输出不仅涉及价值和观念传播，还涉及国家经济利益，成为衡量一国软实力的主要指标，成为许多国家特别是大国在国际上竞争的重点。作为国际社会的成员，树立良好的国际形象、声望和获得国际认同是国家在国际社会的追求和利益之一。

因此，关于中国海外文化利益现状的研究，主要从中国国际形象、中国海外文化安全、中国海外文化产业、中国海外文化权利四个方面展开。

一、当前国际社会中的中国国家形象

进入21世纪后，中国越发重视自身在国际上的形象。国家领导人曾多次在不同场合对中国国家形象的塑造作出指示。2003年12月，胡锦涛在全国宣传思想工作会议上指出，要全面客观地向世界介绍中国发展的情况，及时准确地宣传中国对国际事务的主张，着力维护国家利益和形象。[①]2013 年 8 月，习近平在全国宣传思想工作会议上强调，要精心做好对外宣传工作，创新对外宣传方式，着力打造融通中外的新概念、新范畴、新表述，讲好中国故事，传播好中国声音。十多年来，中国投入大量资源，传播和塑造自己的国际形象。经过这十多年的发展和塑造，当前中国的国际形象如何？目前，学界普遍采取文本分析和民意测验的方法来分析一国的国际形象现状。

（一）当前中国在国际社会中的国家形象

目前，关于中国国际形象的这类调查项目主要由西方几大调查公司或媒体主导，而国内进行这类调查研究的不多。[②] 现有国内研究中最具代表性的成果有两个：一个是刘继南等完成的“中国国家形象国际传播现状及对策研究”课题研究报告；另一个是中国外文局对外传播研究中心、察哈尔学会和华通明略等从 2012 年起联合发布的年度“中国国家形象全球调查报告”（以下简称“年度报告”）。下面主要借鉴这两类研究成果，大致描绘出当前中国的国际形象。

1. 蓬勃发展，影响力不断提升的经济大国

中国经济是影响中国国际形象的关键因素。无论是发达国家还是发展中国家，对中国经济形象的描述和评价总体是积极的和正面的：快速发展、增长态势明显，对其他国家和世界经济发展带来积极影响的经济大国。海外受访者认同“中国经济发展推动了全球经济发展”、“本国从

① 胡锦涛：《在全国宣传思想工作会议上发表重要讲话》，载《人民日报》2003 年 12 月 8 日，第 1 版。

② 关于具体研究成果参见：刘继南：《中国形象》，中国传媒大学出版社 2006 年版，第 49—110 页。明安香：《传媒全球化与中国崛起》，社会科学出版社 2008 年版，第 101—105 页。段鹏：《国家形象建构中的传播策略》，中国传媒大学出版社 2007 年版，第 34—39 页。

中国经济发展中获得了利益”以及“中国乐于在经贸方面与本国开展合作，共享中国经济发展成果”。中国经济的国际影响力不断提升，获得国际社会认可。2015年年度报告显示，海外受访者普遍认可中国经济的国际影响力。中国经济的国际影响力仅次于美国，位居世界第二。中国成为越来越多国家的最大贸易伙伴。中国产品和品牌在海外市场已建立起一定的知名度。联想、华为、阿里巴巴、中兴和海尔是海外消费者最熟悉的中国品牌。中国企业“走出去”给当地带来了机遇，但中国还不是经济强国，还存在一些问题。中国经济给世界经济带来冲击和挑战，与其他国家的贸易纠纷和摩擦频繁；中国经济发展存在一些不确定因素；金融领域问题众多；产品和品牌还需要继续提高产品品质和售后服务；等等。

2 有所提升但明显分裂的政治形象

整体来看，外国民众对中国政治缺乏了解。传统的中国政治形象在西方主流媒体的塑造下，整体呈现负面形象。西方主流印刷媒体对中国政治的负面报道超过了正面的报道，负面倾向明显。对中国政治关注最集中的是人权问题、中国政局，台湾问题、不同政见者问题。对中国的腐败问题、民族问题、政府和领导人形象方面，关注度不高，通常持批评和指责的态度。近些年有些变化，中国政治形象有所提升。2014年年度报告显示，中国国家主席习近平拥有较高的国际认知度。不论发达国家还是发展中国家，对中国执政党的共同印象是：权力集中、有超强的组织动员能力、组织严密。中国提出的一系列发展理念和国际倡议在国际社会有较高的认知度和认可度，例如“一带一路”倡议、“中美新型大国关系”和“依法治国”是海外受访者最为熟知的内容，“中国模式”得到更多认可和关注。发达国家与发展中国家对中国政治的认知存在较大分歧，发展中国家对中国政治正面评价较多。2013年年度报告显示，三成发展中国家民众认为中国政府执政能力很强、具有高超的外交能力，发达国家则下降至一成。一成发展中国家认为中国腐败问题严重，发达国家上升至三成；三成发展中国家认为中国政府严肃、不可亲近，发达国家则达到半数以上。发达国家和发展中国家对中国道路和模式的认识、评价有所不同。2014年年度报告显示发展中国家对中国模式持积极态度，发达国家受访者对此评价偏向负面（见图4-1）。2015年年度报告显示，发达国家受访者普遍认为，中国发展道路和模式是“国有经济占主体”和“坚持共产党的领导”；发展中国家则更多认为，中国模式是“融合了中国历史文化和现实国情”，“对本国的发展有借鉴意义”。

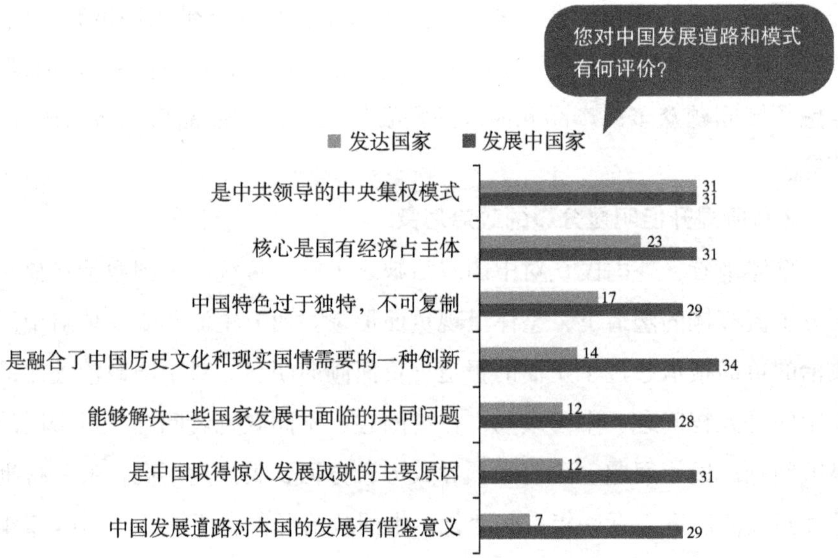

图4-1　海外受访者对中国发展道路和模式的评价

资料来源：中国外文局对外传播研究中心、华通明略：《中国国家形象全球调查报告2014》。

3. 问题较多的社会形象

社会问题是世界主流媒体报道中国的一个重点，报道数量多，在政治、经济、外交等16个指标中出现的频率处于前5位；（在《时代》周刊对中国社会问题的报道数量甚至占到第1位。）社会问题的报道具体、深入，涉及种类多，大到中国法律制度不健全、中国环境污染严重，小到中国中小学生不该做眼保健操。大多数报道选材上以负面消息为主，在报道手法上以讽刺和揭露中国的阴暗面为主。对中国社会问题的报道主要集中在以下几个方面：恶性犯罪事件、性交易、偷渡客和毒品走私、知识产权问题、死刑以及中国人口政策和状况、艾滋病和流行疾病等医疗卫生状况方面。在大段对中国社会“黑暗面”报道后，很少涉及中国政府的态度、政策以及所作的努力，即使涉及中国政府的行为也是负面评价远远大于正面评价。在这样的报道下，中国在国际受众中的形象就是：社会问题丛生，政府对此漠不关心。这种情况在调查报告中得到印证。2013 年年度报告显示，国际民众认为中国存在着一些问题，如贫富差距大（41%）、封闭守旧（33%）、社会冲突剧烈（26%）等。

4. 有待提升的负责任大国形象

中国与美国、日本、欧洲等的关系在世界主流媒体上关注度较高，与这些国家和地区的关系构成了世界媒体关于中国的一般外交形象。由于中国自身的努力和国际影响力的提升，近些年国际社会对中国的国际地位和国际作用认可程度有所提高，但“中国威胁论”依然存在，对中国责任提出了更高期待和要求。越来越多的海外民众认为中国已经成为世界大国。各国普遍看重与中国的外交关系且期待更好的发展。2014 年年度报告指出，平均有 65% 的海外受访者很看重与中国的外交关系并对此抱有更好的期待。多数民众认为中国应承担更多的国际责任。对于中国的国际责任，平均 37% 的海外受访者认为，中国只在与自身利益相关的国际事务中表现积极，承担的国际责任还不够多。这一观点在发达国家和发展中国家都占较大的比例（见图 4–2）。2015 年年度报告显示，海外受访者最期待中国在经济领域（64%）和科技领域（58%）的全球治理中发挥更大作用。关于海外受访者对中国军事力量的评价，平均 35% 的受访者认为中国军力的发展会对别国国土产生威胁，“中国威胁论”仍占有一定市场。西方主流媒体对中国军事关注普遍较少，从这些主流印刷媒体上显示出来的中国军事形象都是力量强大，且“令人担忧”、“不透明”、“战略意图不明确”，对国际均势和安全形成威胁。另一方面，中国军力的正面形象也在提升。2014 年度中国形象全球调查的受访者认为中国军力是稳定国际秩序的重要力量（28%）和维护世界和平的重要力量（17%）。

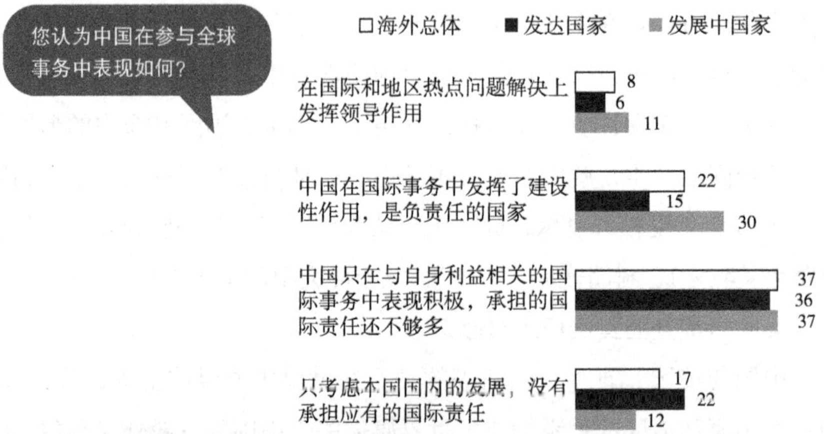

图 4-2 不同国家受访者对中国在全球事务中表现的评价

5. 正负相当的中国人形象

中国人形象是中国国家形象生动又直接的体现。2015 年年度报告显示，全球受访者对中国国民的印象普遍是正面积极的，认为中国国民勤劳敬业，具有集体主义、热情友善、诚实守信的特质。相较于发达国家受访者，发展中国家受访者对中国国民有更好的印象。发达国家有些受访者认为，中国国民偏向传统封闭，缺乏开放创新。

世界主流印刷媒体对中国人的报道涉及中国政府领导人、商界或企业界名人、文化演艺界名人、体育名人、专家学者、其他名人、普通人和华裔。笔者认为，可以用“形象值”来衡量不同中国人群体对中国人整体形象影响的大小。形象值与知名度、美誉度有关。知名度可以用对象在媒体中出现的频率来衡量，美誉度可以用媒体对对象评价的倾向性来衡量；二者正相关，最终决定某一对象的形象影响力大小。通过表 4-1 我们可以看到：华裔对中国人形象的影响最直接，被报道次数最多，是对中国国家和中国人形象影响最大的因素，影响力绝对值为 8.40，但为负面影响。文化演艺名人在世界主流媒体中的形象最好，不仅在知名度上比例较高，达到10%，而且评价也是以正面为主，美誉度最高，是中国人正面形象的最主要组成部分。中国领导人在世界主流媒体的报道次数较多，达到了18.77%，居第二位，但对中国领导人的负面评价最为严重，整体影响力居第三位，为–3.29。对普通人和专家学者关注度低于10%，但二者评价以正面评价为主。从总体上来看，中国人形象影响力值为–1.22，为负面影响，但正负面影响力差别不大。

表4–1 不同中国人群形象

指标 不同群体	知名度（%）	美誉度			形象值
		正面	负面	综合	
华裔	39.07	16.1	37.6	–21.5	–8.40
政府领导人	18.77	21.1	38.6	–17.5	–3.29
文化演艺名人	10	64.86	16.33	+48.53	+4.85
普通人	7.46	43.81	8.34	+35.47	+2.65
商界企业界名人	6.68	31.76	22.81	+8.95	+0.60
体育名人	6.68	28.05	20.33	+7.72	+0.52
专家学者	4.48	56.9	51.67	+30.84	+1.51
其他名人	6.43	53.34	22.5	+5.23	+0.34
小计					–1.22

资料来源：刘继南：《中国形象》，中国传媒大学出版社2006年版，第102—103页。

6. 富有魅力的传统文化形象和实力雄厚的现代科技形象并存

“历史悠久的文明古国”是中国最受国际民众认可的属性。各主流媒体对中国文化的关注度不高，报道量一般在10%以下，但报道内容丰富广泛，涉及京剧、中国画、音乐、影视、陶器、建筑、杂技、历史、地理等诸多方面。许多主流媒体在谈到中国文化时，都不忘提及中国武术。京剧、武术等传统文化成为中国在西方的形象符号。根据调查排名，各国受访者最喜欢的中国元素排名趋于一致，排在前五名的依次是熊猫、长城、成龙、中国美食和故宫。中国文化具有较大的国际吸引力。对中国文化的倾向主要以客观和正面的褒扬为主，表现出中国传统文化具有深厚底蕴、有魅力、美好、伟大的形象。但对中国现代文化报道甚少，中国的电影、音乐和其他现代文化还没有一个享誉世界的文化品牌，尚未获得西方主流的认同。孔子学院和中国文化中心的认知度较低，但美誉度较高。在调查中，高等学府和大众传媒作品则影响力最低。

“中国科技实力雄厚创新能力强”的观点获得国际认可。2013—2015 年的年度报告验证了这一点。2013 年年度报告证实，六国受访者在 10 分制体系下给中国科技实力打分平均 7.92 分，在 11 个被评价国家中位列第四，并且与前三名差距甚微：落后于排名第一的日本 0.75 分，落后于第二名美国 0.71 分，与第三名英国仅差 0.04 分。中国科技的国际认可度高出中国人的自我评价。中国的科技创新能力也享有较高的国际认可度。2014 年年度报告显示，平均 64% 的海外受访者对中国科技创新力做出正面的评价。发展中国家对中国科技创新力的认同比例都在 77% 以上；英国、澳大利亚、美国等发达国家对中国科技创新力的认同比例也在 54% 以上（见图 4-3）。华为、阿里巴巴、联想、中国高铁等高科技企业和技术的认知度在海外不断提升。

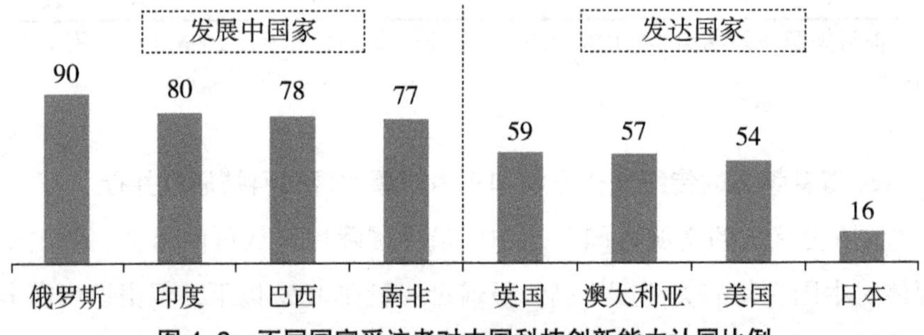

图 4-3　不同国家受访者对中国科技创新能力认同比例

资料来源：中国外文局对外传播研究中心、华通明略：《中国国家形象全球调查报告 2014》。

总之，从当今世界主流媒体（主要是西方主流媒体）涉华报道和中国国家形象全球调查报告的综合分析来看，近些年中国在世界的知名度和美誉度都有所提升，中国的整体形象越来越受到国际社会的认可，稳中有升，但仍有提升的空间，且发达国家和发展中国家民众对中国形象认知存在较大差异。世界对中国的印象还是复杂的和充满矛盾的：中国是一个文明古国，科技实力雄厚，经济发展迅速、人民生活水平较高，未来发展前景乐观，是具有世界影响的大国，但仍然贫穷落后、政治不民主、环境污染严重，贫富差距悬殊，社会问题突出；中国的发展给世界带来机遇，但对外部世界也带来了挑战。

（二）当前中国在国际社会中国家形象的整体特征：以英国广播公司的各国国际影响调查为例分析[①]

下面以英国广播公司在 2005—2014 年的调查[②]为例分析世界对中国国际形象的认知和评价，分析中国的整体国际形象。该项目避开了对国家具体要素的考察，对国家整体影响进行“积极”或“消极”或“不清楚”的调查分析，简单易行；长期的调查使它成为一个品牌，成为国际社会观察国家国际影响和国际形象的重要依据，已在国际舆论界产生了广泛的影响。利用这些基本的调查数据来分析中国国家形象的一些整体特征和趋势。[③]

---

① 陈世阳：《从英国广播公司的调查看中国国际形象的塑造——以 2005—2013 年数据为例》，载《人民论坛》2014 年第 5 期。

② http://worldpublicopinion.org/pipa/articles/views_on_countriesregions_bt/717.php?lb=btvoc&pnt=717&nid=&id=.

③ 英国广播公司的调查报告也存在缺陷：首先，调查对象来源国的分布不合理，欧洲、北美西方国家的比重过高；其次，对数据的引用是有选择性的，前后标准不一致。为了减少以上不足，本文的许多数据是在基本调查数据基础上重新计算形成的。

表 4-2　2005—2014 年英国广播公司国家国际影响调查情况

（单位：个，人）

类别＼年度	2005	2006	2007	2008	2009	2010	2011	2012	2013	2014
参与调查国家	23	33	27	34	21	28	27	22	25	24
参与调查人数	23518	39435	28000	17457	13575	29977	28619	24090	26299	24542

为了便于研究，我们需要对国家形象的评价进行量化。国家形象整体值的大小与知名度、美誉度有关。知名度可以用对象国在媒体出现的频率或对象国被明确评价的数量来衡量，美誉度可以用对象国被评价的倾向性来衡量；二者正相关，最终决定某一对象的国家形象整体值的大小。英国广播公司的国家国际影响调查问卷统计出不同国家居民对调查对象国的“积极评价”和“消极评价”的百分比。利用这些数据对每一个百分点进行赋值，“积极评价”1 个百分点对应 1 分，“消极评价”1 个百分点对应 -1 分。积极评价值与消极评价值之和是对象国的美誉度值；二者的绝对值之和是参与调查的人口中明确给予对象国评价的数量，代表了对象国的知名度值；积极评价值与其知名度权重乘积加上消极评价值与其知名度权重乘积，就是对象国国家形象的整体评估值。对象国国家形象的年度评估值是当年度除了对象国之外所有参与调查的国家给予对象国评估的平均值。为了更清晰全面地把握中国国家形象的特征，需要从纵向和横向两个角度来考察：从纵向的角度来考察中国国家形象的变迁；从横向的角度把中国的国家形象与同时期的美国、俄罗斯、英国、法国、日本、印度的国家形象进行对比。之所以选择这几个国家，因为它们都是大国，并且作为调查对象国参与了八年以上的调查，数据完整。

1. 2005—2014 年中国国家形象的整体评价以正面为主、但波动较大

在英国广播公司调查的基本数据之上，根据上述国家国家形象评价办法，可以分别统计出中国、美国、俄罗斯、英国、法国、日本、印度自 2005 年以来的年度国家形象值（见表 4-3、图 4-4）。

表 4-3　2005—2014 年世界主要大国国家形象值

国别 年度	中国	美国	俄罗斯	英国	法国	日本	印度
2005	14.0	-7.7	-3.8	16.6	29.6	-	-
2006	13.0	-0.8	-1.9	15.8	17.7	27.0	6
2007	7.4	-17.0	-8.2	12.4	20.6	25.2	6.9
2008	12.5	-5.8	0.7	20.7	20.6	28.5	8.2
2009	-0.8	-2.5	-8.6	30.0	22.6	28.5	4.3
2010	2.4	9.6	-4.7	23.0	20.4	23.7	3.4
2011	7.7	15.0	-2.9	29.6	22.4	28.5	8.4
2012	15.4	11.2	-3.4	22.0	18.2	29.2	8.7
2013	0	7.1	-6.2	25.6	18.2	20.1	-1.4
2014	0.8	3.2	-11.3	27.4	18.2	14.6	0
平均值	7.24	1.23	-5.0	22.3	20.9	25	4.9

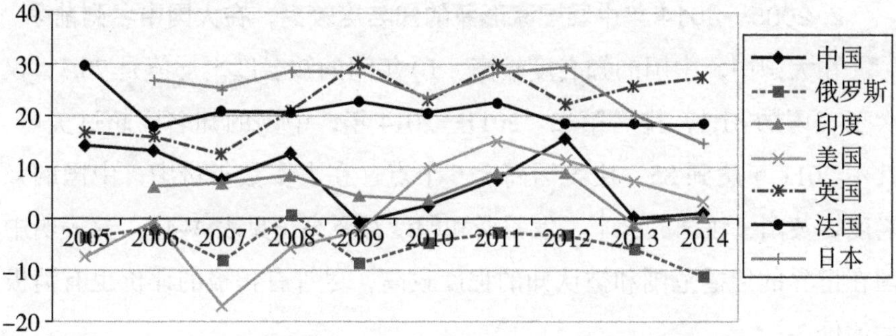

图 4-4　2005—2014 年世界主要大国国家形象走势

中国国家形象整体评价为正面，与英国、法国、日本等国相比差距较大，但优于俄罗斯、印度。在 10 年的调查中，2013 年世界对中国的积极和消极评价比例各占 40%，中国国际形象整体值为 0；2009 年对中国的积极和消极评价为 39%：40%，中国国际形象值为 -0.8；在其他 8 年中，中国的国际形象整体评价都为正数。10 年的中国国际形象整体值

平均为 +7.1。这表明：在此时间段，世界对中国的整体印象是正面的，对中国的积极评价超过了负面评价。这个评价超过了同期的另外两个发展中大国——印度和俄罗斯的表现。但与英国、法国和日本这些发达国家相比，中国国际形象的评价要低很多，不在同一层级，每一年度和 10 年来的总体评价都弱于这三个国家。中国国际形象在 10 年中的平均值仅相当于同期英国的 31.8%、法国的 34%、日本的 28.4%。

中国国家形象整体评价波动较大，而英国、法国、日本等发达国家的整体评价保持相对的稳定。2012 年中国的国际形象评价高达 15.4，2013 则降为 0，2008 年的评价为 12.5，2009 年则为 –0.8。10 年间中国国际形象整体评价波动幅度很大。以平均值 7.1 为基线，中国国际形象从最高点的 15.4 到最低点的 –0.8，波动幅度高达 228%。而英国、法国、日本等发达国家的国际形象评价保持了相对的稳定性。这说明世界对中国的认知和评价并不稳定。2012 年北美地区对中国的整体评价为 7，2013 年急剧下降到 –37；欧洲地区从 1 下降到 –23（见表 4–6）。

2. 2005—2014 年中国国家形象的知名度较高，在大国中名列前茅

在大国中，中国的知名度较高，10 年间的知名度平均值是 78.7，仅次于美国的 81.1，排名第二。2011—2014 年，中国的知名度超过美国，其中 2011 年达到 85，比美国高出 6 个点。在大多数年份中，中国的知名度比英国、法国、日本、俄罗斯和印度都要高（见表 4–4）。这表明中国在世界的传播范围和被认知的程度较高，尽管有积极的评价也有消极的评价。

表 4–4　2005—2014 年世界主要大国知名度

国别 年度	中国	美国	俄罗斯	英国	法国	日本	印度
2005	78	85	75	79	78	–	–
2006	72	81	63	72	68	73	60
2007	74	81	68	73	71	74	63
2008	78	83	69	74	71	77	68

（续表）

年度＼国别	中国	美国	俄罗斯	英国	法国	日本	印度
2009	79	83	72	77	73	77	72
2010	79	80	67	72	68	74	67
2011	85	79	72	74	70	77	70
2012	81	80	67	71	70	79	67
2013	80	79	69	73	70	78	68
2014	81	80	75	76	70	77	72
平均值	78.7	81.1	69.7	74.1	70.9	76.2	67.4

3. 2005—2014 年国际社会对中国的积极评价、美誉度与中国国际形象关联度更高

美誉度和知名度是影响国家形象整体评价的核心要素，而美誉度、知名度与积极评价、消极评价相关。从 2005—2014 年中国形象的变化趋势可以发现，世界对中国的积极评价和消极评价围绕数值 40 作反向波动，此消彼长。积极评价为 40—50，消极评价为 30—40，导致对中国的美誉度评价为 0—20，知名度为 72—85。从总体上来看，对中国的积极评价值大于消极评价值，其对美誉度影响更高，美誉度与其波动走向一致。而美誉度变化对中国国际形象的整体影响更大，二者的关联度更高。国际形象整体评价的变化趋势与美誉度的变化趋势保持了高度一致，前者随着后者的起伏而波动。因此，积极评价、美誉度对中国国际形象的影响更大、关联度更高（见表 4-5、图 4-5）。

表 4-5　2005—2014 年中国国际形象主要指标

年度＼指标	积极评价	消极评价	美誉度	知名度	整体评价
2005	48	30	18	78	14.0
2006	45	27	18	72	13.0
2007	42	32	10	74	7.4
2008	47	32	15	78	12.5

（续表）

年度＼指标	积极评价	消极评价	美誉度	知名度	整体评价
2009	39	40	–1	79	–0.8
2010	41	38	3	79	2.4
2011	44	38	6	85	7.7
2012	50	31	19	81	15.4
2013	40	40	0	80	0
2014	41	40	1	81	0.8

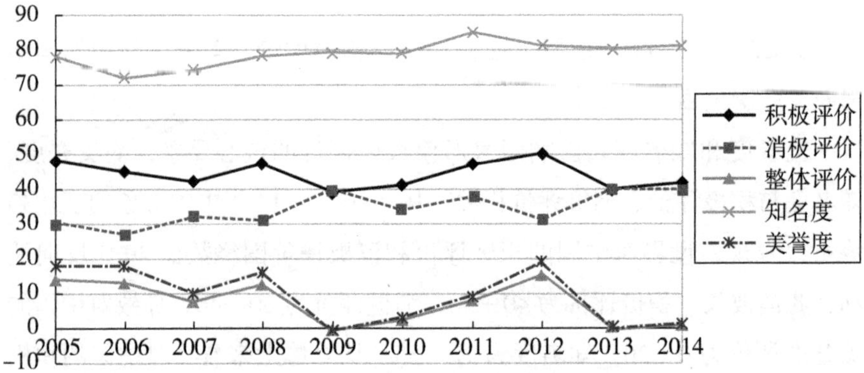

图 4–5　2005—2014 年中国国际形象主要指标趋势

4. 2005—2014 年世界不同区域对中国国际形象的评价明显不同

英国广播公司每年都在全球六个地区进行调查，把同一地区不同国家对中国的整体评价的平均值作为该地区对中国国际形象评价指标。由此，可以分析中国在不同地区的形象以及之间的差异（见表 4–6）。在六个地区中，欧洲、北美对中国的形象评价整体为负面。发展中国家集中的南美洲、非洲、中东、北非地区对中国的整体评价一直为正面，其中南美地区对中国的评价比较稳定，中东、北非的评价则起伏较大。非洲地区对中国的认可度最高，是中国在国际上获得美誉度最高的地区；10 年来对中国的整体评价平均值为 52.9，其中 2009 年甚至高达 72。这一时期，亚太地区对中国的评价均值为正数，但较低，且对中国评价的趋势总体上呈现明显的下降趋势。

表 4-6　2005—2014 年世界不同地区对中国际形象评价

年度＼区域	北美	欧洲	南美	非洲	中东北非	亚太
2005	2	4	21	37	32	28
2006	−13	−12	15	41	31	23
2007	−3	−13	18	53	32	12
2008	−8	−3	23	50	39	5
2009	−24	−26	32	72	3	−8
2010	−14	−28	22	54	9	3
2011	−15	−17	23	57	32	7
2012	7	1	21	65	25	9
2013	−37	−23	19	50	13	−1
2014	−35	−21	13	50	−2	0
均值	−14	−13.8	20.7	52.9	21.4	7.8

（三）当前中国国家形象现状分析与对策

以上关于中国国家形象的描述，无论是否喜欢，这就是中国国家形象的缩影。造成这种结果有多种原因，中国应客观、科学地剖析导致中国国家形象现状的原因，与中国塑造国家形象的思想和实践进行比较，发现其中的制约因素，以进一步采取针对性措施改变或削弱这种情况，从而提升中国国家形象。

1. 当前中国国家形象现状原因分析

中国国际形象经过多年的建设和传播已取得重大进步，但中国在世界的国家形象有待提升，对中国的误读和错误认知依然普遍存在。造成这一状态的原因很多。

（1）外部原因。

影响国家形象的外部因素包括传播环境、受众，具体表现为：东西方文化的差异、西方对中国的刻板印象、现实利益的驱使以及中国在国际传播格局和国际传播秩序中处于劣势。

东西方文化差异是中国国家形象对外传播的重大障碍。国家形象的对外传播是一种跨文化信息传播的过程，不同的文化造成信息传播者和接受者形成独特的价值判断标准和思维模式，在国家形象的传播、塑造过程中发挥着选择和过滤的作用。因此，不同的文化容易导致理解与表达的偏差，产生国家形象的误读。这种差异成为中国国家形象对外传播和外部理解中国的重大障碍，也成为外部对中国国家形象的误读和歪曲的基本原因。此外，与中国不同的西方媒体文化侧重加剧了这种局面。在媒体新闻选择原则上，美国等西方媒体往往遵循商业原则，主动迎合受众的口味，忽略报道的整体性和全面性。在这种情况下，媒体对某一事件的有侧重的报道可能在读者或观众中形成并不准确和有失客观立场的判断，误导公众舆论。另外，西方媒体具有批评性的历史传统，批评与自身社会和政治价值观念相异的事物，对任何事件持怀疑态度。因此，揭露、批判中国的阴暗面和负面消息，制造轰动效应，就成为西方媒体报道中国的基本原则。

社会刻板印象是造成中国国家形象认知偏差的重要原因。国家形象作为一种易于形成刻板印象的社会认知往往发生偏差。[①] 在西方的想象中始终存在两个刻板的中国形象：一个是乐园般光明的中国，另一个是地狱般黑暗的中国。至今，西方对中国形象的认识仍在这二者之间摇摆。对中国的刻板印象成为西方认知中国的固定模式，限定着西方对中国的认知。来自中国的信息经过它的自动过滤和重新组织，以便与固有的认知吻合，实现心理认知的一致。冷战后，中国成为西方“和平演变”的主要目标，西方刻板印象中的中国“邪恶形象”的原型开始突出。中国的政策和对外行为以及中国人的言行，都被纳入这个解释框架，似乎中国的一切都成为这个刻板印象的证明。20 世纪 90 年代中期以后，中国

① 王钰：《权力与声誉——对中国在美国国家形象及其构建的研究》，复旦大学博士论文 2006 年，第 32 页。

的巨大经济进步带来了中国的崭新形象，但同时这一经济进步也在不知不觉间被置换成邪恶的基础，形形色色的“中国威胁论”在西方不断地被制造、被传播、被演绎。一时间西方文化传统中积淀的所有“邪恶中国”的论调全被复活，中国的经济增长与政治道德的邪恶形象被统一到一个否定性的基点上，在现代传媒的推波助澜下，“否定中国”几乎成为一种意识形态时尚。[①]

利益的驱使是国际社会歪曲中国形象的现实原因。西方国家对中国形象的歪曲、甚至妖魔化，除了上面谈到的文化和认知方面的原因外，现实利益的考量也驱使西方社会组织、媒体、政党和政府炮制“中国威胁论”，聒噪中国负面信息。西方国家鼓吹“中国威胁论”主要是因为中国的崛起影响了旧的地区和国际政治经济格局，触动了一些国家的利益，这些国家企图借助其强大的全球传媒优势妖魔化中国，损害中国形象和发展环境，压制或延缓中国崛起的进程，维护自身利益，尤其以美国为代表。

最后，在全球传播格局和传播秩序中，西方仍占据主导地位，掌握世界舆论导向和话语权，在资金、技术、语言上处于优势地位。而中国的国际传播实力较弱，中国的声音淹没在海量的信息中，对国际舆论影响微弱。中国与西方传播实力的巨大差距使中国在对外传播中居于不利地位，中国的国家形象实际是西方媒体按照自己的标准和意图塑造出来的，存在误解和误读也是不可避免的了。

（2）内部原因。

除了外部原因，作为国家形象战略的主体，中国自身在国家形象战略的谋划、实践方面也存在不足，这是导致中国国家形象现状的内部原因。

中国对国家形象认识存在偏差，缺乏对国家形象的统一的战略规划和体系。目前来看，国内对国家形象的认识还存在不足，这种不足严重

① 周宁：《龙的幻象》，学苑出版社 2004 年版，第 260—322 页。

制约了对国家形象的研究。在理论缺失的情况下，众多研究者投入到对中国国家形象战略的谋划中，各说各话，在中国国家形象战略资源、环境、目标、定位、手段、策略等问题上至今未形成共识。而在实践中，人们的国家形象意识普遍不足，国家层面缺乏统一的战略规划和领导机构，涉外各部门在塑造国家形象上还处于分散的、被动的状态，中国给国际社会展示的是杂乱复杂的形象。这严重制约了中国国家形象的建设和对外传播。

中国现代化建设任务依然十分艰巨，综合实力、国际竞争力有待进一步提高。新中国成立 60 多年来，中华民族取得了伟大的成就，但中国仍处在社会主义初级阶段，现代化建设任务依然艰巨而繁重，面临着一系列重大困难和不利因素[①]，使国家形象存在不足和缺陷。

国家形象外交的作用有待提升，尤其是公共外交和民间外交。自 20 世纪 90 年代以来，中国的公共外交事业取得了很大进步，中国开始建设自己的公共外交体系。但与欧美一些国家相比，中国在公共外交工作方面还有很大差距。少数中国旅游者在海外的不文明表现，一些经营者不尊重当地法律和风俗，一些海外企业忽视自身的社会责任等，已对中国国际形象造成了恶劣影响，极大削弱了政府长期的外交努力。此外，全球公民社会的兴起和作用的增强，要求中国重视这个新兴的领域和力量，而中国民间组织发展的滞后和参与国际活动能力弱，影响了中国在这个网络中的作用。

中国国际传播事业取得很大发展，但国际传播力亟须提高。经过 60 多年的发展，特别是改革开放 30 多年来，中国逐步成长为一个全球媒介大国，但中国还远远不是一个全球传播强国。中国的大众媒介和媒体机构在全球的影响面和影响力还很小，中国的声音在全球舆论传播格局中

① 《中共中央关于加强和改进新形势下党的建设若干重大问题的决定》。陈述：《中华人民共和国史》，人民出版社 2009 年版，第 789—790 页。赵彦云：《中国国际竞争力最新分析报告》，载《经济日报》2003 年 9 月 2 日。[德]赫尔穆特斯密特：《理解中国》，梅兆荣等译，海南出版社 2009 年版。

还比较弱，中国的国家形象在国际上还主要是由西方主流媒体来描绘。[①]这样的一个传播地位与中国在国际舞台上的形象是极为不符的，同时这样的一个传播境况对于培育和提升国家软实力也是极其不利的。中国媒体的国际传播力不足已严重影响了中国的国际舆论环境和国家形象塑造。

2. 改善中国国际形象的路径

（1）推进现代化建设。

发展仍是中国的第一要务，通过发展和进一步改革开放，提高国家综合实力仍是塑造良好国家形象的基础。尤其要注意的几个关键领域是：首先，加强执政党自身建设，提升党的形象，树立“立党为公、执政为民，求真务实、改革创新，艰苦奋斗、清正廉洁，富有活力、团结和谐的马克思主义执政党”形象；其次，加强政府自身建设。塑造人本政府、法治政府、阳光政府、责任政府、服务型政府的形象，提升政府危机处置能力，进一步完善危机管理机制；再次，提高国民素质。要加快国民素质的培养，塑造和引导国民的大国意识和心态，注意培养和树立国民的形象意识；最后，加强国家品牌形象建设。政府应当做好系统规划和全面引导的工作。同时，承担着国家品牌形象塑造主体责任的中国企业，应以国家的责任使命要求自己，提高产品质量，提高企业和产品在国际上的知名度和美誉度，自觉抵制任何伤害国家形象的短视行为。

（2）积极开展国家形象外交。

国家形象外交涉及不同主体、领域和形式。中国应充分、合理利用不同外交形式，以塑造、改善中国在国际社会的国家形象。首先，政府外交。中国政府应继续高举和平、发展、合作旗帜，坚持和平发展道路，坚持奉行独立自主的和平外交政策。中国应加强司法机关和立法机关的外交，加强政党外交和军事外交；加强多边外交，增强中国对国际制度和规则的创制能力，提高中国在国际制度中的作用和影响力；中国应承

① 明安香：《传媒全球化与中国崛起》，社会科学出版社2008年版，第88页。

担与自身实力相当的国际责任，维护周边地区的和平、稳定与繁荣；参与全球治理，维护人类共同利益。其次，公共外交。中国应开展多种形式的公共外交，加强文化外交，建立一个文化外交长效机制，拓展文化外交的形式；借鉴国际经验，完善国际公关，改善国家形象：完善政府新闻发言人制度，积极开展国际游说，充分利用华人社团和人脉，利用国际事件进行公关，发挥政治协商会议等其他国家机构在国际公关中的独特作用，处理好与国际非政府组织的关系；最后，民间外交。国家要采取政策，促进民间力量发展，引导和支持民间对外交流，发挥民间外交的独特作用，真正让民间力量成为塑造良好国家形象的中坚力量，注意发挥精英在塑造国家形象方面的独特作用。

（3）提升中国国际传播影响力。

中国需要针对国际传播领域存在的问题，加强改革和建设。首先，推进对外传播事业的改革和建设，制定对外传播战略，改革对外传播的管理模式，建立统一的管理体制，组建专门对外传播管理系统，形成灵活有效的管理体系；加大投入，构建全球对外传播网络；整合资源，推动媒介产业化、集团化发展；其次，增强对外传播的国际影响力。中国需要转变政府部门的传播观念，遵循对外传播的规则和规律，提高对外传播效果，打造具有中国特色的民族传播品牌；提高国际传播技巧，提高对外传播的针对性、时效性、客观性、公正性和本土化。

（4）加强中国国家形象的战略管理。

国家形象的塑造是一个长期性、战略性工程，建立统一、明确的良好的国家形象，实现国家形象长远的目标，需要国家形象战略管理。当前，中国国家形象的塑造缺乏规划、协调和危机应对，中央、地方、企业各自为战，尤其需要加强对国家形象的战略管理：第一，建立国家层面的国家形象管理机构——“国家形象委员会”，负责国家形象的战略管理；第二，加强国家形象的战略设计和规划；第三，注重国家形象战略实施的协调；第四，开展国家形象的监测与评估；第五，重视国家形象的危机处理。

二、中国海外文化安全

当今世界正处在大发展、大变革、大调整时期，世界多极化、经济全球化深入发展，文化安全的重要性也日益凸显。概括地讲，文化安全指国家文化的生存和发展免于威胁或危险的状态。[①]海外文化安全则指海外文化的生存和发展处于免受危险或威胁的状态。中国海外文化安全包括内容和渠道两方面。从内容上讲，西方国家对中国奉行“文化霸权主义”，运用广播、电视、报刊、网络等各种媒介进行思想文化渗透、文化侵蚀，严重侵蚀了意识形态安全，影响中国的海外文化安全。海外网络安全具有特殊性，在内容和渠道方面皆有所涉及。网络是影响中国海外文化安全的重要渠道，网络安全也是海外文化安全的重要内容。从网络文化安全的内容看，既包括黑客等技术性安全问题，也包括精神层面的网络文化安全，即价值观、传统文化免受境外的不良影响。

（一）中国海外文化安全现状分析

1. 文化霸权主义侵蚀中国海外文化主权

文化霸权主义是以文化作为手段对别国实施霸权，即文化霸权国家从本国的利益和战略目标出发，向世界其他地区进行文化渗透和扩张，迫使其接受本国的意识形态和价值观，以此制约、影响世界事务。在全球化中，以美国为首的西方国家裹挟着全球化的浪潮，凭借其话语、技术与物质优势，在全球输出西方文化价值，使包括中国在内的非西方的

① 付瑞红：《国际文化秩序与中国文化安全战略》，载《中共中央党校学报》2012年第5期，第96页。

文化价值和主权面临严重的挑战。“国家边界的消失以及由市场联结为一体的世界之出现，将对地区和民族文化及决定每个国家或地区身份的传统、习俗、神话和惯例等给予致命的打击。”① 同时，文化霸权主义以非此即彼二元对立的冷战思维范式来看待中国文化，其传播的文化价值观以及生活方式对中国的文化价值认同产生重要影响，并对人类文化生态的多样性造成严重破坏。

2. 文化机构“走出去”面临重重阻碍，孔子学院存在安全隐患

孔子学院是在海外传播中国文化的重要渠道，但该机构在实践过程中存在一系列隐患，主要为以下方面：

（1）官办背景受到质疑，教育理念与西方价值观存在冲突。

官方色彩过重使孔子学院受到驻在国或相关机构的抵制，其建设和发展举步维艰。② 尽管美国已成为全世界设立孔子学院和孔子课堂最多的国家，但由于部分美国高校担心中国政府可能会对其进行政治干预，所以包括哈佛大学在内的一些顶尖大学均未接受中国资金开办孔子学院。③ 同时，孔子学说与美国价值伦理存在冲突。美国官方和合作方一直试图限制孔子学院的发展，在美国学者眼里，孔子学院的政府背景以及孔子学说的君臣父子伦理与美国价值观存在严重冲突。在全美拥有 47000 名会员的美国大学教授协会在官网发布报告，呼吁各大院校让孔子学院退出校园或重新签订合作新约。2014 年美利坚大学、宾夕法尼亚州立大学宣布停止与孔子学院合作。

（2）中国政府投资力度大，但话语权弱问题严重。

中方投入巨资支持海外孔子学院办学。据汉办的官方网站，中国政府在美国建校方面投入 6000 万美元，为每所孔子学院提供 5 万—10 万

① Mario Vargas Llosa, “The Culture of Liberty”, *Foreign Policy*, (January/February 2001), p. 66.

② 张殿军：《当代中国对外文化交流战略》，天津出版社 2014 年版，第 186—187 页。

③ 同上，第 120—121 页。

美元的启动资金，免费提供教材，支付专职教职工和海派志愿者的工资、福利、交通等费用。相反，中国国内仍有大量失学儿童，该对比使西方学者产生质疑。[①]同时，中方的巨额投入带来沉重负担。中外联合办学意味着中外在资金投入和运作方面具有对等的话语权，但事实上中方在适应所在地环境、项目规划、教材编写上需要更加依赖外方合作者，从而使外方的影响力得以保持，在合作条件不能达成一致时将被迫采取退出的做法，严重浪费了资金和人力。

（3）海外本土化程度低，教材和教学模式缺乏创新。

一方面，孔子学院师资力量尚未实现本土化。由于本土孔子学院的师资力量薄弱，因此目前孔子学院的教师主要从国内各高校选派。另一方面，教材缺乏创新，教学模式单一。目前对外汉语教材多是以英美文化为背景的通用性汉语教材，许多语言和文化内容都不适合其他国家和地区的学习者。教学模式过于整齐划一，注重抓学校教育和课堂教学，而忽视互动和实践。

（4）受驻在国文化形态、宗教等因素的影响，缺乏效果评估体系。

孔子学院的传播效果存在差异，且难以评估。对于处于非儒家文化圈的国家，孔子学院在物质文化层面取得一定传播效果，但在行为文化、精神文化层面的传播效果尚不显著，且根据各自文化形态的不同一些指标存在明显差异。

3. 对外文化传播力量薄弱，陷入西方主导的话语权安全困境

在中国文化的对外传播中，海外华文媒体发挥了一定作用，但传播能力有限。其在传播渠道和形式上缺乏创新，多以传统报刊为主，网络传媒等方式仍涉及不足。同世界主流媒体相比，尽管个别中国媒体在海外设立分支机构，但仍面临国家话语权转换的困境。即汉语翻译为英语或其他外语后，其精确度存在一定程度的流失。而缺乏准确性的报道在

① 《海外侨情观察》编委会：《海外侨情观察（2014—2015）》，暨南大学出版社 2015 年版，第 234 页。

海外传播时，引发困惑和误解，严重损害了中国的海外文化利益，也使中国的海外形象受到影响。

西方发达国家利用霸权优势给中国文化的对外传播制造障碍，为中国在国际上取得话语权设置障碍。以美国为代表的西方国家基于地缘战略、意识形态、历史记忆、文化形态等因素，制造了“新殖民主义论”、“支持独裁者论”、“中国网络威胁论”等言论损害中国的国际形象。在重要议题上，世界话语权仍被西方主导，“西强我弱”的国际话语格局仍未改变，西方 50 家跨国媒体占据 95% 的世界传媒市场。同时，西方媒体利用其优势地位，在对华报道中未能持有客观公正的报道态度，在关于西藏、人权等问题上湮灭事实真相，损坏中国的海外国家形象。例如，英国广播公司在对中国西藏、新疆问题的报道上存在原则性错误，即承认“西藏独立”；赞扬达赖为西藏所作出的“贡献”；支持新疆“独立”；并承认“钓鱼岛是日本领土”，该报道均严重侵犯了中国的国家利益。

（二）中国海外文化安全现状的原因分析及建议

1. 中国海外文化安全现状的原因分析

造成中国海外文化安全现状的原因复杂，主要分为以下几个方面。

（1）主流意识形态受到全球化的冲击，互联网助力非主流意识形态蔓延。

中国的意识形态遭遇文化霸权主义：一方面，由于全球化对中国造成影响，使许多非马克思主义的社会思潮对社会主义价值观造成威胁，如自由主义、保守主义、新左派、民粹主义、历史虚无主义、现代犬儒主义等；另一方面，互联网的普及不仅使中国主流意识形态在网络时代拥有多样化的宣传渠道，同时也使非主流意识形态给中国主流意识形态不断带来挑战。非主流意识形态不断蔓延滋长并争抢网络阵地，严重威胁中国的意识形态安全及社会稳定。以美国为首的西方发达国家利用“信息强势”地位，以“普世价值”侵蚀中国主流意识形态，进行政治文化渗透，干扰中国特色社会主义进程。[①]

（2）文化霸权主义导致误解，孔子学院在海外陷入文化安全困境。

一方面，中国受到文化霸权主义的侵蚀。由于以美国为代表的西方发达国家在政治、经济、文化方面仍有强大的影响力，且凭借英语作为推行文化霸权主义的载体，实行文化保护主义；另一方面，世界其他国家对孔子学院存在误解。美国认为，孔子学院失控的扩张表现代表着一种威胁，该威胁既来自于其作为中国海外软实力建设的工具，也来自于其作为一个潜在的情报收集机构。因此，孔子学院的开办在美国等一些国家遭遇了程度不同的抵制。[②]

（3）科学技术水平低，内部管理机构重叠。

中国网络安全问题的产生，分为内部原因和外部原因。

内部原因：从技术角度看，中国网络信息关键技术受制于人，知识产权保护力度跟不上，导致信息产业处于低水平徘徊阶段；软硬件产业基本处于该产业链的下游，科技实力有待于进一步提高。从组织职能看，中国网络安全力量分散，各部门间存在职能的重叠和交叉，导致国家安全战略的制定进程延缓，严重减弱了中国在国际网络空间安全问题领域的话语权。随着中国在世界影响力的扩大以及经济实力的不断提升，中国日益受到其他国家的关注，而海外网络安全问题则更加凸显。

外部原因：跨境文化交流空前活跃，全球网络空间治理不对称。目前，该领域呈现出由美国占据显著优势位置的不均衡发展态势。以美国为代表的欧美发达国家凭借本国具有较强实力的公司和机构，发挥在关键技术标准、应用、基础设施、核心硬件开发、生产以及商业化能力方面的优势，并将其转化为巨大的商业优势。[③]

---

① 郭洁敏：《中国网络文化安全面临的挑战与对策》，载惠志斌、唐涛：《中国网络空间安全发展报告（2015）》，社会科学文献出版社 2015 年版，第 114—130 页。

② 张殿军：《当代中国对外文化交流战略》，天津出版社 2014 年版，第 120—121 页。

③ 同①。

2. 维护中国海外文化安全的建议

（1）建立海外文化应急机制，积极发挥华人华侨和海外华文媒体的作用。

在中国文化“走出去”的过程中，不排除与别国的海外文化发生误解甚至冲突事件的可能性，因此，应由文化部作为主要负责部门、外交部为辅助部门，建立海外文化应急机制，并在一定程度上降低并消除对华的负面影响。同时，积极发挥海外侨胞的作用，构建中国侨务公共外交模式。侨务公共外交指在影响华侨华人的同时，又通过华侨华人的桥梁作用，促进驻在国与中国的友好交往与合作，化解外交僵局，向驻在国政府和民众传达和介绍真实的中国，构建良好的中国国家形象。[①]同时，发挥海外华文媒体的积极作用，通过海外华文媒体推动中国与国外媒体和政界人士的互动与交流，凭借媒体对国外主流社会形成影响力。

（2）多角度进行调整，进一步完善孔子学院的运作和管理。

在孔子学院运作上，要淡化其官方色彩，积极发挥民间力量的作用，提倡中外双方平等的话语权和机构管理权。

在资金问题上，建立一个广泛向社会吸收资金、以政府资助为辅的资金来源链条。改变孔子学院资金主要由中国政府承担的现状，鼓励本国国有企业、民营企业、非政府机构和企业家个人等进行捐助和筹资，对机构资金的构成可做适度调整。在不侵犯中国文化主权的前提下，欢迎海外孔子学院驻在国的企业和个人积极参与。

在教学模式、课程设置上，进一步丰富教学方式和传播途径，利用视觉文化传播方式、新媒体等途径开展汉语教育与文化宣传，增加与外国民众的互动，了解其需求，针对不同国家的文化背景和具体情况设计个性化教材和课堂教学模式。

在教职人员方面，培养一批海外本土汉语教育工作者，吸纳精通汉

---

① 《海外侨情观察》编委会：《海外侨情观察（2014—2015）》，暨南大学出版社2015年版，第24页。

语和中国文化的外籍孔子学院教师和助教，合理设定中外教师比例构成，并同本土国家的教学模式相融合，设计课堂活动和教学内容。

在孔子学院的运行效果上，由国家汉办设计并制定孔子学院效果评估机制。受调查者既包括海外孔子学院驻在国的学生、民众、政府工作者，也包括中国民众、孔子学院授课教师和志愿者等。

（3）维护国家“信息主权”，提出中国网络安全观。

倡导安全、平等、开放、协商、有序的网络空间合作治理理念，制定中国“网络空间国际战略”，推出明确阐述中国主张的战略文件。在承认“网络信息主权”的基础上，加强同联合国等国际机构的联系，努力成为国际互联网合作机制的成员。

构建网络空间安全制度体系，加强立法和执法，并加强国家对技术开发的扶持力度。以安全可控为目标，加强网络关键基础设施的安全和法律保护。加大政府对国产信息安全技术和产品的扶持力度，完善政府采购制度，并加大对关系国家安全系统使用的重要信息技术产品和服务的安全审查制度。加强跨境数据的安全保障和管理，制定相关法律法规，明确规范数据的收集、利用和跨境流动，建立数据安全海外信息保障机制。进一步加强境外电子产品的审查力度，加强树立网络安全意识。加强科技创新，加强并突破核心技术的研发，为中国信息安全和信息化提供坚强的基础保障。

培养一批精通网络安全的人才，针对中国政府官网所受到的黑客袭击能够予以回击，并进一步解决国内网址被恶意篡改的问题。

（4）增强部门间协调，打造涉外网络空间安全新秩序。

在中国外交部、国防部、工信部、公安部等机构建立协调机制，设立相关工作小组管理海外网络空间事务，共同推进网络空间新秩序的建立。同时，鼓励并吸纳中国国内学术机构在全球网络空间和安全方面的研究成果，从理论上丰富和完善涉外网络空间安全和全球网络空间新秩序的内涵，并对其提出的合理建议予以采纳。

三、中国海外文化产业

（一）中国海外文化产业现状

2005年中共十六届五中全会正式提出“加快实施文化产品‘走出去’战略，推动中华文化走向世界。”十年来，中国文化快速“走出去”，海外文化产业在规模、渠道、平台等方面取得了长足发展，同时也面临一系列挑战。

1. 中国海外文化产业的发展

（1）对外文化贸易规模不断扩大，稳步增长，海外市场进一步拓展。

2005年以来，中国政府出台了一系列鼓励和支持文化产品及服务出口的优惠政策，对外文化贸易规模不断扩大。中国文化产品进出口总额从2005年的187.2亿美元攀升至2014年的1273.7亿美元。除了2009年由于受金融危机的影响出现下降，其他年份进出口保持着两位数的增长，其中2007年同比增长79.0%，10年年均增长25.7%。2014年，中国文化产品出口额达到1118.3亿美元，是2005年的6.4倍。贸易差额从2005年的164.7亿美元扩大到2014年的962.9亿美元（见表4–7）。版权引进输出数量从2005年12411项上升到2014年的26988项，其中2014年的版权输出数量10293项，是2005年的6.8倍。2014年全国版权输出品种与引进逆差进一步缩小，品种比例由2005年的1：7.2提高到1：1.6。版权输出的区域结构、内容结构、语种结构、形态结构不断优化。一批反映“中国梦”、社会主义核心价值观、中国道路、中国模式、中国经验的主题图书相继走向国际市场，提升了中国出版业的国际地位。电视进出口总额从2006年的50654万元增长到2014年的236250万元，其中

2014年出口达到了27226万元，是2006年的1.6倍。[①]

表4-7 2005—2014年中国文化产品进出口情况

（单位：亿美元，%）

年份	进出口总额	出口额	贸易差额	进出口增长率
2005	187.2	176.0	164.7	26.4
2006	213.6	201.7	189.8	14.1
2007	382.4	349.2	315.9	79.0
2008	433.0	390.5	348.0	13.2
2009	388.9	346.5	304.1	–10.2
2010	487.1	429.0	370.8	25.2
2011	671.4	582.1	492.9	37.8
2012	887.5	766.5	645.5	32.2
2013	1070.8	898.6	726.4	20.6
2014	1273.7	1118.3	962.9	19.0

资料来源：国家统计局社会科技和文化产业统计司、中宣部文化体制改革和发展办公室编：《中国文化及相关产业统计年鉴（2015）》，中国统计出版社2015年版，第52页。

中国文化产品的海外市场进一步拓展。国产电视动画走出去步伐加快，一批优秀国产动画品牌走向国际市场。广东省动漫企业纷纷加大力度拓展海外市场，还重点开拓南美、拉美、欧洲等全新市场，更大范围寻求国际合作。一批优秀动画片译制成非洲当地语言，进入非洲20多个国家的主流媒体播出，覆盖约6亿观众。2014年，网络游戏出口异军突起。根据文化部《2014年中国网络游戏市场年度报告》数据，2014年国产网络游戏出口快速增长，收入达到26.8亿美元，比2013年增长194.5%，增速较2008年增长近37倍（见图4–6）。2010年至今，国产网络游戏产品累计出口数量已经突破500款，参与出口的网络游戏企业

① 国家统计局社会科技和文化产业统计司、中宣部文化体制改革和发展办公室编：《中国文化及相关产业统计年鉴（2015）》，中国统计出版社2015年版，第52、135、140、165页。

接近200家，国产网络游戏海外出口收入稳步增长，[1]市场不断扩大，在巩固亚洲市场的同时，积极向欧美市场进军。

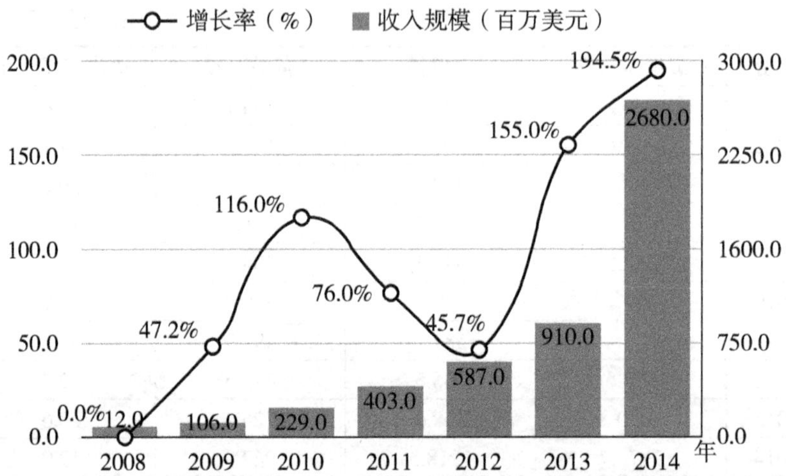

图4-6 2014年中国网络游戏出口情况

（2）文化产业“走出去”模式不断创新，多元形式并存。

中国文化企业通过租赁，收购，兼并，购买、合作等方式在境外开展文化业务，到境外投资兴办实体，初步实现了企业“走出去”、品牌“走出去”和资本“走出去”。中国文化企业对外合作领域不断拓展。除了文化产品的直接输出外，中国文化企业加大了与国外产业合作。2013年，中国中央电视台与非洲部分国家电视机构合作开展了“东非野生动物大迁徙”直线特别报道工作，受到海外媒体广泛关注，共有134个国家和地区的384家电视机构转播或部分使用了中国中央电视台直播信号。此外，中国中央电视台还通过与国际一流的制作公司美国PASSMORE公司合作制作《舌尖上的中国》3D版；与委内瑞拉VENEVISION公司合作推动国产纪录片《超级工程》的西班牙语版改编与发行，共同拓展国际市

① 文化部：《2014年中国网络游戏市场年度报告》，http://games.qq.com/a/20150708/017513.htm.

场。2014年，在中国电影合作制片公司立项的影片共77部，较2013年的55部增长40%。此外，中国文化企业积极推动内容和版权的输出。深圳华强利用文化+科技的优势，积极推动《熊出没》等动漫产品、4D特效电影以及主题公园走出国门。电视节目模式海外销售成效初显。2013年，江苏卫视电视相亲栏目《非诚勿扰》节目模式销往津巴布韦国家电视台，并与国际知名节目模式机构以色列阿莫扎公司（Armoza）签订协议，将原创音乐对战节目《全能星战》节目模式输出海外。

中国对外文化直接投资快速发展，对外投资的层次稳步提高。2013年的文化、体育和娱乐业对外直接投资净额31085万美元；2014年达到51915万美元，同比增长67%，是2007年的102倍。截至2014年，中国文化、体育和娱乐业对外直接投资存量达到159522万美元。[①]中国文化企业海外并购数量、金额也呈上升趋势，加大国际文化资源的整合力度。2003年至2013年，中国文化产业海外并购44起。2014年，凤凰传媒8500万美元收购美国童书出版龙头PIL及其相关产业，这是中国出版行业最大的一次跨国并购，实现了对国际儿童出版物资源的整合布局。整个2014年度，中国影视领域“走出去”的动作令人眼花缭乱。华谊兄弟宣布斥资1.3亿美元在美国开设子公司，致力于电影和电视的制作；乐视影业也以2亿美元在美国开设子公司，进军美国电影市场；华策影视宣布出资3.23亿人民币收购韩国三大电影公司之一的NEW百分之15的股权。[②]

（3）国际论坛、会展、电影节、文化节等成为中国文化产品推广交流的重要平台。

借助国际文化论坛、会展、电影节、文化节等平台，中国文化产业的从业者、机构、企业以及文化产品更频繁出现在国际文化交流的舞台

① 国家统计局：《中国统计（2015）》，http://www.stats.gov.cn/tjsj/ndsj/2015/indexch.htm.

② 黄会林：《2014年中国电影国际传播年度报告》，北京师范大学出版社2015年版，第2页。

上，中国文化产品的知名度在提高，与国际合作交流在加深。2014 年，中国出版业企业通过主办国际书展主宾国活动，不断推动中国出版业品牌走向国际。2014 年，中国首次在中东欧地区最大的贝尔格莱德书展上担任主宾国，展示了改革开放以来中国出版业的成就，促进了两国文化交流，增进了彼此关系和友谊。截至 2014 年 10 月，中国已有十余本新书被翻译成塞尔维亚语出版，其中包括莫言的《红高粱家族》、《生死疲劳》、余华的《许三观卖血记》、刘震云的《温故 1942》、王安忆的《长恨歌》等。[①] 中国成为诸多国际电影节上活跃的元素。2014 年，戛纳电影节的参会人次超过了 11800，其中来自中国的参会者比 2013 年增长了 30%，已经成为继美、法、英等的第五大市场参与者。[②]2014 年的柏林电影节、北京国际电影节、上海国际电影节、中美电影节、中法电影节、伦敦华语电影节与中国电影回顾展以及中澳电影节与中澳合拍论坛等多层次中外电影交流，提高了中国影片曝光度。

（4）民营企业成为中国文化产业走出去的生力军。

2014 年，中国文化产品进出口 1273.70 亿美元，集体、私营企业和其他企业占据了进出口总额的 57.5%。其中出口 685.29 亿美元，占全国文化产品出口总额的 61.3%。在国有企业文化产品出口同比下降 8.7% 的情况下，集体、私营企业和其他企业的出口却增长了 29.7%（见表 4–8）。以四达时代、蓝海电视、万达集团等为代表的民营影视公司不断扩大海外投资，通过多种方式推动广播影视节目和服务走出去，积极抢占国际传播市场。创建于 2010 年的“蓝海电视全球传播平台”（简称“蓝海电视”）是中国最早从事国际电视节目制作的民营传媒机构之一。截至 2014 年 4 月底，蓝海电视每天首播新节目量为约 5 个小时，年产 80000 分钟左右，4000 多集的英文节目，日播 20 多个栏目。节目形态涵盖经济商业信息

① 范军：《中国出版业发展报告（2014—2015）》，中国书籍出版社 2015 年版，第 169 页。

② 黄会林：《2014 年中国电影国际传播年度报告》，北京师范大学出版社 2015 年版，第 15 页。

资讯，专题、纪录片、访谈真人秀等，其卫星频道覆盖亚太北美欧洲北非120多个国家和地区，有线频道进入欧美主要有线电视网络系统，覆盖6000多万用户，并且还在不断扩大中。[①]

表4–8　按企业性质分文化产品进出口情况

（单位：亿美元，%）

项　目	进出口数量			增长率	
	进出口总额	出口额	进口额	出口额	进口额
国有企业	65.91	47.56	18.34	–8.7	17.0
外资企业	475.16	385.46	89.69	21.2	8.6
集体、私营及其他企业	732.64	685.29	47.34	29.7	–35.9
合　计	1273.70	1118.32	155.38	24.5	–9.8

资料来源：国家统计局社会科技和文化产业统计司、中宣部文化体制改革和发展办公室编：《中国文化及相关产业统计年鉴（2015）》，中国统计出版社2015年版，第53页。

（5）渠道和平台建设不断加大。

在借助国外传播、发行、销售平台和渠道的同时，中国加大了对文化产品“走出去”自我平台和渠道的建设。中国中央电视台通过多种手段实现国际频道和节目有效落地覆盖。截至2013年年底，中国中央电视台逐步形成以英语新闻频道为龙头，以中文国际频道为纽带，6个语种（汉、英、西、法、阿拉伯、俄）、7个国际频道的对外销售报道群，节目覆盖了全球170多个国家和地区的电视家庭用户，基本实现了全球覆盖，接近全球知名媒体英国广播公司（BBC）、美国有线电视新闻网（CNN）的覆盖水平。截至2013年年底，中国电视长城平台已建成北美、欧洲、非洲、大洋洲等9大系列平台。经过近9年的市场化运作，中国电视长城平台已有效地带动了中央和地方30多个中文和外语频道在一些

① 黄会林：《2014年中国电影国际传播年度报告》，北京师范大学出版社2015年版，第314页。

国家主流电视媒体基本层落地，其中，长城（非洲）平台用户覆盖数已达300万，成为非洲地区拥有最多用户的华语电视台。截至2013年年底，在国际主流电视媒体基本层落地的中国中央电视台国际频道用户数超过了4000万。①

2. 中国海外文化产业面临的问题

（1）对外文化产业在对外贸易格局中规模偏小，贸易结构不合理。

2014年，中国进出口贸易总额为4.3万亿美元，出口2.34万亿美元。2014年，文化产品进出口总额和出口额分别为1273.7亿美元、1118.3亿美元，在全国外贸中的比重仅占2.96%和4.78%。这与中国贸易大国以及文化大国的地位不相符。

中国文化产品进出口结构不合理，工艺美术品以及收藏品、文化用品（文具、乐器、玩具、游艺器材、娱乐用品等）以及文化专用设备等是中国文化对外贸易的大宗，出口额分别为674.83亿美元、288.92亿美元、118.07亿美元，而文化贸易的核心产品包括图书、报纸、期刊、音像制品、电子出版物等出口额仅为36.49亿美元，占文化产品出口总额的3.26%。核心文化产品对外贸易依然处于严重逆差。2014年，电视节目进口总额为34027.4万美元，出口4432.1万美元，进口与出口比例为7.7∶1；图书报纸期刊进口28381.57万美元，出口金额5649.66万美元，进口额与出口额比例为5.0∶1。②中国文化产品出口范围集中，主要在北美、西欧和东亚地区。中国香港、美国、日本、德国、英国稳定占据中国文化产品目的地前5名（见表4-9）。

① 杨明品：《中国广播电影电视发展报告（2014）》，社会科学文献出版社2014年版，第135页。

② http://data.stats.gov.cn/easyquery.htm?cn=C01.

表 4–9　中国文化产品前 15 出口市场

（单位：亿美元）

位次	2013 年		2014 年	
	国家和地区	累计金额	国家和地区	累计金额
1	中国香港	323.17	中国香港	514.64
2	美国	190.18	美国	217.60
3	日本	40.90	日本	36.97
4	德国	30.89	英国	31.49
5	英国	28.49	德国	27.57
6	荷兰	19.08	荷兰	25.67
7	新加坡	15.24	新加坡	14.37
8	韩国	13.66	俄罗斯	13.59
9	印度	11.68	澳大利亚	11.79
10	加拿大	11.64	韩国	10.95
11	法国	10.96	意大利	10.69
12	意大利	10.58	法国	10.28
13	俄罗斯	10.32	加拿大	10.19
14	澳大利亚	10.01	印度	9.90
15	巴西	9.89	巴西	8.91

资料来源：国家统计局社会科技和文化产业统计司、中宣部文化体制改革和发展办公室编：《中国文化及相关产业统计年鉴（2015）》，中国统计出版社 2015 年版，第 55 页。

（2）中国文化产业大而不强，缺乏国际号召力和国际知名品牌。

中国历史悠久，文化资源丰富，文化产品生产数量巨大，是名副其实的文化产业大国。但中国文化产业大而不强，缺乏国际影响力和行业国际知名品牌。中国最大的综合性出版集团江苏凤凰出版集团的年销售收入仅及英国培生集团年销售收入的 1/10。中国电影近些年快速发展，继 2012 年取代日本成为全球第二大电影市场之后，呈不断上升趋势。与此相反的是，中国电影在海外市场表现相当惨烈。例如在全球最重要的海外电影市场北美地区，中国影片 2014 年共上映 10 部，总票房收入达到 335 万美元，同比票房和质量出现下滑。在北美市场中出现的中国影片中《心花路放》表现最好，但在北美市场仅排在第227位，票房收入77.79万美元。与此对应的是，2014年北美地区上映的外国片中，印度影片共有五部影片列入前十名的榜单。位居第一位的印度影片《我的个神啊》（P. K.）最终票房总收入超过千万美元。①

（3）内容创意和“走出去”的渠道短板制约明显。

中国文化产业“走出去”的关键在于渠道和内容。近几年，中国文化企业明显加大了对渠道或平台的投入，但渠道单一的制约依然存在。相对于渠道不足，对文化资源的内容创意开发上的薄弱显得尤为迫切。内容创意是中国文化产品参与国际竞争的核心和优势所在。现实情况是，在中国的文化贸易和文化产品的出口中，大量都是传统内容的创意，内容主要以中国功夫、民族音乐、杂技、戏曲等为主体，反映当下中国的创意和内容产品比较少。在国际文化产业中，有影响的现代戏剧歌舞和影视作品、动漫产品屈指可数。

（4）机制、政策、法制、金融、人才等支持体系有待完善。

中国文化“走出去”战略已经实施十年了，取得了一些成绩，也面临一些挑战和问题，机制、政策、法制、金融、人才等支持体系提升的空间仍然很大。首先，目前，中国文化“走出去”的主体、方式众多，但缺乏顶层设计，缺乏密切的沟通和协调，基本处于分散状态。其次，在文化市场主体上，大型文化企业基本上是国有企业，获得大量支持，但总体上缺乏内生性发展动力与能力，对本土文化资源创新性和市场化的开发能力不足；中国文化产业“走出去”的主体是大量的中小企业，但缺乏政府足够的政策支持与保障，特别是支持文化企业开拓国际市场的政策法规非常不健全。再次，文化“走出去”的服务链不完善。研究、评估、咨询等中间环节缺失或薄弱，导致政府、金融保险机构、企业、市场相互脱节。最后，国际性综合人才缺乏。中国文化产业的“走出去”

① 黄会林：《2014年中国电影国际传播年度报告》，北京师范大学出版社2015年版，第7页。

时间短，但发展迅速，需要大批既懂文化又懂管理的国际人才，而现在的人才培养体系落后于现实需要。

（二）中国文化产业“走出去”的对策建议

1. 加强顶层设计，将不同主体和方式结合起来、相互配合协调

显然，文化“走出去”不是一个部门或企业的事情，需要将政府、企业、民间组织等不同主体，将外交、对外交流、文化产业等不同方式结合起来，配合协调。这需要国家加强顶层设计，加大战略谋划和引导。正如时任国家新闻出版广电总局局长蔡赴朝所说，要从战略高度加强顶层设计，坚持与外交、外宣、外援紧密结合，系统研究新时期“走出去”的目标、任务、途径和措施，努力把中国的声音传递到世界、把中华文化的影响力提高到一个新水平。[①]

2. 完善相关法律法规，加大财政经济政策的支持力度

政府要完善知识产权保护政策法规，加强对文化市场的监管力度，加大对知识产权保护的执法力度，严厉打击盗版、侵权等各类违法行为，为文化企业的创新提供良好的市场环境。另外，国家应根据当前文化“走出去”的新形势出台一系列支持文化企业发展的财政、金融、税收政策，完善文化产业发展的平台，鼓励研究、咨询、评估等文化中介机构的发展。加大对中小文化企业的扶持力度，提升其开拓国际市场能力。

3. 推行品牌战略，培育国际文化产业旗舰企业

推行品牌战略是中国文化产业由大到强，参与国际竞争的必然选择。既要培育品牌节目或项目，吸引国际受众；又要培育企业品牌，培育国际文化产业旗舰企业。实施重点企业海外发展扶持计划，支持有实力的企业兼并、收购境外有成长性的企业，通过合资、合作、参股、控股等

① 蔡赴朝：《服务新常态，促进新发展，推动新闻出版广播影视工作迈上新台阶》，载袁同楠：《中国广播电影电视发展报告（2015）》，社会科学文献出版社 2015 年版，第 12 页。

方式，实现跨国经营，扩展产业链，既有强大的内容创制能力，又控制强大的营销渠道和平台。

4. 加强创意研发，打造“精品工程”

中国是文化资源的大国，但文化资源的创意开发比较薄弱。中国应加强内容的创意开发，不仅要注意原创作品开发、生产、发行，还要注意创意衍生品深度开发，延伸创意产业价值链，提高产业价值。各主体要树立“品牌”和“精品”意识，打造“精品工程”，精心策划，创作既有艺术性又具有市场影响的产品，加大市场宣传和推介，提高中国文化产品的知名度和美誉度，树立中国文化主体的良好形象。

5. 加强研究和调研，尊重文化产业“走出去”的规律

文化产业“走出去”有其内在的规律，中国应加强研究。首先，要研究国外文化市场上的需求偏好，根据受众的不同心理和习惯，采取不同策略，加强走出去的针对性、时效性和艺术性。对欧美发达国家和地区，应采取企业主体、市场运作的方式；对于经济相对落后、购买力低、市场分散的发展中国家以及周边的一些国家，应采取对外文化交流为主，市场贸易为辅的方式，推动中国文化和文化产品走出去。其次，消除进入海外市场的障碍，确保中国文化产业的国际市场竞争力。通过设立、并购、合作等方式培育境外实体、品牌、营销网络和研发机构，进行本土化传播；内容上研究、挖掘中国文化中具有普适性的价值和观念，进行内容创意和对外传播，降低“文化折扣”。

6. 建立专业的国际化人才队伍

改革现有人才培养体系，增设国际文化产业管理专业，打通高校研究机构和企业通道，打破限制，有计划地选拔、培养一批具有国际视野、通晓东西文化的管理人才和优秀的国际翻译人才。实施人才战略，培育一流文化企业家，参与全球竞争。同时要注意利用国外人才为我所用。“蓝海电视”的成功证实了这一点。“蓝海电视”整个团队具有高度的专业化、国际化水平，不仅英语纯正地道，而且表达呈现的角度和逻辑符合西方观众的接受心理、习惯与兴趣，因而能够迅速拓展海外市场。

四、中国海外文化权利

文化权利指在一定的社会历史条件下个体按其本质和尊严在科学、教育、法律、技术、艺术作品等方面应该享有的文化待遇和文化机会，在习俗、道德、价值观念、思想观念等方面应该享有的自由以及可采取的文化态度和文化习惯。[①] 本书中所涉及的中国海外文化权利包括以下内容：进行合理文化交流的权利（包括对外开展科技交流与合作的权利、发展本国教育的权利、开展教育合作的权利、保护人权并开展相关国际交流与合作的权利、推动文化产业国际化的权利）、对外维护文化主权，保护本国文化的多样性、主体性和完整性的权利（包括弘扬和传播中国优秀传统文化的权利，保护、申报和弘扬中国文化遗产的权利）。

（一）中国海外文化权利现状

1. 实行“走出去”与“请进来”相结合、进行合理文化交流的权利

公民和国家享有学习、吸收、利用国际文化资源以及对外传播本国优秀文化的权利，具体内容包括：发展本国教育的权利、开展教育合作的权利、对外开展科技交流与合作的权利、保护人权并就相关议题开展国际交流与合作的权利、推动文化产业发展等权利。

（1）开展文化交流活动，积极发挥官方和民间文化组织的作用。

2014 年，中国与 21 个国家签订或续签文化交流年执行计划，与 6 个国家签订了互设文化中心的协定和谅解备忘录；中国已签订的文化协定共计 149 个。2014 年经文化系统审批的对外文化交流项目 1667 起，

① 赵宴群：《文化权利的确立与实现》，复旦大学博士学位论文，2007 年。

有40781人次参加。2014年，文化部积极践行“亲诚惠容”和“真实亲诚”理念，成功举办第五届中俄文化大集、2014中国—东盟文化交流年、第二届中俄文化论坛、中印友好交流年等活动，同时联合中国社会科学院共同举办了两期青年汉学家研修计划，来自39个国家的55位青年汉学家应邀参加。[①]

表4-10　2014—2015年中外双方文化交流活动

2014年	1月16日，中国西藏文化交流代表团访问加拿大卡尔加里。 1月22日，加拿大魁北克市利姆瓦鲁孔子学院课堂举行揭牌仪式。 1月23日，“美丽中国”图片展亮相驻韩大使馆新馆舍的首个“公众开放日”。 2月24日，白中友好协会成立55周年招待晚会在明斯克举行。 3月，毛里求斯举办“中华文化大乐园”。 3月3日，圣彼得堡举办第九届大学生诗歌朗诵会。 3月20日，作家刘震云、毕飞宇巴黎讲谈“创作源于生活”。 3月22—23日，第五届“中国杯”围棋大赛在柏林成功举办。 4月10日，“中白青年日”在白俄罗斯维捷布斯克国立大学举办。 4月10日，曾来德书画作品邀请展在韩国国会举办。 4月13日，“中国文化传统日”在安大略湖博物馆揭幕。 4月26—27日，毛里求斯举办“第十届唐人街美食文化节”。 5月13日，加拿大“首届中国景德镇艺术陶瓷收藏展”在渥太华历史博物馆举行。 7月11日，“中国在哪里——中葡当代艺术展”在北京成功举办。 7月18—24日，“德国中国艺术节”于德国首都柏林举办。 8月9日，在毛里求斯举办“美丽中国大型图片展览”。 9月2日，《中国梦——爱与美的和谐》李洪涛大型油画作品展在俄罗斯举办。 11月2日，“2014加拿大·中国西藏文化周”开幕。 11月4日，中国健身气功协会与荷兰健身气功协会联合举办健身气功推荐会。 11月20日，2014澳大利亚中华文化节悉尼揭幕。 11月25日，浙江现代版画作品在保加利亚展出。

① 《中华人民共和国文化部2014年文化发展统计公报》，http://zwgk.mcprc.gov.cn/auto255/201505/W020150525608812349181.pdf.

（续表）

	11月26—29日，国家留学基金委代表团访问约旦。 12月6日，纽约梨园社举办“第八届冬季文化交流节”。 12月17日，中国对外文化交流协会与荷兰文化国际合作中心签署交流合作备忘录。
2015年	智利举办“中国文化年”活动。 3月16日，中国和罗马尼亚两国剧院联合签署《儿童戏剧合作意向书》。 3月，举办“2015中国文化聚焦”与南非“中国年”活动。 4月10日，第四届“中美文化论坛”在美国华盛顿举办。 4月23日，“天然之趣——北京画院院藏齐白石精品展”在布达佩斯开幕。 4月，“第四届中美文化论坛”在华盛顿成功举办。 5月15日，开展“太极瑜伽相会”中印文化交流活动。 6月22日，中美“作曲家项目”启动音乐会。 6月23日，中国对外文化交流协会与美国史密森学会签署合作谅解备忘录。 6月27日，中国主题民俗文化节在华盛顿举行。 7月16日，中越文化交流执行计划在河内签署。 8月，举办“中英文化交流年”中国文化季。 8月12日，巴拿马大学合唱团访华交流演出。 8月13—17日，举办第六届中俄文化大集。 9月4日，中国与缅甸签署互设文化中心协定。 9月16日，比利时布鲁塞尔中国文化中心揭牌。 9月17日，“中英文化论坛”召开。 9月20日，英国文化及贸易代表团访问中国国家话剧院。 9月27日，第七届世界儒学大会在曲阜举行。 10月13日，中新两国签署在新加坡设立中国文化中心协定。 10月29日，中国—蒙古国文化交流活动周举行。 11月1日，第二届中国国际马戏节在珠海隆重开幕。 11月7日，新加坡中国文化中心揭牌。 11月12日，大型民族舞剧《孔子》在保加利亚索菲亚隆重上演。 11月13日，第二届中国—中东欧国家文化合作论坛举行。 12月14日，新西兰中国文化中心在首都惠灵顿揭牌。 12月14日，《中国当代青年艺术展》在波兰举办。 12月14—18日，云南文化艺术团赴老挝访演。 12月15日，斐济中国文化中心在首都苏瓦揭幕。

注：本统计不包括与“欢乐中国”相关的对外交流活动，该内容在下文有所涉及。

资料来源：中国文化部（http://www.mcprc.gov.cn/）、中国文化中心（http://

cn.cccweb.org/portal/site/Master/hwhs/index.jsp)、中国对外文化交流协会(http://www.cica.org.cn/portal/site/cica/index.jsp)、新华网(http://news.xinhuanet.com/)。

分析以上交流活动，呈现如下特点：

一是以官方互动为主导，民间互动为辅助。官方与民间互动增加，民间机构日益发挥更加积极的作用，且中国官方机构同国外民间文化协会、学会的交流日益增加。在对外文化交流中，以下机构发挥重要作用，官方机构有：文化部、外交部、教育部、国家留学基金委；非官方机构有：孔子学院①、海外中国文化中心、中国国际文化传播中心、中国对外文化交流协会、中国国际文化交流中心、中国教育国际交流协会、中国国际文化传播中心等。

孔子学院：其宗旨是增进世界人民对中国语言和文化的了解，发展中国与外国的友好关系，促进世界多元文化发展，为构建和谐世界贡献力量。②截至2015年12月1日，全球134个国家(地区)建立500所孔子学院和1000个孔子课堂。其中，亚洲的孔子学院数量为110所，课堂数量为90个；在非洲分别为46所和23个，在欧洲分别为169所和257个，在美洲分别为157所和544个，在大洋洲分别为18所和86个。③

海外中国文化中心：海外中国文化中心在文化交流、文化外交上的桥梁和窗口作用持续凸显，日渐成为实现对外文化工作科学发展的着力点。该机构旨在通过常态化、不间断地举办演出、展览、艺术节、文体比赛等各类交流活动，并向驻在国公众提供涉华信息，介绍中国的历史、文化、发展和当代社会生活，从而与当地机构建立伙伴关系，促进两国文化交流和融合。截至2015年2月10日，已在非洲、欧洲、亚洲和美洲建成25个中国文化中心。④到2020年，将在海外建成50个中国文化

① 孔子学院以具有官方背景的国家汉办为依托，这也成为孔子学院在海外受到争议和质疑的原因。

② http://www.hanban.edu.cn/hb/node_7446.htm.

③ http://www.hanban.edu.cn/confuciousinstitutes/node_10961.htm.

④ http://cn.cccweb.org/.

中心。海外中国文化中心的使命是讲好中国故事、传播好中国声音、阐释好中国特色和价值理念。①

二是对外文化交流活动呈现系统性，已建立具有本国特色的独立文化品牌。中国海外文化利益的重要品牌是孔子学院、海外中国文化中心，而该机构在自身运营过程中也打造了自身品牌。2014年，文化部制定了《海外中国文化中心管理办法（试行）》和《海外中国文化中心评估框架》，为海外中国文化中心的健康运营提供了制度保障。②目前，海外中国文化中心取得发展和进步，已经打造了六个品牌专题："欢度春节"、"中心伙伴"、"发现中国"、"短期培训"、"奖学之旅"、"来华创作"。2014年，"欢乐春节"活动在112个国家和地区、321个城市举办了570多项大型活动。③且该活动是已连续举办十年以上的对外文化交流项目。围绕中央战略部署，文化部积极开展"一带一路"文化品牌的创立工作，成立"丝绸之路经济带西北五省区文化发展战略联盟"，举办首届"丝绸之路国际艺术节"、"海上丝绸之路国际艺术节"等一系列文化交流活动。

（2）更加注重开展对外进行科技交流与合作的权利。

中国经济的发展带动科学技术的进步，中国在科技领域的对外交流与合作方面取得新进展。

由表4-11可知，全国学会、省级学会2013—2014年在加入国际民间科技组织、任职专家、接待国外专家学者的数量出现增减不一的变化，在参加国际科学计划、促成科技合作项目、参加国外科技活动人数三项出现增加。较为明显的是，参加国外科技活动人数一项，合计从2013年的12785人增至2014年的17992人，增加了40.7%。委托管理学会的人数从2013年89人增至2014年的185人。另一明显变化是委托管理学会

① 《文化部副部长丁伟：让海外中国文化中心讲好中国故事》，http://www.mcprc.gov.cn/whzx/whyw/201407/t20140725_434813.html.

② 《中华人民共和国文化部2014年文化发展统计公报》，http://zwgk.mcprc.gov.cn/auto255/201505/W020150525608812349181.pdf.

③ 同上。

接待国外专家学者的数量从 2013 年的 110 人增至 2014 年的 428 人，增加了 318 人，比 2013 年增加了 2.89 倍。

表 4-11　2013 年、2014 年全国学会、省级学会科技开放与交流汇总

（单位：个，项，人）

指标	合计		所属学会		委托管理学会		省级学会	
年份	2013	2014	2013	2014	2013	2014	2013	2014
加入国际民间科技组织	681	660	366	405	2	3	313	252
任职专家	981	882	612	527	2	4	367	351
参加国际科学计划	193	314	51	72	1	3	141	239
促成科技合作项目	543	669	122	168	1	4	420	497
参加国外科技活动人数	12785	17992	6492	9758	89	185	6204	8049
接待国外专家学者	19489	18429	9275	7585	110	428	10104	10416

资料来源：中国科学技术协会编：《中国科学技术协会——学会、协会、研究会统计年鉴（2015）》，中国统计出版社 2015 年版，第 385 页。

由表 4-12 可知，2014 年全国学会加入国际民间科技组织的数量为 405 个，其中全国工科学会最多，达 149 个，占整体的 36.8%；在国际民间科技组织的任职专家总计有 527 名，其中全国工科学会专家有 183 名，占整体的 34.7%；促成科技合作共计 168 项，参加国外科技活动共计 9758 人，接待国外专家学者共计 7587 人，其中全国工科学会有 3660 人，占整体的 48.2%。

表 4-12 2014 年部分全国学会、省级同名学会科技开放与交流汇总

学会	加入国际民间科技组织		促成科技合作项目（项）	参加国外科技活动人数（人次）	接待国外专家学者（人次）
	个数（个）	任职专家（人）			
全国学会合计	405	527	168	9758	7587
全国物理学会	98	151	17	2273	1115
省级物理学会	53	92	62	2201	2938
全国工科学会	149	183	76	3706	3660
省级工科学会	67	83	172	1631	2028
全国农科学会	30	46	49	1045	976
省级农科学会	17	24	68	1106	989
全国其他学会	36	18	10	307	665
省级其他学会	14	17	7	88	278
全国托管管理学会	3	4	4	195	428

资料来源：中国科学技术协会编：《中国科学技术协会——学会、协会、研究会统计年鉴（2015）》，中国统计出版社 2015 年版，第 386—396 页。

（3）尊重并享有受教育的权利，留学生数量增加。

在联合国经济、社会、文化权利委员会第 21 届会议通过的关于《经济、社会、文化权利国际公约》第 13 条一般意见中指出："受教育本身就是一项人权，也是实现其他人权不可或缺的手段。"《经济、社会、文化权利国际公约》第 13 条和第 14 条规定了受教育的权利，其中第 13 条是人权法中对受教育的权利规定最为广泛和全面的条文。① 中国学生享有出国接受教育的权利，国外留学生也享有来华接受教育的权利，各国学生均享有学习和利用他国先进教育资源的权利。近几年，中国留学生数量迅速增加。2014 年，中国出国留学人员的数量为 459800 人，② 其中仅

① 联合国人权事务高级专员人权事务中心：《联合国国际人权文书——各人权条约机构通过的一般性意见和一般性建议汇编》，2005 年 5 月 12 日。

② 中华人民共和国国家统计局编：《2015 年中国统计年鉴》，中国统计出版社 2015 年版，第 720 页。

中国与加拿大双向留学人员即已超过 10 万人。①

2. 保护和申请世界文化遗产、继承并传播本民族优秀传统文化的权利

一个民族的文化权利体现在人文精神、价值观念、民风民俗、文化心理结构等方面。弘扬中国传统文化精髓成为中国海外文化利益的重要组成部分。该权利主要包括以下内容：保护中国文化的多样性和完整性、保护和传播本国优秀传统文化、保护和申报世界文化遗产。

联合国教科文组织在 2005 年 10 月 20 日发布的《保护和促进文化表现形式多样化公约》的目标是，“促进地方、国家和国际层面对文化表现形式多样性的尊重，并提高对其价值的认识”。② 中国优秀的传统文化丰富多彩，涉及绘画、戏曲、舞蹈、音乐、饮食、传统技艺、儒学等多方面内容。中国政府和文化机构在上述领域开展对话和交流，从而保护了本土文化的多样性和完整性。

表 4-13　2014—2015 年海外开展的中国传统文化交流活动

时　间	活　动
2014-01-17	“欢乐春节南京文化周”在多伦多举行。南京文化局为加拿大民众献上越剧、南京小吃、云锦服饰表演及民间手工展示等文化节目。③
2014-04-21	洛杉矶加州大学孔子学院邀请中央音乐学院扬琴表演艺术家刘月宁教授，在音乐学院举办一场扬琴演奏技巧教学演示活动。④

① 《中加两国双向留学人员总数已超 10 万》，http://www.fj.xinhuanet.com/jiaoyu/2014-05/04/c_1110519316.htm.

② 《保护和促进文化表现形式多样化公约》，http://unesdoc.unesco.org/images/0014/001429/142919c.pdf.

③ 《加拿大多伦多将举办“欢乐春节南京文化周”》，http://www.chinanews.com/hwjy/2014/01-17/5749248.shtml.

④ 《海外侨情观察》编委会：《海外侨情观察（2014—2015）》，暨南大学出版社 2015 年版，第 233 页。

（续表）

时　间	活　动
2014-07	中国文化部与美国史密森学会联合在华盛顿国家大草坪举办“史密森民俗节中国主题活动”。来自中国 15 个省市的 108 位中国民俗艺术家呈现了侗族大歌、太极等 8 种表演项目和剪纸、书法等 16 种手工艺展示项目，共举办各类演出 155 场，各类民俗文化讲座 282 场。①
2014-07-11	中加文化交流史上规模最大的中国民族文化展在多伦多举行，来自中国 15 个省、市、自治区近 70 多名各民族表演艺术家、民间手工艺家和非物质文化遗产传承人，向加拿大民众展示了中国鲜为人知的民俗文化和历久弥新的传统技艺，太极、呼麦、舞龙、婺剧等 8 种舞台表演和面塑、蜡染、刺绣、风筝、制瓷等 16 种民间手工艺项目，以及剪纸、琵琶演奏等。②
2014-11-25	浙江现代版画作品在保加利亚展出。展览以鲜明的学术化立意与主题划分，丰富与多元的展示形式，勾勒出浙江现代版画艺术的发展历程与艺术成就，传播了浙江版画，更宣传了浙江文化。③
2015	全美举办各类“欢乐春节”活动 100 余项，直接观众 200 余万人。中央美术学院在纽约举办“欢乐春节——艺术中国汇”活动，这期间首次在哈德逊河上推出中国春节焰火。④
2015-09-27	第七届世界儒学大会在曲阜举行。围绕“儒家思想的当代哲学使命”、“儒学与国家文化软实力建构”、“礼乐文化与社会道德”、“儒家思想与公共文化空间”四个议题进行深入交流。⑤

中国在申报、保护世界文化遗产方面取得很大进步。2013 年 6 月 21 日，中国新疆天山被列为世界自然遗产；2013 年 6 月 22 日，云南红河哈尼梯田被列为世界文化遗产；2014 年 6 月 22 日，中国大运河被列为

① 《丁伟：文化交流为构建中美新型大国关系注入正能量》，http://www.mcprc.gov.cn/whzx/whyw/201506/t20150623_442422.html.

② 《通讯：中国民俗文化节亮相加拿大》，http://news.xinhuanet.com/world/2014-07/12/c_1111583527.htm.

③ 《浙江现代版画作品在保加利亚展出》，http://www.mcprc.gov.cn/whzx/qgwhxxlb/zhejiang/201412/t20141201_437362.html.

④ 同①。

⑤ 杨倩：《第七届世界儒学大会在曲阜举行》，http://www.mcprc.gov.cn/whzx/whyw/201509/t20150929_458176.html.

世界文化遗产；2014年6月22日，丝绸之路的起始段和天山廓道的路网被列为世界文化遗产；2014年年12月，柘荣马仙信俗被列入第四批国家级非物质文化遗产代表性项目名录，也是福建唯一列入民俗类的第四批国家级非物质文化遗产代表性项目名录。[①]2015年7月4日召开的联合国教科文组织第39届世界遗产委员会会议上，审议通过了将中国土司遗产列入《世界遗产名录》。中国土司遗产由湖南永顺老司城遗址、湖北唐崖土司城遗址和贵州海龙屯遗址联合申报。截至目前，中国拥有48处世界文化遗产，遗产总数仅次于意大利，居世界第二。[②]

（二）维护中国海外文化权利的对策建议

中国在海外文化权利方面取得更多的进展，但也存在不可忽视的问题。首先，存在文化背景差异。中国处于高语境文化背景，文化的传播和输出间接晦涩，处于低语境文化的西方民众难以理解其文化底蕴。其次，中国对外文化交流渠道以官方渠道为主导，民间互动空间受限。最后，文化输出主题单一，文化创新不足，其不足主要体现在文化内容和方式上。中国对外传播的传统文化主要有中医、饮食、武术、京剧等内容，且很多传播尚停留在表演、展示和输出阶段，而缺乏海外接受者的参与和感受。大部分文化传播内容仍停留在表面，文化内涵有待进一步发掘。中国海外文化创新能力亟须提高，其原因是既缺乏文化创新的自觉意识，又缺乏文化创新的人才。

针对中国在行使对外文化权利方面存在的问题，提出如下建议。

1. 反对文化霸权，建立国际文化新秩序

针对西方国家的意识形态渗透，中国要予以有力回击，掌握本国意

① 《宁德：柘荣马仙信俗入选国家级非遗代表性项目名录》，http://fj.people.com.cn/n/2014/1205/c234952-23118952.html.

② 《中国拥有48处世界遗产　总数仅次于意大利》，http://news.folkw.com/www/fwzwhyc/083643107.html，2015-07-20.

识形态的主动权和主导性。国际文化秩序指国际社会主要行为体基于某种共同利益和目标，依据一定的原则、规范、规则和保障机制而形成的相对稳定、有序的国际文化关系状态。[①] 为维护本国海外文化安全，打破西方文化霸权，应建立国际文化新秩序，包括以下内容：①反对一切形式的文化扩张和文化霸权，各国不得将本国的价值观念、意识形态和发展模式强加于别国。②尊重各国发展本国文化的自主性，保持文化的完整性和多样性。③提倡各国文化相互包容，和而不同。加强与其他国家开展双边和多边交流，积极参与国际组织开展的对话和合作，共同建立和谐、公正、尊重的国际文化新秩序。

2. 坚持本国"特色"，展现中国自信

中国具有自身特殊的国情和本国特色的文化，并选择了适合本国国情的中国特色社会主义道路。2014 年 2 月 24 日，习近平总书记在中共中央政治局第 13 次集体学习会议上指出，从"在世界文化激荡中"的表述中可以看出，中国意识形态安全面临许多挑战，对此不能视而不见。中国走自己的路，必须要以自己民族的优秀传统文化作为立足点，由优秀传统文化与现实先进文化相结合而形成的社会主义核心价值观加以引导。[②] 因此，在对外交流中，要坚持本国特色，在意识形态、民主、人权等方面展现中国自信，并适时以被外界乐于接受的方式对其进行解释和开展交流。

3. 加强各部门联系与配合，建立国内各部门协调机制

建立包括中央与地方、中央各部门间、中央部门与地方部门、国内文化机构与国外文化机构之间的协调。同时，明确国内各部门职责，尤其要明确文化部、国务院新闻办公室、外交部、教育部、国家新闻出版广电总局、中国外文局等重要机构的责任，整合资源并提高其使用效率，

① 姜秀敏:《国际文化秩序：理论探讨与历史分析》，载《贵州示范大学学报（社会科学版）》2008 年第 6 期，第 54 页。

② 《习近平：使社会主义核心价值观的影响像空气一样无所不在》，http://legal.people.com.cn/n/2014/0226/c188502-24464170.html.

依据具体海外文化执行项目内容的不同，明确领导和主责机关。在开展官方外交的同时，进一步推动开展民间外交，积极发挥非官方的个人和民间组织多元因素的能动性，积极发挥智库、社会机构和团体、甚至个体的作用。

4. 深度挖掘中国优秀传统文化内涵，培养创新型文化人才

提高文化创新能力，进一步挖掘中国传统文化的内涵和精髓，在中国价值观和传统文化的对外传播过程中，寻求各方文化的共同点，融合他国的价值观念并略做调整，在此基础上将其升华为人类社会共同认可的精神，形成与中国本土传统价值观略有区别、但仍保持中国传统文化精髓的新型价值观。同时，注重文化创新，吸收并培养一批思维活跃、有创新精神的人才。加大政府对人才的扶持力度，提高待遇和资金扶持，为创新人才的培养提供良好的内部环境。

第五章
海外安全利益

◆ 朱宇凡

中国海外安全利益是中国国家利益外溢的必然产物，反映了中国国力强大后，在国家基本利益需求得到一定程度满足的基础上，对外部安全环境主动性需求的不断加强和延伸状态。[①]中国海外安全利益是中国海外利益的重要组成部分，同时也对海外利益的发展与拓展起到维护与保障作用。新中国成立以来，尤其是改革开放以来，侨民数量激增，企业“走出去”倡议大力实施，中国对外经贸关系迅速发展，中国海外安全利益内容扩展到周边、海外中国人、海外企业、驻外机构、海上运输线等各方面。随着“一带一路”战略的展开，中国海外安全利益的内涵亦有了进一步拓展，主要集中在地缘安全内涵的延伸、大量投资与互联互通、更大规模的海外人员及企业的对外交往等方面，亟待对安全风险进行有效的分类、预研，以保障国家整体对外战略的顺利实施。

一、中国海外安全利益的构成及发展阶段

（一）海外安全利益的构成

对于海外安全利益的划分，可以按照利益主体、利益重要性、利益内容等标准进行分类梳理，本节以海外利益的内容作为分类标准，将中国海外安全利益分为以下几个部分。

1. 主权领土安全

维护主权领土安全是中国的核心国家利益。南海、东海处于亚太的地理范围之中，该地区地缘位置重要，大国关系交错复杂，安全结构中融合了现实的利益分歧、长期的战略规划、各方力量对比变化等各种因素。南海、东海问题居于其间，需要我们以极缜密的战略思维与长远的

---

① 刘刚、杨文玲：《中国国家利益拓展分析》，载《教学研究资料》2007年第5期。

战略眼光做出最利于保障国家核心利益的战略规划与选择。

2. 海洋权益安全

中国拥有广阔的领海和管辖水域，积极参加国际海洋合作，海洋权益丰富多样。从国家利益的角度出发，可将海洋权益分为政治权益、经济权益、安全权益、文化权益等，内容非常多样。从海外安全利益的角度出发，结合当前的国际局势及国家发展形势来看，其中的海洋领土主权安全、勘探开发海洋自然资源的主权权力、海上交通安全等方面内容为海洋权益安全的重中之重。

3. 海上交通线安全

海上交通安全是国家海外安全利益的重要组成部分，对外贸易运输安全与能源运输安全一直以来是国家经济增长的重要保障。海上交通线安全包括传统安全与非传统安全两大方面内容，其中非传统安全威胁日益上升。海洋强国战略的提出以及“一带一路”倡议的实施，为海上交通线安全的保障提出了更复杂的要求。

4. 海外公民安全

中国是世界上侨民最多的国家，情况复杂多样，危机预测与研判均极为困难。除去一般的财物丢失、治安纠纷之外，从政府的角度来看，特别需关注的主要是三类安全问题：战争（包括内战）、大规模社会动荡（特别是暴力骚乱事件）和波及中国公民的暴力事件。

5. 海外企业安全

企业“走出去”战略实施以来，海外企业安全成为中国海外安全利益的重要组成部分，其中主要包括投资所在国的政治风险、社会风险、治安风险、市场风险等内容。“一带一路”战略实施后，海外企业所涉及的海外安全风险内容进一步扩展，其中较为突出的是在国外的大型工程建设，其引起的关注与警惕甚至掺入了“中国威胁论”的内容，往往使工程进展陷入更加复杂严峻的局势之中。

6. 网络安全

海外安全中的网络安全指网络系统的硬件、软件以及系统的数据受到保护，不因偶然或蓄意原因遭受境外对其进行破坏、更改、篡改，从而造成信息泄露、网络服务器中断、系统无法正常运行。

7. 地缘安全："一带一路"倡议与地缘安全的延伸

"一带一路"倡议正迅速推进，由此带来了中国地缘安全的新局面。"一带一路"沿线的东南亚、南亚、中亚、印度洋地区很多国家安全形势复杂，既蕴藏巨大的合作机会，又具有很高的安全风险。"一带一路"倡议将在沿线国家大量投资，必然迅速带动更多的中资企业和人员在沿线国家活动，对海外安全利益的风险管控手段提出了更高的要求。

（二）海外安全利益的发展阶段

中国的海外安全利益有一个发展变化的过程，虽然不乏反复，但总的趋势是：在量上由少到多，在类型上由简单到复杂，在地域上由周边扩展到全球。需要指出的是，这种变化并不是简单的线性发展，而是呈阶段性的跳跃式发展。总的说来，从新中国成立至改革开放是第一阶段，改革开放以来可划为另一个阶段，"一带一路"建设背景下的中国海外安全利益会发生新的变化，值得重点关注。

1. 新中国成立至改革开放时期的海外安全利益——周边化、非经济化、单一化

新中国 1949 年成立后就立即开始积极维护海外安全利益。当时的中国经济开放程度不高，却有上千万的海外华人，多集中在东南亚；海外企业数量虽不多，遭遇的安全挑战却异常复杂。中国清末开始形成现代的国籍概念。从清末直到民国，大批华人陆续移居东南亚各地，其中一部分后来陆续回国，但很多最终定居海外，成为第一代海外中国公民。当时中国的国籍法采取纯粹的血统原则，即凡是中国人的子女，不论其出生地在中国境内还是海外，一律自动取得中国国籍。因此，海外中国人不论是与海外中国人结婚还是与当地人结婚，其子女均自动成为中国公民，这就是第二代海外中国公民。到新中国成立前后，在海外特别是东南亚地区已有近千万海外中国公民。这些海外中国公民长期关心国内的发展，在辛亥革命、北伐、抗战等重大历史关头均义无反顾地热切支持国内同胞，在国内投资兴业，热心地方公益，为国家的生存和发展发挥了极为宝贵的作用。

东南亚华人的生存环境在40—50年代迅速发生巨变。二战后到50—60年代，东南亚各国先后独立。海外华人早已在东南亚各地落地生根，在新独立的国家理应得到公正的待遇。这就涉及双重国籍这一复杂问题。现代民族国家的一大特征是以公民身份确定公民权利与义务，即向谁交税、为谁当兵、谁来管理国家以及政治忠诚的对象等问题，具有强烈的排他性。双重国籍者理论上应同时忠于两个国家，这就可能造成极为复杂的政治困境。这些新独立国家国力普遍大大弱于中国，安全感本来就不足；与中国的意识形态分歧更令其不断担心中国以华人为途径向其输出革命。从50年代中期开始，中国与周边国家开始就华侨的国籍问题进行深入沟通，开始务实处理这一问题，其基本原则是：不再承认双重国籍，鼓励华侨加入当地国籍，选择中国国籍者成为定居地的侨民，应遵守常住地的法律并避免参加当地政治活动。这种安排消除了双重国籍现象，既有利于中国与相关国家发展互利互惠的长期友好合作关系，也有利于广大华侨在定居国的长期利益。周恩来总理在会见华侨时引用“己所不欲，勿施于人”的古语，推心置腹地表示在双重国籍的问题上应“推己及人”。

从60年代起，印度尼西亚等地政治局势发生变化，开始大规模迫害华人华侨、甚至驱赶华人华侨离境，印度支那地区战乱不断、政局复杂，大批华人流离失所。中国多次与相关国家交涉侨民问题，全力维护侨民安全。在危急关头，中国多次执行大规模撤侨行动，陆续接受数十万难侨，包括从印度尼西亚撤回国的侨民10余万（仅1965年左右就约3万），越南战争前后又从越南撤回大批侨民，到70年代末先后接收近30万人。为了长期安置难侨，中国在福建、广东、广西、海南、云南等地大规模开设华侨农场。2004年的数据显示，全国当时有84个华侨农场，总人口约 60 万人，其中归难侨约 22 万人。

新中国的建立属于国际法中的政府继承而非国家继承。因此，中华人民共和国政府理应接收由原中华民国政府管理的一切海外资产，包括海外企业。然而，东西方冷战当时已经成型，中国与西方位于不同的阵营。出于意识形态的偏见和国家利益的考虑，一些西方国家想方设法制造障碍，阻挠新中国接收海外资产，台湾当局也全力干扰新中国采取合法行动。围绕在港资产的斗争极具代表性。解放战争中，国民党当局先后将 29 家企业撤到香港，其中包括：垄断旧中国航空事业的中国航空公司和中央航空公司（统称“两航”），共有飞机 83 架，员工 2400 余人；旧中国最大的海运公司——招商局轮船公司的香港公司；负责矿产品出口的资源委员会贸易处及国外贸易事务所；中国银行、交通银行等。这 29 家企业的资产净值共约 2.43 亿港元。新中国建立后，两航等在港机构先后起义，脱离台湾当局控制。为了阻挠新中国接收在港在产，台湾当局使尽了手段，英、美当局也用了很多手段。1949 年 11 月 23 日，台湾当局向香港高等法院控告两航和资委会部分员工“霸占财产”，冻结了两机构资产。在此前后，台湾当局以 350 万美元的价格将两航资产“卖”给了美国人陈纳德和魏劳尔。12 月 19 日，两人以“两航财产所有者”的身份，向香港高等法院要求接收两航飞机和器材。由于新中国据理力争，法院于 12 月 31 日驳回了陈、魏的要求。但在 1950 年 5 月，英国枢密院对香港高等法院发出“枢密院令”，要求扣押两航飞机和器材。台湾当局还频繁采取各种破坏活动，先后有 7 架中航飞机被炸，3 只起义渔船被夺。[①]

1950 年 2 月 3 日，周恩来总理发表声明，宣告两航留港财产如被非法侵犯、移动或破坏，港英政府须负完全责任。1950 年 6 月初，新中国决定采取新的方针来接收在港资产，经过长期的工作，前后接收在港的飞机、轮船、机器、交通器材、矿品、银行资金、棉花和其他物资，总

① 王彪：《新中国接收国民党政府在香港机构和资产曲折过程的台前幕后》，载《档案天地》2009 年第 9 期，第 23—24 页。

计达港币2亿元，当时可在国内折合小米10亿斤。这些物资对新中国各项事业发挥了极大的推动作用：两航起义的飞机从香港运回的大批设备、器材和油料，为新中国民航事业奠定了物质基础；香港招商局起义归来的船舶有15艘，多为40年代中期建造，设备较为先进，他们后来成为新中国成立后初期的重要水上运输力量。在港金融机构由新中国接管后，香港成为新中国海外金融工作的重要窗口和对资本主义世界的贸易枢纽，成为吸收侨汇的重要桥梁，其业务量占当时全国总额的80%。据1950年年底统计，起义机构的4855名员工中，80%以上参加了新中国的建设事业，其中3420人回内地工作，540人留港工作。他们大都是经验丰富的科学技术人员和经营管理人才，许多人成为新中国民航、交通、金融、外贸等事业的骨干力量。[①]

新中国建立后立即面临巨大的地缘安全压力。在东北的朝鲜半岛方向，美国和苏联以北纬38°线为界在半岛南北分别接受日本投降，奠定了半岛政治分裂的基础。朝鲜战争爆发后，美军越过“三八线”向中朝边境推进，直接威胁到当时中国工业基础最雄厚的东北地区，对中国的地缘安全和未来建设形成了巨大的安全压力。面对这种情况，中国在多次警告无效的情况下被迫出兵，和美国率领的所谓“联合国军”在50年代初期苦战三年，才基本恢复到战争爆发前的格局。在西南的中印边境方向，中印关系从50年代末起迅速恶化，边境冲突不断升级，在1962年爆发短暂的边界战争，中国速战速决的胜利沉重打击了印度，为此后中印边境虽偶有摩擦但基本安定的局面奠定了基础。在南方的印支半岛方向，越南在二战后一直处于战乱状态，先是越南人民反对法国殖民当局的独立战争，在法国当局退出战争之后，美国又接替法国继续干涉行动，扶植傀儡政权打仗，老挝和柬埔寨也长期动荡难安，对中国造成沉重的安全压力。可以说，自朝鲜战争结束后，南方就逐步成为中国周边

① 王彪：《新中国接收国民党政府在香港机构和资产曲折过程的台前幕后》，载《档案天地》2009年第9期，第26页。

主要的不稳定方向，这种压力在60年代之后进一步升级。新中国自建立起就长期支持印度支那各国人民维护自主、反对外来干涉的民族斗争。在美国及其代理人公然敌视新中国的背景下，这种支持也是中国维护印支半岛地缘安全，保障中国国土安全的客观需要。70年代初期中美关系解冻，1975年越南完成统一，美国从印支半岛施加的安全压力才告消解。随着中苏关系在60—70年代迅速恶化，东北到华北到西北的中苏、中蒙边境长期处于紧张状态，1969年甚至在珍宝岛爆发严重的武装冲突，这种局势对中、苏、蒙三方都造成了很大压力。

尽管周边地区安全压力沉重，但当时的中国对海外通道的依赖性并不高。新中国成立后，中国以建设完整的工业体系，自给自足的原料、能源、物资供应体系作为发展目标，采取“进口替代”战略，即凡能自己生产的都不进口，凡进口的都是暂时无法生产的，有限的出口是为了赚取外汇，用于为暂时还无法完全避免的进口付款。在这种模式指导下，中国对进出口都没有很大的积极性，经济对外依存度较低。新中国成立后先后在东北、华北和西北发现大型油田，建设了大型能源基地，国内煤炭资源得到大规模开发，这些都在很大程度上促成了中国在当时经济条件下的能源自给。新中国成立初期，新中国一度对与社会主义阵营的经济合作抱开放态度，但中苏关系破裂后，中国经济在封闭的道路上走向极端。各种海上交通线，不论是能源运输线还是原材料运输线、商品运输线，都对中国的安全没有大的影响，中国也对此不甚关心。因此，这一阶段，中国实际的海外安全利益完全集中于周边地区，还远远谈不上全球分布。然而，与此形成悖论的是，在“反帝反殖”意识形态的支配之下，中国在60—70年代花了很大精力来援助广大殖民地的独立斗争，军援的对象远达北非的阿尔及利亚。这种做法具有反殖民主义的正义性，但也大大消耗了中国当时仍相当有限的国力，对中国国家利益造成了一定不利影响。

综上，改革开放前中国的海外安全利益有三个突出特点，即周边化、非经济化与单一化。与“胸怀欧亚非”这句流行口号相反，周边地区才是当时中国海外利益的主要关切点。中国当时的海外利益远谈不上全球分布，海外中国公民集中于东南亚，中国海外资产集中于港澳地区，真正涉及中国的安全问题也集中于国境周边。另一方面，中国当时的海外安全利益与国家的对外经济关系联系不大，即使接收海外资产的行动也是着眼于将其纳入内向型的国内经济体系，而不是巩固中外经济联系。与此同时，中国的海外安全利益高度集中于周边地区的传统安全领域，军事安全长期居于最核心的地位。

2. 改革开放以来的海外安全利益——分散化、经济化、多样化

改革开放是中国内外政策的重大转折，也是中国海外利益发展的重大转折。改革开放及周边形势的发展，促成了中国海外安全利益的分散化、经济化、多样化发展趋势。改革开放以来，中国经济迅速由内向型转变为外向型，积极抓住全球产业布局调整的有利时机建立工业基地，在自身市场潜力尚难以充分释放的情况下，阶段性地采取了“大进大出、两头在外”的出口替代发展战略，与此相伴的是原材料和半成品进口不断增加，制成品出口不断扩大，原料和贸易通道的重要性随之相应增大。急剧加速的工业化导致能耗迅速增加并很快超越国内供应能力。90 年代初期，中国由能源自给国成为能源进口国，能源进口通道也就此成为中国发展的命脉。中国的能源、原材料和贸易这三条通道高度重合，都要途径西太平洋、南海、马六甲海峡、印度洋等地。这些因素叠加到一起，进一步凸显了马六甲海峡和印度洋航道的重要性，海洋安全、非传统安全等新因素的重要性随之越来越突出。国门大开推动了中外人员交往，大批中国公民赴境外留学、经商、工作，完全突破了此前高度集中于东南亚的分布格局，而是集中奔赴美欧等发达国家或地区。这也促成了中国海外利益的分散化。

与经济因素重要性迅速提升相伴的是，传统安全因素的地位呈逐渐下降之势。这首先得益于中国在作出“和平与发展”是时代主题判断之后采取了一系列有效措施，主动推动周边地区紧张局势走向缓和，最主要是推动中苏关系和中印关系正常化。当然，中国并不回避斗争，最突出的有70年代末的对越自卫反击战、80年代支持柬埔寨反抗越南侵略、1979年之后长期支持阿富汗人民抗击苏联侵略的斗争等。但是，这些斗争的目的是争取局势稳定，而不是扩大冲突。经过不懈的努力，中国终于在80年代末90年代初争取到了周边地区全面稳定这一几十年未曾有过的良好局面，遗留的某些局部不稳定已不足以直接威胁到中国。应该说，改革开放特别是90年代之后的中国进入了新中国成立后周边局势最安定的时期，传统安全的地位随之相对下降。同时，信息、人员、物资的全球流动，非传统安全威胁的兴起等因素也对中国产生了直接影响，大规模传染性疾病（非典、禽流感等）、恐怖主义、海盗活动等都对中国构成了新的威胁，直接导致海外安全利益呈现多样化发展。

3. "一带一路"战略的实施与海外安全利益——加速增长、主动融合与构建利益共同体

"一带一路"战略的实施将对中国的海外安全利益产生重大影响，形成新的发展阶段，其具体内容将在下文详细讨论，这里仅简要讨论此阶段可能呈现的新特征，即集中化和一体化。可以预计，中国在"一带一路"沿线地区的安全利益以爆炸般的速度加速发展，中国海外利益在全球化发展的同时，又会在"一带一路"地区形成海外安全利益的集中区。另外，"一带一路"作为一种新型的地区合作模式，富有创造性地提出了政策沟通、设施联通、贸易畅通、资金融通、民心相通的"五通"设想。特别是中国帮助相关国家从事基础设施建设并形成互联互通网络，在有条件的地区大量投资兴业之后，双方将随之形成一种你中有我、利益交织的利益共同体。

二、中国海外安全利益的现状

随着中国综合国力不断提升，对外开放不断深化，中外交流持续扩展，中国的海外利益包括安全利益已遍布全球主要区域，并不断走向深化。本节将中国在海外的安全利益分为主权领土安全、海洋权益安全、海外公民及企业安全、地缘政治安全、网络安全，分别加以梳理。

（一）主权领土安全

中国在南海的活动已有2000多年的历史。中国最早发现、命名和开发经营南海诸岛，最早并持续对南海诸岛实施主权管辖。二战后，中国政府根据《开罗宣言》和《波茨坦公告》收回了西沙群岛和南沙群岛的主权。基于中国人民和中国政府的长期历史实践及历届中国政府的一贯立场，根据中国国内法以及包括《联合国海洋法公约》在内的国际法，中国在南海的领土主权和海洋权益包括：中国对南海诸岛（包括东沙群岛、西沙群岛、中沙群岛和南沙群岛）拥有主权；中国南海诸岛拥有内水、领海和毗连区；中国南海诸岛拥有专属经济区和大陆架；中国在南海拥有历史性权利。中国上述立场符合有关国际法和国际实践。[①]

从70年代起，南海周边的菲律宾、越南、马来西亚等国先后侵占部分南海岛礁，与中国争夺相关岛屿，南海问题开始复杂化。目前，南海地区的实际控制情况是：东沙群岛由台湾当局实际控制。西沙群岛由大陆实际控制。目前中国和菲律宾在中沙群岛都没有驻军。南沙群岛中，中国人民解放军守卫着永暑礁等7个岛礁，台湾方面驻守太平岛，越南占据了29个岛礁，菲律宾占据9个岛礁，马来西亚占据了5个岛礁。

南海争端与台湾问题迥然不同，其现实危险是外国侵占中国领土（包括领海），侵犯中国海洋权益，包括岛礁、领海、专属经济区等及相关的捕捞、钻井、勘探、海洋科考等权益。中方在这一领域面临的挑战极为复杂，既有域内争端当事国的挑战，也有域外大国特别是美国、印度、

① 《中华人民共和国政府关于在南海的领土主权和海洋权益的声明》，http://www.mfa.gov.cn/nanhai/chn/snhwtlcwj/t1380021.htm，2016-07-12.

日本的积极介入，甚至位于海牙的常设仲裁法院等也牵涉其中。中国对这一问题的应对原则是，坚持当事国双边磋商，友好解决争端；坚决反对域外大国介入其中，将争端进一步复杂化；不同意以所谓仲裁方式来解决相关争端，不接受菲律宾单方面提出的仲裁主张、不参与仲裁程序，但及时发表立场文件说明自身观点，同时明确声明这一举动不能以任何形式被解释为中国接受仲裁主张。

（二）海洋权益安全

中国拥有广阔的领海和管辖水域，海洋权益丰富多样。从海洋权益安全的角度出发，这里主要侧重谈海洋资源权益和海上交通安全两方面。海洋是地球最后一个资源宝库，首先是巨大的海洋矿产资源，其次是巨大而有待开发的海洋能源，最后还是丰富的渔业与生物资源。海洋矿产资源可分为浅海（濒海）与深海矿产资源两类。全球浅海矿产蕴藏量极为丰富，浅海砂矿占世界金红石总资源量的98%，钛铁矿总资源量的50%，锆石已探明资源量的96%。目前，已有30余种滨海砂矿得到开采利用。主要滨海砂矿开采量占世界同类矿产总产量的百分比为：钛铁矿30%，独居石80%，金红石98%，锆石90%，锡石70%以上，金5%—10%，金刚石5.1%，铂3%等。深海矿产资源主要蕴藏在大洋多金属结核矿、铁锰结壳矿、深海磷矿和海底热液矿之中。多金属结核含70多种元素（包括工业所需要铜、钴、镍、锰、铁等金属），某些资源总储量分别高出陆上相应储量几十倍到几千倍。富钴结壳以板状结壳覆盖洋底海山基岩上，富含钴、铂、镍，磷、钛、锌、铅、铈和稀土金属等矿产资源。深海磷酸盐、深海黏土、碳酸盐以及海水中大量溶解矿物。海洋的能源包括海底油气资源、可燃冰资源等的蕴藏量同样极为巨大，且开采很少，潜力巨大。海洋渔业资源丰富，海产品养殖、深海与浅海捕捞等在粮食安全、渔民生计、沿海地区经济发展等方面，将发挥越来越重要的作用。

海洋资源的情况较为复杂，可从三个圈层来剖析。首先是领海与主权圈层。海洋资源大量分布于浅海，濒海地区的条件也最有利于资源开发。其次是其他管辖权圈层。根据《联合国海洋法公约》，国家在领海之外还享有不超过 12 海里的毗连区、从领海基线起不超过 200 海里的专属经济区以及广阔的大陆架。一般说来，上述区域也位于浅海，国家在这些区域内享有不同程度的管辖权和资源开采优先权。中国领海由渤海（内海）和黄海、东海、南海三大边海组成，两者水域面积约 470 万平方千米，中国在这一范围内享有完整的领海权益。当前，中国和日本围绕钓鱼岛问题和东海划界问题的争端、中国和菲律宾、越南等围绕南海问题产生的争端，已经极大地危害到中国的领海主权，对相关的毗连区和专属经济区划分也产生不利的影响，实质性削弱了中国的合法正当海洋权益。上述海域之外的海域称为公海，各国享有平等的资源利用权，但要履行必要的手续，承担相应的义务（如海洋环保等）。联合国国际海底管理局是管理国际海底区域及其资源的权威组织，各国在公海开采矿产需首先向该局申请核准。2001 年 5 月，中国大洋协会与国际海底管理局在北京签订了《国际海底多金属结核资源勘探合同》，以法律形式明确了大洋协会对东北太平洋地区 7.5 万平方公里的合同区内多金属结核具有专属勘探权和优先商业开采权。2011 年 7 月，国际海底管理局理事会核准中国大洋协会提出的多金属硫化物矿区申请，在西南印度洋国际海底区域获得了 1 万平方公里具有专属勘探权的多金属硫化物资源矿区，在未来开发该资源时享有优先开采权。目前，在公海上的资源勘探开采仍属新兴领域，中国正在积极尝试，稳步推进。与其他两个圈层相比，公海资源开发的安全挑战是最少的。随着公海资源开发日渐增加，新的安全挑战仍有可能出现。

海上交通安全已成为中国国家安全的重要内容。从 1978 年到 2007 年，中国对外贸易年平均增长率高达 16%。目前，中国已成为世界第一大贸易国，2015 年全年货物进出口总额 245741 亿元，其中出口 141255

亿元，进口104485亿元。[①]中国的贸易对象主要是美、欧、日等发达国家和地区，主要商品进出口通道必然要经过西太平洋和印度洋。与此相伴的是，中国的能源进口需求急剧上升，已成为全球最大石油进口国，2015年进口原油3.355亿吨，成品油2990万吨，[②]中东地区是中国能源进口的主要来源地。中国的海上运输任务主要由四条航线承担：东向航线：中国—日本—北美；西向航线：中国—印度洋—地中海—欧洲；南向航线：中国—东南亚—澳大利亚，北向航线：中国—日本海—俄罗斯远东。西向航线极为重要，是中国的海上“贸易通道”和“能源通道”。该航线从中国东部经马六甲海峡进入印度洋、红海，再经苏伊士运河入地中海，进入大西洋。具体来说，包括中国至中南半岛、孟加拉湾、阿拉伯湾、红海的航线；中国至东非和西非的航线；中国至地中海、黑海的航线；中国至西欧、北欧和波罗的海的航线。西向航线也极为脆弱。首先，西向航线经过多条重要战略通道，这些通道一旦生变或遭封锁，整条航线就会受到致命打击。其次，该条航线极易受到海盗或海上恐怖主义袭击，受非传统安全威胁影响很大。

有鉴于此，中国近年来一方面加强了运输通道的安全防护，另一方面积极设计替代路线或新的运营方案，在沿途地区修筑港口、铺设管道，使货物及能源运输避开安全困局。令人遗憾的是，这些举动招致了一些国家的猜疑，尤其是印度某些分析人士，将中国在孟加拉国援建的吉大港、在巴基斯坦援建的瓜达尔港等均视为中国从海上围堵印度的“珍珠链”，将其视为中印关系中的不稳定因素。

漫长的海上通道面临着巨大的传统或非传统安全威胁。中国西向航线上集中了世界五大海盗多发带，即西非海岸、索马里附近海域、红海

① 《中华人民共和国2015年国民经济和社会发展统计公报》，http://www.gov.cn/xinwen/2016-02/29/content_5047274.htm.

② 《中华人民共和国2015年国民经济和社会发展统计公报》，http://www.gov.cn/xinwen/2016-02/29/content_5047274.htm.《为防范国际冲突未雨绸缪　马六甲防务谁说了算》，《新京报》2005年6月12日。

和亚丁湾附近、孟加拉湾沿岸及整个东南亚海域。据国际海事局（IMB）海盗报告中心公布的统计数据，孟加拉吉大港海域海盗出没频繁，成为世界上最危险的港口。国际海事组织曾将孟加拉国海域列为世界第二最危险区域。[①] 作为中国海上运输通道必经之路的印度洋和南海地区，是全球海盗活动的高发区。近年来，海盗活动、海上恐怖主义等非传统安全威胁日渐明显。1998年2月13日，香港船务公司在巴拿马注册的“长胜”号万吨货轮途经台湾海峡南口水域时遭海盗劫持，该轮23名中国外派船员全部遭杀害，“长胜”号货轮被海盗抢走并以35万美元出售。[②] 在印度洋西北的东非—索马里—亚丁湾海域，中国商船也成为海盗活动的严重受害者。2003年3月20日，中国福建远洋渔业所属的“福远渔225”号在斯里兰卡东北海域遭到全副武装的8条斯里兰卡“猛虎”组织船只攻击，包括15名中国船员在内的17名船员遇害或失踪，船只被击沉，损失极为惨重。[③]2003年7月22日，中国远洋渔业有限公司的“CNFC9501”号渔轮在也门东部的马哈拉省渔场作业时遭到4艘海盗船武装袭击，造成1名大副死亡，船舶设备损坏，钱财被抢劫一空。在同一水域作业的上海蒂尔远洋有限责任公司所属的3条渔轮当天也遭数十条海盗船抢劫。[④]2008年1—11月，中国共有1265艘次商船通过索马里附近航线，平均每天3—4艘次，其中20%受到过海盗袭击。2008年，涉及中方的劫持案件有7起，其中两起涉及中方2艘船只和42名船员。仅11月份，

---

① 《孟加拉吉大港海盗猖獗》，http://bd.mofcom.gov.cn/aarticle/jmxw/200607/20060702733286.html.《孟加拉国将签署打击海盗行为协定》，http://bd.mofcom.gov.cn/aarticle/jmxw/200503/20050300021341.html.

② 史春林：《中国共产党与中国海权研究》，东北师范大学博士学位论文，2006年，第500页。

③ 同上。《为防范国际冲突未雨绸缪　马六甲防务谁说了算》，《新京报》2005年6月12日。

④ 同②。

中国远洋集团所属的船舶有20艘遭遇了海盗的袭扰。[①]2009年10月19日，中国籍货轮“德新海”在印度洋被武装海盗劫持。值得注意的是，一些国家的分离主义组织或非法武装团体如斯里兰卡的“泰米尔伊拉姆猛虎解放组织”、菲律宾的“阿布沙耶夫武装”、印度尼西亚的“亚齐独立运动”以及“金三角”毒枭经常到海上进行武装袭扰，甚至与海盗沆瀣一气。[②]

（三）海外公民及企业安全

1. 海外公民

中国是世界上侨民最多的国家，数量超过5000万，散布于全球各地。随着中国经济社会的快速发展，在海外留学、务工和执行公务的中国公民越来越多。数量庞大的海外中国公民（包括港澳台胞）难以避免地面临着各种安全风险。据统计，2014年中国出境内地居民每万人次领事保护发案率达到5.1件，近年来一直呈上升之势。海外公民的安全保护是个世界性难题，中国的情况更为复杂。首先，中国海外公民人数多，安全保护任务重。据国家统计局统计，2015年内地居民出境1.2786亿人次（出境港澳台8588万人次），其中因私出境1.2172亿人次。中国政府对海外的港澳台同胞同样履行保护义务。2015年中国对外承包工程业务完成营业额9596亿元人民币（1541亿美元），对外劳务合作派出各类劳务人员53万人。[③]其次，海外侨民情况复杂，信息难以全面掌握。中国的海外侨民中既有组织性较好的大型企业外派人员、工程施工人员、公派留学生、成团游客，也有组织性相对较弱的中小企业人员、自费留学生、自由行游客等。在海外还有大量港澳台同胞生活、工作、学习、旅游，

---

① 殷卫滨：《困局与出路：海盗问题与中国海上战略通道安全》，《南京政治学院学报》2009年第2期。《为防范国际冲突未雨绸缪 马六甲防务谁说了算》，《新京报》2005年6月12日。

② 史春林：《中国共产党与中国海权研究》，东北师范大学博士学位论文，2006年，第500页。

③ http://www.gov.cn/xinwen/2016-02/29/content_5047274.htm.

中国驻各国使馆较少掌握海外台湾同胞的情况，港澳同胞的情况也涉及协调问题。最后，危急预测与研判极为困难。海外公民安全威胁的形成有一个过程，但国际政治风云变幻，准确预警并不容易。近年来，新媒体蓬勃发展，某些国家民间蕴积的极端主义情绪呈爆发之势，民间武器流散严重，外部势力伺机干涉，这些因素叠加到一起，已在多国导致突发局势动荡，危机不爆发则已，一发则难以收拾。近年来，突尼斯、埃及、利比亚危机均验证了这一模式。

战争是最大的不可控风险。一般而言，国际战争的可预见性较强，比如海湾战争、阿富汗战争、伊拉克战争等，都有很明确的战争预兆，起码经过了数月的准备期。因此，针对国际战争的安全预警一般是做得到的。与此不同的是，内战的预警要困难得多。内战往往是从政治危机过渡为社会骚乱，再过渡到零星的暴力冲突，最后升级为大规模内战。尽管理论上可以分为以上阶段，但进入新世纪以来，各阶段的过渡却往往极为突然，令人猝不及防。如利比亚内战从危机爆发到开战不到一个月时间；叙利亚危机一爆发即迅速出现暴力冲突，过渡到内战用时不超过半年。各国甚至都来不及完成对叙利亚内战后果的评估，局势就已发展到难以收拾的地步。战争期间，社会秩序受到巨大挑战，甚至连正常的食品与饮水都难以保障，一切维护秩序的机制都失去效力。因此，保护本国侨民最有效的手段就是尽可能迅速、彻底地撤离。近20年来，中国先后于1991年从海湾地区、2001年从黎巴嫩、2008年从乍得、2011年从利比亚、2014年再次从利比亚、2015年从也门等战乱地区，分别撤离侨民约5000人、167人、411人、35000人、1177人、613人，有效地保护了中国公民的安全。

处于失控状态的社会动荡是另一大风险。大规模社会动荡的诱因包括反政府骚乱、种族骚乱、排外骚乱等，也有自然灾害引起的社会崩溃。尽管原因不同，但他们对社会稳定、侨民安全的冲击都是一样的。社会动荡的危害程度总体上远小于战乱，但其发生频率要高很多。实际上，中国最近十年来的撤侨行动大都针对社会动荡。2006年4月，所罗门群岛局势动荡，中方包机将侨胞撤至巴布亚新几内亚，再由国内起飞的政府包机将310名侨胞撤回广东。5月29日，东帝汶局势不稳，中国政府两架包机从东帝汶接回243名侨胞。11月，中国政府派包机协助193名老弱妇孺侨胞从汤加经斐济回国。2009年1月，海地强震，48名滞留海地的中国人（包括1名台湾同胞）搭乘中国民航包机平安抵达北京首都国际机场。2010年6月，吉尔吉斯斯坦骚乱，中国从吉尔吉斯斯坦撤侨，1299名在吉尔吉斯斯坦中国公民搭乘包机回国。2011年1月，埃及局势动荡，中国撤回包括港澳台同胞360人在内的中国公民1800余人。2014年，中方从越南、利比亚、伊拉克、南苏丹、乌克兰等国接返近11000人。[①]2015年3月底至4月初，中国派出3艘军舰从也门撤出中国公民613人，还协助来自15个国家的共279名外国公民安全撤离。2015年尼泊尔地震发生后，中国民航9班客机赴尼泊尔接回滞留当地的中外公民千余人。

有些暴力骚乱并未严重到失控地步，但由于各种原因也可能波及中国公民，引发严重安全事件。2008年10月，中石油9名中国员工在苏丹遭绑架，最终4人获救，5人遇难。2010年8月，装载25名乘客（其中香港乘客22人）的旅游车在菲律宾马尼拉市中心遭劫持，解救行动中有8名香港游客丧生，6人受伤。2013年6月，巴基斯坦塔利班枪杀10多名国际登山者，包括2名中国公民。2015年11月，马里巴马科丽笙酒店恐怖袭击造成27人遇难，3名中国铁建工作人员不幸罹难。

2. 海外企业

中国经济日趋国际化，2015年全年对外直接投资额（不含银行、证券、保险）7351亿元，按美元计价为1180亿美元，比上年增长14.7%。[②]与这一趋势相一致的是，有越来越多的中资企业走出国门，其中既有大

① 《“数说2014”（三）全力打造海外民生工程》，http://cs.mfa.gov.cn/gyls/lsgz/ztzl/ss2014/t1245444.shtml.

② http://www.gov.cn/xinwen/2016-02/29/content_5047274.htm.

型国企、也有中小型民营企业，现在已有2万多家中资企业遍布五大洲。[①]这些企业人员财产的安全也是中国海外利益的重要体现。近年来，中国企业在海外遭遇的各种安全事故时有发生，值得关注。海运业和渔业是此类安全事故的多发区。2003 年 3 月 20 日，一艘福州的拖网船在斯里兰卡海域遭 8 艘海盗船炮击后沉没，15 名中国船员死亡。2004 年 4 月 13 日，一艘马来西亚货船在孟加拉湾海域沉没，船上 17 名船员均为中国人，15 人获救，2 人失踪。2012 年 2 月，中国巴拿马籍货轮“天维”号遭 8 名持枪海盗登船抢劫，造成船员伤亡和财产损失。2012 年 4 月，中国南京远洋公司所属巴拿马籍“祥华门”号货船在距伊朗南部恰巴哈尔港 20 海里处被 9 名索马里海盗劫持。

在国外的大型工程是另一值得重点关注的领域。2015 年，中国对外承包工程业务完成营业额 9596 亿元（1541 亿美元），派出各类劳务人员 53 万人，[②]世界各地都有分布。这些工程往往工期长、投资大、人员多、影响大，对当地的经济发展、民生改善有很大积极作用。然而，这些工程也引起了某些人的“关注”，他们借题发挥、任意炒作“中国经济剥削论”、“中国资源掠夺论”，令不少工程的顺利推进甚至基本安全受到严重威胁。更严重的是，有些势力专门将袭击矛头对准中国工程人员，有时是为了勒索赎金、有时是要打击政府威望，有些是要借此赶走各种开发项目和“外来者”。2004 年 5 月，12 名中国交通部的工程勘察人员在巴基斯坦瓜达尔港附近遇袭，3 死 9 伤。同年 6 月，阿富汗昆都士附近的中国工人住地遭武装分子袭击，11 名中国工人遇难。2007 年 1 月，四川通信工程建设公司的 5 名中国工人在尼日利亚遭劫持，后获救。2007 年 4 月，中资石油公司设在埃塞俄比亚东南部地区的项目组遭武装分子袭击并抢劫，9 人死亡，1 人轻伤，7 人被绑架（后获救）。2008 年 4 月，中国一矿业企业 7 名中国员工遭劫持，2 人被释放，5 人获救。2008 年 8

① 《保护海外中国公民：中国政府在行动》，http://oversea.huanqiu.com/article/2016-01/8343633.html.

② http://www.gov.cn/xinwen/2016-02/29/content_5047274.htm.

月29日，中兴公司2名中国工程师在巴基斯坦西北边境省失踪，后获救。2008年10月，中石油9名工人在苏丹西部地区遭绑架，5人死亡，4人获救。2012年1月，天津水泥设计院25名中国工人在埃及被扣。同月，中国水电公司29名中国工人在苏丹工地被反政府武装劫持。

（四）地缘政治安全："一带一路"战略与地缘安全的延伸

目前，"一带一路"战略正迅速推进，2015年中国对"一带一路"沿线国家对外直接投资额达148亿美元，增长18.2%。[①] 与此相伴的是，中国的地缘政治安全也呈现更复杂的新局面，面临的安全风险需认真分析，妥善应对。这种局面是中国此前从未遇到过的。首先，"一带一路"沿线的东南亚、南亚、中亚、印度洋地区很多国家安全形势复杂，既蕴藏巨大的合作商机，又有很高的安全风险。这些风险能否得到有效管控或规避，将直接影响到"一带一路"的顺利推动。具体而言，"孟中印缅经济走廊"中的缅甸、孟加拉国以及印度东北部，"中巴经济走廊"中的巴基斯坦及相关的阿富汗，"新丝绸之路经济带"所必经的中亚地区，"21世纪海上丝绸之路"所途经的南海、马六甲海域、孟加拉湾、阿拉伯海水域，都存在错综复杂的安全局势，难以简单乐观。

从东向西梳理可以发现，缅甸目前正处于民主转型之中，长期在野的全国民主联盟（民盟）赢得大选上台执政，但政局仍存隐患。民盟治国专才匮乏，昂山素季威望虽高但受宪法限制而不能出任总统。除昂山素季之外，民盟深孚众望的领导人不多，执政能力更是未经考验。民盟政府与军方的关系需仔细观察。军方同意恢复民主制度，承认大选结果，接受民盟政府上台，前提是军方继续在缅甸政界发挥极为巨大的作用，成为国家安全和政局的最终仲裁者。民盟新政府上台后，既要审慎扩大

① http://www.gov.cn/xinwen/2016-02/29/content_5047274.htm.

民选政府权力，又要有效维持与军方的关系，这是极为巨大的挑战，稍有不慎就可能引起军方严重反弹。对素有军方干政传统、军政府断断续续执政近 40 年、刚刚走出军人政权的缅甸来说，军政关系破裂，军方卷土重来的危险是现实存在的。缅甸另一巨大的不稳定因素是各种极为活跃的民族地方武装（简称“民地武”）问题。缅甸是多民族、多语言的国家，全国人口 6000 多万，有 130 多个民族，第一大民族缅族占全国人口的比例不超过 65%，其他的都是所谓少数民族，主要集中在北部和西部。缅甸民族矛盾突出、历史恩怨复杂、北部的少数民族聚居区长期活跃着若干具有强烈民族主义色彩的反政府武装。他们与缅甸中央政府的战斗时断时续。近年来，一度有所平息的“民地武”问题重新激化，缅甸政府军强力反攻，双方在中缅边境地区爆发严重武装冲突，大批难民越境涌入中国境内避难，甚至出现缅方炮弹落入中国境内并导致中国公民死伤的严重事件。民盟政府对“民地武”问题的解决迄今尚无明确答案，军政分歧也是将来缅甸军政关系的一大潜在隐患。总之，缅甸局势虽然在往积极方向发展，但可变因素很多，走向并不明朗。

缅甸的邻国孟加拉国局势也较为复杂。孟加拉国政局长期不稳，军方多次直接介入政治。1991 年还政于民后仍在政界发挥巨大的间接作用，2007 年甚至支持看守政府将 15 年来轮流执政的两名前总理一并“礼送出境”，试图阻止其继续参政。此后的孟加拉国政府一直对军方的作用如芒在背，2012 年还宣布挫败一起军官政变阴谋。孟加拉国两大政党斗争激烈，缠斗不休。孟加拉国民族主义党和孟加拉国人民联盟宿怨颇深，1991 年以来先后交替上台执政，可谓冤家对头。在 2014 年大选中，执政党人民联盟在民族主义党抵制大选的情况下，赢得 80% 的议会议席，继续执政。但反对派一开始就抵制大选，选后又拒不承认选举结果，两党争斗不休已超过两年，导致政府空转，社会混乱，仅 2013 年一年就有 71 天的大罢工和官方的交通封锁。孟加拉国当局近年来严厉打击原教旨主义，甚至判处伊斯兰大会党主席副主席等 9 名高级领导人死刑，二者关系极度紧张，国内原教旨主义情绪继续上升。综上，孟加拉国的安全风险不容低估。

“孟中印缅经济走廊”要途经印度东北部。这一地区与印度本土地理上较为疏远，人口构成和文化属性更是迥异。此地居民人种上属黄种人，宗教上流行基督教（而次大陆上白种人居多数，印度教与伊斯兰文化为主），不少地方历史上长期独立或由缅甸治理，并入印度是最近的事情。长期的疏离感，与印度本土巨大的发展差距，还有各种严峻问题，导致上述地区出现了形形色色的反政府势力乃至分离主义势力，反政府武装活动频繁，直至今日仍对印度国内安全构成严重危险。必须指出，这些反政府武装具有强烈的跨国性，其武器来源、训练营地都与毗邻的缅甸和孟加拉国的势力有千丝万缕的联系。印度一直敦促缅甸和孟加拉国协助印度打击反政府武装，或至少设法有效约束这些势力在其境内的活动。印度积极谋求发展印缅关系，背后都有制约东北部反政府武装的现实考虑。但麻烦的是，缅甸和孟加拉国政府管制能力均严重不足，缅甸政府甚至无力有效约束本国境内的民族分离主义势力，所以，缅孟协助印度是心有余而力不足。印度对孟加拉国现政府较为满意，这一地区近年来局势有所改善，但离较理想的状态仍极为遥远，难以简单乐观。

转到“中巴经济走廊”来观察，情况也是一样复杂。中国与巴基斯坦关系友好，但巴基斯坦国内安全局势长期欠佳，明显动荡已近十年。巴基斯坦塔利班运动在巴基斯坦势力庞大，近年来虽受到军方猛烈打击，仍具备很强的活动能力。受阿富汗局势影响，巴基斯坦西北部的普什图—开伯尔省极端势力活跃、武器泛滥、各种武装势力活跃，从20世纪80年代发展到现在，局势日渐复杂。巴基斯坦各党会议已同意优先建设中巴经济走廊西线，西南部的俾路支省将成为重点区域。然而该省长期动荡，分离主义活跃，极端势力活动频繁，一些反政府武装甚至跨伊朗和巴基斯坦边境活动。巴方还怀疑印度暗中支持俾路支地区的反政府武装。巴基斯坦政府稳定性同样存在疑问，不仅要充分考虑军方干政的老传统，还要考虑到反对党特别是正义运动党和地方政府多次“逼宫”的新情况。

将“中巴经济走廊”与“新丝绸之路经济带”联通，要经过动荡难安的阿富汗。30多年来，阿富汗一直处于严重的武装冲突之中，先是20世纪80年代的抗苏战争，然后是90年代的军阀混战和塔利班与军阀的鏖战，2001年之后是塔利班等反政府武装与联军和政府军的武装冲突。美军和北约作战部队2014年年末撤出之后，武装冲突并未缓解，反而呈现从南方扩散到北部的迹象。2015年5月，阿富汗北部重镇昆都士甚至短暂落入塔利班之手。这是塔利班下台十多年后首次掌握一个大城市，尽管时间极为短暂，仍具有不容忽视的象征意义。“伊斯兰国”在南亚特别是阿富汗的渗透活动也成为新的安全威胁。2015年9月，“伊斯兰国”与阿富汗当局首次交火，此后双方冲突一直断断续续。2016年3月，当局表示近期一举毙伤“伊斯兰国”武装分子近300名，显示双方的冲突不断升级，也可推断出“伊斯兰国”发展势头迅猛。2016年，阿富汗将举行已推迟一年的议会选举，还要召开大国民会议（大支尔格会议），安全风险将随之加大。阿富汗当局虽试图与塔利班等反政府武装和谈，但进展始终不大。在可以预见的将来，阿富汗局势仍动荡难安。在央地关系上，阿富汗中央政府对地方的控制力严重不足，各省实际上操控在地方实力派特别是军阀手中；在中央政府内部，加尼总统和阿卜杜拉首席执行官（总理）的双头政治步履蹒跚；苦心经营的30多万国家安全部队（包括国民军和国民警察部队等）战力不足，打击反政府武装效率不彰。

中亚地区是“新丝绸之路经济带”的重点区域，也是极端势力活跃、不稳定因素凸显的地区。苏联解体后，宗教极端主义情绪在中亚迅速蔓延，很快出现以“乌兹别克斯坦伊斯兰运动”（“乌伊运”）为代表的一批极端组织，俄罗斯车臣、中国新疆等地也有极端分子流窜到中亚各国活动。阿富汗安全局势不稳，中东地区自“阿拉伯之春”以来宗教极端主义影响力明显上升、动荡局势加剧，这些都对中亚局势产生了不利影响。比如，此前被迫流亡阿富汗并一度沉寂的“乌伊运”头目尤尔达舍夫最近重趋活跃，2013年甚至扬言要暗杀乌兹别克斯坦、吉尔吉斯斯坦和塔吉克斯坦三国总统。此外，中亚近年来已有吉尔吉斯斯坦、土库曼斯坦两国发生大的政治变动，吉尔吉斯斯坦还是中国周边唯一发生“颜色革命”并导致政权更迭的国家。随着纳扎尔巴耶夫、卡里莫夫等连续执政近25年的老一代领导人步入高龄或离任，中亚地区影响力最大的哈萨克斯坦和乌兹别克斯坦将逐步进入政治过渡期，政治风险相对上升。

21世纪海上丝绸之路沿线地区的局势同样充满了严峻因素。南海争端近年来大幅升温，域外势力插手趋势明显；马六甲地区仍然敏感而脆弱；孟加拉湾水域是全世界第二大海盗活动密集区；缅甸和孟加拉国局势并不稳定；斯里兰卡虽已结束内战，但经济重建乏力，2015年大选后政局翻转，对华关系出现某种反复；从波斯湾到索马里海岸的阿拉伯海水域深受海盗问题困扰，大国势力云集的波斯湾地区并不太平。

综上，“一带一路”沿线各国家和地区的安全局势极为复杂。

首先，这些问题大多数并非新现象，有些甚至称得上“老大难”问题。但在“一带一路”战略提出之后，这些问题不能再简单地视为“外国”问题，反倒在不同程度上成为中国自己需要面对的难题。在过去，中国只需了解这些问题即可，而此后，中国将不得不设法应对它们带来的各种直接间接挑战。这在知识储备、政策水平、国家实力、人才储备方面，都是前所未有的巨大挑战。

其次，中国将围绕“一带一路”倡议在沿线国家大量投资，提升沿线国家基础设施建设水平，促进互联互通，在沿线国家建设工业园区布点各种建设项目，目前讨论比较多的有印度尼西亚高铁项目、斯里兰卡科伦坡港口城项目、印度的中国工业园区等，在巴基斯坦的各种能源交通基础设施建设落实较快，轮廓较为明晰。中国和巴基斯坦已同意为建设中巴经济走廊投资300亿美元以上，下一步要以走廊为引领，以瓜达尔港、能源、交通基础设施和产业合作为重点，形成“1+4”合作布局。中国路桥工程有限责任公司已完成巴基斯坦境内喀喇昆仑公路进行升级改造一期工程，成功实施堰塞湖段的部分改道工程，重新联通了这条自2010年克什米尔大地震以来中断达五年之久的中巴友谊之路。中方还在巴基斯坦投资建设若干大型能源项目，如葛洲坝集团担任工程总承包商的吉姆普尔风电项目总投资13亿美元；三峡集团建设的卡洛特水电站投资16.5亿美元，是巴基斯坦第五大水电站；中兴能源有限公司投资建设的900兆瓦光伏地面电站项目总投资15亿美元，是全球规模最大的单体太阳能发电项目。在海外实施建设项目，不仅会大幅增加中国的海外资产（以及相应的海外资产风险），还会大量增加中国的外派劳务人员，同时，人员安全风险也会随之大幅增加。必须指出的是，人员安全风险具有极大的政治经济放大效应，一起安全事件造成的人员伤亡可能不算很严重，却足以对所涉及的建设项目乃至中国与相关国家的友好合作关系产生很大冲击。2004年，中国两名工程师在巴基斯坦遭绑架，最后一死一伤，对中国在巴基斯坦工程建设产生了很大不利影响。为了避免类似事件重演，巴方大大提升了针对中方工程人员的安全措施，这才保证了瓜达尔港、山达克铜矿等重要工程得以顺利施工完成。2007年，巴基斯坦境内又发生针对中国工程师的袭击事件。护送10名中国工程师的巴方警察车队遭袭，造成29人丧生、30人受伤，但中方无一伤亡。考虑到中国政府越来越重视海外人员安全，媒体和自媒体的信息传播越来越迅速，将来中国海外工程人员如再次遭遇安全损失，产生的舆论与政治冲击将大大超过以往。

最后，“一带一路”战略将极大地拓展中国与沿线各国的交往，必然迅速带动更多的中资企业和人员在沿线国家活动。他们当然应该遵守当地法律，在当地的合法权益也理应得到当地政府保护。但是也要承认，“一带一路”沿线众多国家的管理水平是参差不齐的，有些国家政府能力强大，社会稳定有序；而有些国家（特别是一些动荡国家和转型国家）政府能力薄弱。这种情况下，他们即使想管好也往往是有心无力的。不难设想，中国公司企业与中国公民合法权益遭受侵害而未能得到适当保护的情况总是会出现的。怎样在尊重各国主权平等的前提下有效保护本国企业和公民的合法重大权益，这是对中国未来外交的一大挑战。这方面中国还远未做好必要的准备。

（五）网络安全

海外安全中的网络安全指网络系统的硬件、软件以及系统的数据受到保护，不因偶然或蓄意原因遭受境外对其进行破坏、更改、篡改，从而造成信息泄露、网络服务器中断、系统无法正常运行。中国的网络安全主要受到境外以下方面的威胁。

首先，以美国为代表的技术领先国家，利用掌握研发硬件技术的优势，威胁中国网络安全。

互联网诞生于美国，以美国为代表的西方国家掌控着互联网正常运转的根服务器和域名服务器，垄断着网络信息安全的核心技术和关键产品。中国目前网上银行采用的认证技术和签名技术均是美国公司专利技术，也包括网上银行使用的U盾和动态口令令牌和数据库，其中动态口令采用美国RSA公司的SECURID技术，数据库采用的压缩软件也由美国人开发。[①]360公司发布的《2014年第一期中国家用路由器安全报告》显示，中国国内路由器DNS被篡改的用户中，有超过72.3%的指向境外恶意DNS服务器。[②]2014年12月20—21日，阿里云上一家知名游戏公司遭受美国提供云安全服务的CloudFlare公司的攻击，这是互联网史上最大的DDoS攻击，攻击时长14个小时，攻击峰值流量达到每秒453.8G。[③]

其次，美国政府散布“中国网络威胁论”。

美国鼓吹“中国网络威胁论”，以阻碍中国的崛起，缓解自身舆论压力并进一步巩固全球网络霸权。2014年年初以来，Novetta、Mandiant、FireFye、CrowdStrike、Symantec等美国网络安全公司先后发布10份报告，

① 潘峙钢：《中国网络安全由美国人在站岗？》，http://finance.sina.com.cn/zl/china/20140527/142119239148.shtml.

② 《约75万台家用路由器曾遭DNS恶意篡改》，http://www.cnnic.net.cn/gjymaqzx/aqgg/aqggaqsj/201408/t20140829_48847.htm.

③ 《阿里云称遭互联网史上最大规模DDoS攻击》，http://www.cnnic.net.cn/gjymaqzx/aqgg/aqggaqsj/201412/t20141229_50811.htm.

恶意污蔑中国进行黑客攻击。其中，CrowdStrike公司发布了《CrowdStrike全球威胁报告：2013年回顾》、《CrowdStrike情报报告：代号“推杆熊猫”黑客行动》、《深度思考：中国矛头指向国家安全智库》、《谷歌在中国教育网遭国家级中间人攻击》、《苹果iCloud在中国遭中间人攻击》等8份报告，恶意污蔑中国支持或发动对美国的网络攻击。从2014年下半年开始，该报告发布频率增加，且数量也增多。①

再次，美国政府多次恶意污蔑中国发动网络攻击，甚至捏造事实并起诉中国军官。

2014年5月，美国司法部蓄意捏造事实，以网络商业窃密为由，起诉中国5名军人。2014年11月，美国国家安全局局长兼美国网络司令部司令迈克尔·罗杰斯在参议院听证会上表示，中国及另外“一两个”国家有能力入侵美国电站、航空网络和金融公司网络，并可以使该网络瘫痪。同时，美国国会美中经济与安全审查委员会也发布年度报告，督促美国制裁“中国网络间谍”。②

最后，境外黑客对中国政府/系统网站进行攻击，恶意篡改DNS。

政府部门日益成为世界各国刺探情报、敌对势力攻击破坏的主要对象。国际上以“反共黑客”、“匿名者”为代表的境外反共黑客组织，长期以来把中国政府部门的信息系统作为攻击的主要目标，严重威胁中国海外网络安全，其主要方式是篡改网页、在网页上显示“反共”口号、发布与当前时事热点相结合的煽动性强的言论。③

表5-1 部分中国政府网站/系统遭受“反共黑客”攻击情况

序号	日期	目标网站/系统	网站管理方
1	2014-01-06	www.hbsyress.gov.cn	湖北十堰市人力资源和社会保障局

① 洪京一：《世界网络安全发展报告（2014—2015）》，社会科学文献出版社2015年版，第18页。

② 同上。

③ 同上，第25页。

（续表）

序号	日期	目标网站 / 系统	网站管理方
2	2014-01-21	www.szlhfy.gov.cn	深圳罗湖法院在线
3	2014-02-02	mail.zwzx.cangzhou.gov.cn	河北沧州市电子政务邮箱
4	2014-02-05	www.skj.gov.cn	山东省社会科学界联合会
5	2014-02-14	www.qhd.gov.cn	秦皇岛市政府网
6	2014-03-10	www.cxqqhr.gov.cn	诚信齐齐哈尔网
7	2014-03-25	www.fjtzb.org.cn	福建省委统战部
8	2014-04-09	www.chinawater.org.cn	中国水利建设信息网
9	2014-04-21	www.wzrd.gov.cn	温州市人民代表大会网
10	2014-05-03	www.pxga.gov.cn	江西省萍乡市公安局
11	2014-05-12	www.hzsafety.gov.cn	杭州市安全生产监督管理局
12	2014-06-17	www.czzw.gov.cn	安徽省池州市人民政府服务中心
13	2014-06-20	www.jcjjjc.gov.cn	甘肃省金昌纪检监察网
14	2014-07-14	v.gdtv.c	广东电视台视频在线
15	2014-07-20	www.renhua.gov.cn	广东仁华县政府网
16	2014-07-29	www.xinxiang.jcy.gov.cn	河南新乡市人民检察院
17	2014-08-01	温州中广有线电视频道	温州有线电视
18	2014-08-10	www.beidaihe.gov.cn	北戴河政府网
19	2014-09-06	www.Icenda.gov.cn	浙江温州鹿城区人大
20	2014-09-14	www.boluo.gov.cn	广东博罗县官网
21	2014-10-06	xxgk.kuiwen.gov.cn	山东潍坊市奎文区政府信息公开网
22	2014-11-14	wmw.tx.gov.cn	浙江桐乡文明网
23	2014-11-17	xxgk.fangzi.gov.cn	山东潍坊市坊子区政府信息公开网
24	2014-11-26	www.whfzb.gov.cn	武汉政府法制网
25	2014-12-04	国内一 LED 户外显示屏	某市机关政务大楼

资料来源：洪京一：《世界网络安全发展报告（2014—2015）》，社会科学文献出版社 2015 年版，第 27 页。

2014 年 2 月，卡巴斯基实验室研究人员宣布发现新型网络间谍病毒，可能已对美国、法国、德国、中国等 31 个国家的政府及企业造成冲击。[①]2014 年 9 月 7 日，“匿名者”黑客组织发布了最新被攻陷的政府网

① 洪京一：《世界网络安全发展报告（2014—2015）》，社会科学文献出版社 2015 年版，第 161 页。

站信息。该黑客组织通过“http://pastebin/com/0Ceje8r”声称，将长期针对中国境内域名以“.gov.cn”、“.gov.hk”以及“.mil.cn”结尾的网站进行攻击，其目标是对香港“占中”事件表示声援。2014年10月11日，脸书（Facebook）注册账号“公益同盟”发消息称，十个小时后即12日凌晨3时将会在Pastebin网站上公布最新攻击的中国52个政府网站数据库信息。目前在http://pastebin/com/JzXd5N81页面公布了部分网站地址信息。[①]据统计，截至2014年12月初，“反共黑客”组织2014年度已对中国境内131个政府网站实施攻击，攻击手段依旧以网页篡改、打出反动标语为主，但攻击目标由最初的网页、服务器，扩大至有线电视、LED户外显示屏等。[②]

在维护涉及网络安全的海外文化利益方面，中国尤其积极作出努力和尝试。

一方面，对美方的污蔑行为表示抗议，在政府机关设备采购上采取严格标准。针对美国的恶意污蔑，中国外交部提出严重抗议，并对美国“贼喊捉贼”的做法表示不满。针对境外黑客攻击，中国政府予以高度重视，并采取全方位措施，从而使其破坏效果有所减弱，极大地打击了反动势力的嚣张气焰。2014年5月16日，中国政府采购网公布《中央国家机关政府采购中心重要通知》，要求入围中央国家机关采购范围内的所有计算机类产品均不允许安装Windows 8操作系统。此事激发多重效应。7月，公安部科技信息化局下发通知，称赛门铁克的“数据防泄露”产品存在窃密后门和高危漏洞，要求各级公安机关禁止采购。不久，苹果iPad、MacBook笔记本产品也被移出政府采购名单，IBM的企业软件也被传可能禁止使用。[③]

---

① 洪京一：《世界网络安全发展报告（2014—2015）》，社会科学文献出版社2015年版，第177—178页。

② 同上，第26页。

③ 《2014年中国网络安全大事记》，http://www.baomi.org/ContentAction_getContent.action?id=C3A304DDFDC949849DA8F8C9C9B441F0.

另一方面，以世界互联网大会为平台，积极开展网络安全对话和交流。2014 年 10 月 22 日，苹果公司首席执行官（CEO）蒂姆·库克与中国国务院副总理马凯进行会晤，就网络安全和用户信息保护问题交换了意见，提出双方要加强在信息和通信领域的沟通与合作。[①]2014 年 11 月 19—21 日，国家互联网信息办公室和浙江省人民政府联合主办的首届世界互联网大会在浙江乌镇如期举行，这是中国举办的规模最大、层次最高的互联网大会。会上中方提出促进网络空间互联互通、尊重各国网络主权等九点倡议。[②]2015 年 12 月 16—18 日，来自全球 120 多个国家（地区）和 20 多个国际组织的 2000 多位代表齐聚乌镇，参加第二届"世界互联网大会——乌镇峰会"。在《乌镇倡议》中指出，"促进网络文化交流。鼓励以数字化形式保护、传承、弘扬人类优秀文化成果，加强网络空间文化交流，促进人类文化的多样性和繁荣发展，将网络空间建设成为人类共同的精神家园"；"维护网络和平安全，尊重网络空间国家主权，保护网络空间及关键信息基础设施免受威胁、干扰、攻击和破坏，保护个人隐私和知识产权，共同打击网络犯罪和恐怖活动。"[③]

三、中国海外安全利益的维护手段

海外利益与国内利益同属于国家利益，二者的区别在于其维护方式迥然不同。国内利益位于一国领土管辖范围之内（个别特殊情况另当别论），政府有条件采用一切合法的政治、法律、治安等手段维护国内利

① 洪京一：《世界网络安全发展报告（2014—2015）》，社会科学文献出版社 2015 年版，第 178 页。

② 《在互联互通中共享共治》，载《人民日报》2014 年 11 月 22 日，第 4 版。

③ 《第二届世界互联网大会发布〈乌镇倡议〉》，http://www.wicwuzhen.cn/system/2015/12/18/020959152.shtml.

益。而海外利益位于一国领土范围之外，管辖权属极为复杂，其维护手段受到国际法的严格制约，武力手段受到严格约束，在外国领土范围内甚至完全不能采用，除非得到该国许可。一般而言，维护海外利益特别是安全利益的最主要手段是外交政策。军事手段的合法性和实际效力在海外虽大大下降，仍得到普遍重视，各种形式的军事手段仍大量得到采用。国际法和国际组织对维护海外安全利益的作用日渐上升。在实际操作中，各国越来越多地将各种手段综合为一体，根据具体情况有不同的侧重。

相对于中国复杂且不断扩充的海外安全利益，中国的利益维护手段仍较为单一，仍然高度依赖外交与领事手段。近年来也开始尝试有限而克制的军事手段，但国际法和国际组织等很少得到有效应用。中国还不止一次执行大规模海外撤侨行动，这是综合手段的初步有益尝试。

（一）外交手段

国家的海外利益往往位于外国的主权范围或管辖权之内，要绕开所在国来维护海外利益，在绝大多数情况下是做不到的。尽管霸权主义和强权政治仍然没有消除，在但主权平等原则仍然是当代国际社会稳定的基石。因此，各国维护海外利益的首要途径必然是外交手段，中国也不例外，具体做法包括长期经营与外国的友好关系、危急情况下与外国政府的紧急交涉、与所在国社会各界建立良好关系等。中国一直重视与外国特别是传统友好国家的长期政治关系，危机外交的经验也在逐步增加，但目前仍欠缺与非政府组织、民间团体、专业协会、基层自治群体、公司企业乃至游说群体、在野势力、社会媒体等打交道的技巧，总的来说是政府外交较强而公共外交（民间外交）较弱。

（二）领事保护

与外交手段有关但又存在区别的是领事保护工作。外交活动的对象是外国政府，而领事保护的工作对象主要是本国公民。近几年来，中国开始大幅加强领事保护工作。2007 年 8 月，中国外交部成立了领事保护中心，2013 年推出“出国及海外中国公民自愿登记”系统，旨在为出国旅行的中国公民提供一个可以登记个人（团组）及旅行信息的系统，以便及时为他们推送各类安全提醒信息，在紧急情况发生时与他们取得联系，必要时为其提供领事保护与协助。2014 年 9 月，设立全球领事保护与服务应急呼叫中心（应急电话号码 12308，备用号码 59913991），开通中国领事服务网，发布《中国领事保护和协助指南》。中国驻各国使领馆开始发布旅行警告，提前发出预警信息，减少侨民可能遇到的安全风险。不少使领馆还建立了领保志愿者和联络员机制，定期召开工作会议。2014 年，中国外交部和驻外使领馆处理了近 6 万起领事保护和协助案件，其中重大领保案件 100 多起，包括处置马航 MH370 客机事件，接返近 4000 名在越南受冲击人员，协助近 7000 名中方人员安全撤离利比亚、伊拉克、南苏丹、乌克兰等国，成功营救多名在喀麦隆等国被绑架的中国公民。[①] 另外，中国还在国内 40 多个省、市、区开展形式多样的领事保护宣传活动。下一步，中国还需有侧重、有区别地开展侨民教育，敦促其更多地了解所在国的法律与民俗，善用法律武器维护自身权益。

（三）军事措施

中国对在海外的军事存在长期保持高度克制的态度，近年来才有一些极为有限的发展。针对日渐猖獗的索马里海盗问题，中国从 2008 年开始按联合国安理会决议授权在亚丁湾水域执行护航任务，不仅有效保障了中国商船的安全，也为其他国家商船提供了安全保障，极大地增进了地区安全。2011 年和 2015 年，中国先后派遣在印度洋执行护航任务的

---

① 《“数说 2014”（三） 全力打造海外民生工程》，http://cs.mfa.gov.cn/gyls/lsgz/ztzl/ss2014/t1245444.shtml.

军舰赴利比亚和也门撤离本国侨民或担任撤侨的警戒任务，在利比亚撤侨行动中还动用了军用运输机，这是前所未有的行动。2015年年底，中国国防部发言人宣布，根据与吉布提政府的双边协议，中方将在吉布提设立首个海外保障设施，主要职能是为在亚丁湾水域护航的舰艇编队提供高效而必要的后勤支援服务，解决官兵休整、食品与油料补给等问题，保障中国军队执行国际维和、亚丁湾和索马里海域护航、人道主义救援等任务。某些媒体夸大其词地宣布这是中国在海外设立的首个军事基地，言下之意是中国终于放弃了不在海外驻军的政策，很快还会有第二个、第三个中国海外军事基地。这种说法混淆了后勤补给中心和军事基地的实质区别，与事实相去甚远，是不足采信的。

（四）撤侨行动

在当地局势极度混乱、安全局势极度危险的情况下，紧急撤出侨民和资产，可以有效规避安全风险，降低潜在损失，是一个不得已但非常有效的选择。近年来，中国先后在利比亚和也门执行了两场大规模撤侨行动，取得较好成效，甚至在力所能及的情况下协助其他国家撤离了部分侨民，外交影响良好。

新中国成立以来曾多次开展大规模撤侨行动。较早且规模较大的有1965年左右从印尼撤侨的行动，规模约3万人，历时约1年。1991年前后的海湾战争中，中国从海湾地区撤退劳工约5000人。近年来，中国侨民在海外越来越活跃，遭遇安全风险的可能性也随之增加，撤侨行动也多次发生。2006年4月，中方包机将侨胞从动荡的所罗门群岛撤至巴布亚新几内亚，再由国内起飞的政府包机将310名侨胞撤回广东。同年5月29日，两架政府包机从东帝汶接回243名侨胞。7月，中方又分批从黎巴嫩安全撤离中国公民167人。11月，中国政府派包机协助193名侨胞离汤加经斐济回国。2008年1月，驻乍得使馆协助300多名中资机构人员和侨胞分两批自乍得边境安全撤至喀麦隆、加蓬境内。2009年1月，海地强震，48 名滞留海地的中国公民（包括 1 名台湾同胞）搭乘中国民航包机平安抵达北京。2010 年 6 月，吉尔吉斯斯坦骚乱，中国从吉尔吉斯斯坦撤侨，1299 名在吉尔吉斯斯坦中国公民搭乘包机回国。2011 年 1 月，埃及局势动荡，中国政府成批撤回包括香港同胞在内的中国公民。2014 年 5 月，中方协调 5 艘客轮前往越南河静省，接回在越人员 4000 人。2015 年 3 月底至 4 月初，中国派出 3 艘军舰，从也门撤出中国公民 613 人，还协助 15 国的 279 名外国公民安全撤离。

2011 年的利比亚撤侨行动值得重点分析。2011 年年初的利比亚局势急剧动荡，战乱逐步升级。当时在利境内的中国公民有 3.5 万人左右，主要是合同劳务人员，也有经商、求学及旅行者。鉴于利局势日趋复杂，中方从 2 月末起开始撤侨，12 天内动用包括 12 架次军机在内的共 138 架次包机，包括 1 艘海军护卫舰在内的 17 艘次轮船舰艇，100 多班次客车，撤出 36580 位中国公民并护送他们安全回家，为撤离公民还租用 35 架次外国包机和 11 艘次外籍邮轮。鉴于中国在利侨民众多（3.5 万人）、利局势变化迅速，为了确保安全，除了从利直接空运离境之外，中方还充分动员了海运、陆运等各种交通方式。中方协调在利公民从陆路撤向的黎波里和班加西两大港口城市，在此乘坐中国政府组织或租用的海轮。中方从希腊租用的 7 艘轮船将 1.5 万侨民转移到希腊并由此回国。对于部分居住分散、远离两大海港的侨民，中方协调其从陆路紧急向利比亚与埃及、突尼斯两国边境靠拢。中国驻两国大使馆紧急租用近百辆大客车在边境待命接护。在此次撤侨行动中，中方还首次调派导弹护卫舰“徐州”号护航。至 3 月初，3.5 万侨民已全部安全撤出利比亚，陆续回国。

（五）评价与建议

中国在海外安全利益保护方面已经取得了很大进步。尽管如此，这一领域仍有较大的不足之处，继续提升的空间是巨大的。

第一，在外交手段上，中国官方外交较强而公共外交较弱，这种一手软一手硬的情况已远远落后于客观形势的要求，这方面还有很多课要补。近年来，中资企业若干海外项目先后遇到非政府组织或当地民众的反对，有些还引发较大的波折，甚至直接导致工程停工。缅甸的密松水电站项目是较为典型的例子。这一工程本来得到中国和缅甸政府支持，耗资36亿美元，2009年12月开工。但缅方一些非政府组织、民间团体以环境影响、地震风险、对当地传统社会的冲击等为由提出反对，还有人宣称中国掠夺了缅甸的水电资源。缅甸政府在2011年正式宣布搁置密松水电站项目，对中、缅双方都造成了重大损失。这一事件涉及复杂的国际政治博弈，也反映出非政府组织的重要社会政治影响。中国素来有“外交无小事”的传统，但此处的“外交”主要指官方外交。在新的形势面前，中方很有必要尽快补上公共外交的短板，亟须增强与非政府组织、当地企业、自治团体、媒体、高校、智库等打交道的能力。不难发现，公共外交的交往对象比官方外交更为复杂多样，其利益、立场、影响力都有很大差别，要做好公共外交这篇文章，任务是繁重而艰巨的。

第二，中国的领事保护仍需继续提升，领保手段仍需继续发展。中国对海外公民的登记仍属于自愿登记，这虽然充分尊重了当事人的意愿，但确实不利于全面掌握海外公民情况。实际上，边检部门对公民出境情况是完全掌握的，完全可以与使领馆共享。这样一方面便利了信息登记、简化了工作流程，另一方面可将原来未登录的信息纳入管理，有利于更好地保护海外公民。由于人力有限，大多数使领馆的领保工作主要是领事部牵头，各部门分工协作，一般没有专司其职的部门。随着领保工作不断发展，将来可考虑在中国公民集中的重点国家或安全局势严峻的国家派驻专司其职的领保专员，负责与外国相关部门的常态化沟通，提供有针对性的预警，进一步加强针对中国公民的领事保护与服务工作。

第三，在保护海外项目安全方面，中方需高度重视法律手段。长期以来，中国的海外项目都倚靠良好的官方关系来开道。这种方式推进较为迅速，但政治风险也是较大的，因为一旦两国政治关系出现波动，前期本已落实的项目就很容易遇到各种障碍，动辄就会遇到抗议、拖延、叫停乃至取消等重大挫折。更糟糕的是，项目往往会因此陷入进退维谷的困境，完全撤资心有不甘且巨大的前期投入将无从收回，继续推进又无以为继，项目由此成为某种“人质”，缅甸密松水电站项目、科伦坡港口城项目一度遭遇波折均属此类情况。因此，中方的海外项目还应充分落实完备的法律手续，要充分法律化、合同化、规范化。项目有法可依才能规避政治波动的影响，更为顺利地推进；即使对方违约甚至叫停，中方也能得到合理的违约赔偿；违约赔偿机制也能有效地制衡某些势力，使其不敢任意违约；项目充分法律化之后，后续纠纷都能更好地在法制轨道内得到解决，某些势力借机炒作、任意发挥的空间会大大压缩。当然，项目法律化是一项复杂工作，要求对各国法律制度、社会环境、执法机制均有较全面的了解，还需要必备的人才储备，这方面还有很多工作要做。

第四，中国尚未学会妥善运用国际法和国际机制。国际法和国际机制已成为全球治理的重要手段，为维护海外利益提供了若干的基本原则和有效的救济机制，中国对其基本情况的了解还很不够，高素质的国际法与国际组织人才更是极为缺乏，这就导致中国难以充分运用这些正当手段。

第五，在维护海外利益时，中国多为单打独斗，与其他国家的协调合作较少。实际上，一国安全局势紧张，则各国在该国的海外利益均会受到严重威胁。因此，各国通力合作、相互协助的空间是客观存在的。有效的国际合作不仅能更好地维护本国的海外利益，更能大大促进当事各国政治互信。尽管国际合作必然牵涉复杂的协调与沟通，这种方式仍然是需要积极尝试、不断改进的。当然，国际合作与单独行动并不是非此即彼的对立关系，二者完全可以并行不悖，两全其美。这些都有待未来中国外交实践的不断尝试，不断提高。

第六章
海外利益的风险应对

◆徐　瑶

进入新时期以来，中国海外利益的内涵与边界正处于不断扩大和延展的过程，不仅包括国家安全和经济利益的向外拓展，还涵盖那些在海外自主生成的与中国或中国人有关的利益；不仅包括有形的商业利益，同时也包括无形的国际认同利益。中国的海外利益随着规模的扩大和区域、领域的拓展难免蕴涵着风险，已经凸显的问题包括：海外公民与法人的人身及财产安全、对外贸易与直接投资的壁垒影响、海外能源市场的变化、国际海上通道安全、文化冲突等。目前中国海外利益面临的风险具有高复合性、高传导性、高不确定性和高成本性四大难点。全球化、信息化将各种风险叠加放大，新媒体、人员交往、生产投资、运输移民等，均是造成风险快速传递的载体，风险趋向于多点爆发、联动共振、反复不断，一旦采取行动则面临成本巨大，预警、处置、管理和善后任务都十分艰巨。[①] 习近平主席2014年11月29日在中央外事工作会议上指出："要切实维护中国海外利益，不断提高保障能力和水平，加强保护力度。"[②]2016年3月5日，李克强总理在《政府工作报告》中首次提出，我们要"加快海外利益保护能力建设，切实保护中国公民和法人安全。"[③] 如何对中国海外利益面临的风险进行科学分类、提前预警和有效管控，如何有效应对日益复杂的海外风险与挑战，仍是我们亟须解决的重要课题。

一、中国海外利益面临的五大风险

当前，中国海外利益发展面临的外部环境压力日益加大，对中国海

① 韩立群：《维护和拓展中国海外利益面临严峻挑战》，载《世界知识》2014年第12期，第58页。

② 《中央外事工作会议在京举行》，《人民日报》2014年11月30日。

③ 《2016年政府工作报告（全文）》，http://news.xinhuanet.com/ fortune/ 2016-03/ 05/ c_128775704.htm.

外利益的拓展与维护提出了一系列挑战。

（一）政治风险

政治风险是一个宽泛且模糊的概念，目前学术界尚未给出公认而统一的定义。菲茨帕特里克将其他学者对政治风险的27种定义做了分析，并将其归纳为三类：根据第一类定义，政治风险产生于政府和国家主权的行为，这些行为对企业造成有害的后果；在第二类定义中，政治风险指政治事件或限制对特定行业或特定企业产生影响；第三类定义认为，政治风险是由环境的不确定性产生。① 海外投资企业面临两种政治风险：东道国的系统风险与意识形态所形成的风险。其中系统风险由东道国较差的政治制度所致，在该东道国的所有海外企业都要面对这一风险。而意识形态风险源于特定母国与东道国之间的外交风险或者政治冲突，只涉及该母国的企业在东道国面临的风险。② 中国海外利益主要面临由于东道国政策变化（如非市场因素、宏观政策以及国家的社会秩序稳定等）带来的风险。与传统的商业风险不同，它受东道国国家的社会政治经济影响，更具复杂性和不可预测性的特点。③ 东道国内外发生的各种危险性和破坏性政治事件（战争、革命、政变、征收、税收、货币贬值、交易管制和进口限制），都会给中国海外投资和国际商业活动造成风险和损失。《中国企业国际化报告（2014）》蓝皮书通过分析从2005年1月1日至2014年6月30日发生的对外直接投资事件中120个舆论影响大、投资失败的典型案例得出结果，25%的投资事件是政治原因导致失败，

① Mark Fitzpatrick, "The Definition and Assessment of Political Risk in International Business: A Review of the Literature", *Academy of Management Review*, Vol.8, No.2, 1983, pp. 249-254.

② Rodolphe Desbordes, "Global and Diplomatic Political Risks and Foreign Direct Investment", *Economic & Politics*, Vol.22, No.1, 2010, pp.92-125.

③ 潘晓明：《从墨西哥高铁投资受阻看中国对外基础设施投资的政治风险管控》，载《国际经济合作》2015年第3期，第76页。

其中有 8% 的投资事件在投资审批等环节因东道国政治派系力量的阻挠导致失败；有 17% 的投资事件是在运营过程中因东道国的政治动荡、领导人更迭等原因遭遇损失。具体而言，中国对外投资时所面对的政治风险主要包括两大类。

1. 政府干预

中国改革开放 30 多年来经济一直高速增长，对燃料、矿石、金属等资源的需求越来越大。国内市场已经不能满足对这些原料的需求，需要大量从国外进口。对外直接投资是保证原料供应的一个有效策略。自然资源尤其是重要的战略性自然资源对于大多数国家来说是一个比较敏感的问题。尤其是涉及外商投资，社会和政府都会比较慎重，因为从一定程度上来说它关系到国家的经济安全问题。很多国家对于自然资源型的外商投资都要求经过一定的审批程序。因此，即便是在市场经济国家，这一类投资也不是完全由经济因素决定，政府的干预作用比较明显。东道国政府往往以国家安全为由提高外商进入该领域的门槛，甚至直接阻止外资的进入。[①] 除了能源领域以外，一些国家政府特别是西方国家政府以国家安全为由，对中国国有企业在通讯、电子、航空等高科技领域的投资行为设置安全审查制度，将国有企业排除在竞争之外。表 6–1 总结了近年来中国在国家并购失败的典型案例。

表 6–1 中国海外并购失败典型案例

时 间	事 件	原 因
2005 年 1—8 月	中海油竞购优尼科	美国借口能源威胁、国家安全、核心技术安全、失业等干涉
2005 年 6—7 月	海尔收购美国泰克公司	美国财经界抵制中国企业跨国并购
2007 年 9 月	华为和美国贝恩资本联手收购 3COM 公司	美国政府以“威胁国家安全”为由阻挠
2009 年 2—6 月	中国铝业公司并购力拓	担心本国资源被中国控制

① 张建红、姜建刚：《双边政治关系对中国对外直接投资的影响研究》，载《世界经济与政治》2012 年第 12 期，第 143 页。

（续表）

时　间	事　件	原　因
2009 年 9 月	中国有色收购澳大利亚稀土矿业雷纳斯公司	出于“中国资源威胁论”、“资源民族主义”，担心中国政府控制世界稀土
2010 年 1—7 月	华为竞购摩托罗拉业务	美国政府对中国公司获得全球电信网络控制权设置障碍
2010 年 5 月至 2011 年 2 月	华为技术公司并购美国三叶科技资产	美国国会小组以安全考虑为由要求华为剥离已收购的三叶科技资产

近年来，以“维护经济安全”、“提升产业结构”为说辞的“经济民族主义”在许多国家蔚然成风，成为众多国际能源资源企业面临的重大经营风险。由于很多基础设施投资、战略能源投资领域都与东道国的经济命脉息息相关，不排除一些发展中国家未来会借鉴美国和一些发达国家的做法，通过严格的管制、高税收、严厉的市场进入与签证程序，或者选择性的法律、契约歧视来索取母国投资商的产权，进而导致母国投资商产权的低效或者无效。非洲、东盟许多国家出台限制原矿出口政策，并提高矿业开发的环保和社区发展要求。拉美地区保护主义盛行，巴西、阿根廷专门针对中国人出台限制购买土地政策。① 2006 年玻利维亚新政府的能源国有化政策、2011 年蒙古国国家安全委员会否决中国神华集团竞标塔本·陶勒盖煤矿（全球最大的未开发煤矿）、2014 年年初印度尼西亚禁止原矿产品出口，均对包括中国企业在内的众多国际企业产生很大冲击。

2. 政治动荡

目前，欧亚大陆由东向西逐渐形成一个“社会政治动荡风险弧”，包括中南半岛、南亚、中亚、西亚及北非在内，地缘上与中国“一带一路”战略及多个海外投资重点地区重合，推升了中国海外利益整体面临的政治风险。这些地区的大部分国家都是所谓“转型国家”，正处于新旧体制转轨期、“民主改造”探索期和社会局势动荡期。不少国家移植西方

① 韩立群：《维护和拓展中国海外利益面临严峻挑战》，载《世界知识》2014 年第 12 期，第 58—59 页。

民主制度后都出现不同程度的“水土不服”，“民主”体制不健全、旧体制惯性强大、政权更替频繁、政局动荡常态化等问题凸显：中亚一些国家的政治精英因权力内斗而无暇顾及经济发展，严重制约了中国与这些国家经贸合作的深入推进；中东地区结构力量失衡加剧，阿盟分裂趋势扩大，各国党派纷争不断，国家政治局势蕴含着极大的不确定性；东南亚不少国家政治转型进程加快，部分党派势力为争取选票，往往以“顺应民意”为由，将中国投资项目作为利益交换的筹码，进行阻挠、干扰，甚至单方面宣布搁置在建项目；南亚中小国家均不同程度地面对国内政局发展的不确定性，中国各项投资容易成为其国内政治纠纷的牺牲品。表 6-2 总结了近年来东道国政局变化影响中国海外投资的典型案例。

表 6-2　东道国政局变化影响中国海外投资的典型案例

国　家	国内形势	典型案例
吉尔吉斯斯坦	领导人更迭频繁，南北部族矛盾，族裔冲突	2011 年新政府否决中吉乌铁路“资源换项目”融资方式
缅　甸	旷日持久的政治或军事对抗	2011 年密松水电站事件、2012 年莱比铜矿抗议事件
泰　国	国内政治的两极对立和循环政变	2013 年英拉下台延缓中泰“大米换高铁”项目
乌克兰	政治转型困局和东西部根深蒂固隔阂	2014 年克里米亚深水港及工业园项目暂停
希　腊	国内政治动荡	2015 年新政府叫停比雷埃夫斯港私有化进程
斯里兰卡	国内政局不稳	2015 年新政府一度叫停科伦坡港口城项目

（二）安全风险

1. 大国地缘竞争

随着中国的全面崛起和综合实力的上升，中国对国际体系的塑造和影响能力激增，来自国际体系的结构性压力和大国战略竞争也随之增加。2008 年全球金融危机进一步削弱了西方传统大国的实力优势，随着中国能源开发、基础设施建设、并购投资方面海外利益的迅猛发展，中国与传统大国在经济利益、地缘政治利益上的竞争与博弈随之增大，“一带一路”倡议的提出更是加剧了中国与美国、欧盟、俄罗斯等大国在东亚、中亚、中东欧、非洲等地的影响力与经济项目竞争。美国“亚太再平衡”战略凸显了守成大国对于崛起大国的战略疑虑，中国海外利益拓展空间面临美国的战略挤压。在政治上，美国通过“前沿部署性外交”、“价值观外交”等主要措施，主导东亚国家经济和安全事务的发展；在经济上，奥巴马政府大力推动将中国排除在外的“跨太平洋战略经济伙伴协定”（TPP）建设，意图凭借机制化霸权对中国采取战略围堵；在军事上，提升与盟友及伙伴国家的军事合作，增强在亚太地区的军事存在。近年来，欧盟经济持续衰退，英国脱欧、难民问题更是加剧了欧盟内部的分歧。中国在中亚、中东欧、非洲等地基础设施建设投资、资源开发等经济合作的提升以及中国日益上升的地区影响力引发了欧盟的战略疑虑。尽管俄罗斯与中国在上合组织机制框架内提升了在中亚地区的安全合作，但俄罗斯依然对中国存在戒备心理，俄罗斯对中国在中东欧国家的做法表现出了忧虑，担心中国势力进入其“后院”，抢夺贸易机会和政治力量。[①]日本一直通过加强与中亚国家的经济合作，增强其在这一地区的政治和经济影响力。2013 年 10 月，安倍晋三内阁强化对亚欧地区的关注，他指出：“从东京出发，经过伊斯坦布尔，最终抵达伦敦。日本要做新亚欧丝绸之路的起点、地缘政治的操盘手。”[②] 印度一直谋求独霸印度洋，对外部力量特别是中国在印度洋的存在抱有极大的防范之心，尤其热衷于炒作中国所谓的“珍珠链战略”[③]。此外，印度积极推行“东进”战略，

---

① 刘作奎：《新形势下中国对中东欧国家投资问题分析》，载《国际问题研究》2013 年第 1 期，第 116 页。

② 庞中鹏：《日本“亚欧新丝绸之路”的不可能性》，http://news.xinhuanet.com/world/2013-11/08/c_125673054.htm.

③ “珍珠链”概念最初版本来自 Juli MacDonald，Amy Donahue and Bethany Danyluk，“Energy Future in Asia”，Booz Allen Hamilton Report Sponsored by the Director of Net Assessment，November 2004.

介入南海问题，在经济、政治、军事上与中国竞争，增强对亚太事务的辐射，从而加大了中国在东南亚方向的战略压力。

2. 地区争端与冲突

由于历史原因，不少国家之间存在边界领土、岛屿、飞地之争和水资源纠纷，成为引发地区局势恶化的重要显性因素。海洋上，中国和日本之间存在钓鱼岛以及东海专属经济区之争，中国与部分东南亚国家存在“南海争端”，尤其是中国与越南“西沙主权”之争、中国与菲律宾、越南之间愈演愈烈的“南沙主权”之争，将严重影响中国与相关国家的经济合作，甚至影响中国的国际形象及在地区内的经济活动。陆地上，二战后印度和巴基斯坦之间关于克什米尔地区争端、中国和印度边界争端、巴勒斯坦和以色列争端依然没有解决，中亚地区不少国家之间的边界划定工作并未全部完成。吉尔吉斯斯坦境内有塔吉克斯坦的飞地沃鲁赫，两国边界长 911 千米，划定的只有 567 千米，争议地区超过 70 处。2014 年 1 月 11 日，吉尔吉斯斯坦、塔基克斯坦边境地区发生武装冲突。塔吉克斯坦与乌兹别克斯坦有 20% 的边界没有划定。吉尔吉斯斯坦与乌兹别克斯坦在费尔干纳的边界也未明确划定，吉尔吉斯斯坦在乌兹别克斯坦有飞地巴拉克村，乌兹别克斯坦在吉尔吉斯斯坦有飞地索赫和沙希马尔丹。此外，三国在共享水资源问题上剑拔弩张，互不妥协。[①] 与此同时，“一带一路”战略沿线经过多个地缘政治破碎带，历史问题复杂、民族宗教矛盾尖锐、武装冲突频发。2012 年全球爆发 38 起武装冲突，2013 年共发生较大影响的局部战争和武装冲突 33 起，2014 年全球范围内的武装冲突超过 10 起。冲突主要爆发区与“一带一路”战略沿线多有重合，其中尤以西亚和北非地区为主。仅 2013 年，在巴勒斯坦、缅甸、阿富汗和肯尼亚，就有不少中国公民因暴力冲突而丧生。地区武装冲突的爆发可能全面打乱“一带一路”进程，并威胁中方投资项目和人员

---

① 刘海泉：《“一带一路”战略的安全挑战与中国的选择》，载《太平洋学报》2015 年第 2 期，第 75—76 页。

安全。[①]

3. 非传统安全风险

当前中国海外利益的拓展与维护固然面临大国竞争、地区冲突等传统安全风险，但意识形态因素、恐怖主义袭击、海盗、跨国犯罪、自然灾害等非传统安全风险对中国公民的人身及财产安全构成的威胁也不容忽视。

第一，以恐怖主义为核心的“地区三股势力”（恐怖主义势力、宗教极端势力、民族分裂势力）的破坏活动是威胁中国海外利益拓展及“一带一路”战略实施的重要因素，日益成为区域内最大的非传统安全威胁。境外“东突”、“藏独”、“民运”、“法轮功”邪教组织等反华势力，千方百计地干扰和破坏中国海外利益。2013年，“东突”、“藏独”、“蒙独”和“民运”组织在日内瓦成立“四方合作领导小组”，拉拢“台独”势力，勾结日本右翼分子，组织策划了一系列反华游行示威，煽动攻击中国海外利益。近几年，中国境内外的“东突”暴恐势力相互勾结，不时制造针对中国企业及公民的袭击，严重威胁中国公民的人身与财产安全。

第二，全球商业贸易的90%和石油总量的65%都要通过海洋运输，其中印度洋提供了全球一半的集装箱运输，70%的石油产品运输需要由中东通过印度洋再运往太平洋地区，但印度洋沿线也是海盗活动最为猖獗的地区。根据国际海事局（IMB）发布的2013年全球海盗情况报告，虽然索马里沿岸海盗袭击次数下降明显，已经从2011年的237起下降到2013年的15起[②]，但袭击威胁仍然存在，特别是在索马里沿海和亚丁湾。

第三，跨国犯罪、种族歧视和排华性质的民事伤害案件及针对中国企业及公民的抢劫、盗窃、绑架等刑事犯罪近年来呈现高发趋势，地震、

---

① 中央党校省部级干部进修班（第57期）“战略思维与领导能力”研究专题第二课题组：《“一带一路”战略面临的风险挑战及对策研究》，载《理论视野》2015年第8期，第60页。

② “Somali Pirate Clampdown Caused Drop in Global Piracy”, http://www.icc-ccs.org/news/904-somali-pirate-clampdown-caused-drop-in-global-piracy-imb-reveals.

海啸等自然灾害、流行性疾病、劳务纠纷和渔业纠纷等风险也越来越成为影响海外中国公民人身安全和财产安全的重要因素。

（三）经济风险

1. 全球经济下行

受 2008 年全球金融危机的影响，世界经济持续低迷，尤其是发达国家经济疲弱、新兴经济体增长乏力，各国贸易保护主义盛行，贸易壁垒和贸易摩擦增多，中国贸易出口环境十分严峻，保持持续稳定的外需难度较大。国际贸易体系中的非关税贸易壁垒类贸易保护主义、石油市场中的亚洲溢价及恐怖溢价等都损害了中国的海外资源利益。近几年来，各国都在不断投入巨资救市，使国际资本市场出现资金过剩的现象，大量“热钱”的涌入使中国资本市场面对泡沫化的问题，而美国的量化宽松货币政策对中国产生的影响最为直接和严重。一是美元资产缩水严重，造成中国的外储和持有的美国国债损失严重。二是冲击中国的外贸出口。同时，世界经济复苏乏力，石油价格、黄金价格、钢材价格、农产品价格等都发生了剧烈变化，对国内企业对外投资的影响非常大。企业如果不能针对整个国际大宗商品的变化，对自身投资企业的产品关联度做深度研究，得出有效的投资项目方案及预案，将面临巨大的投资风险。近年来，世界石油供应、需求、贸易格局出现新变化，全球石油供需由“供不应求”向“供过于求”转变，油价“跌跌不休”将直接削弱海外业务的盈利能力。不仅如此，国际地缘政治从局部动荡演变为全球主要资源国“多点”动荡，企业海外业务的系统性风险不断攀升。①

2. 地区投资风险

“一带一路”包括不少海外投资项目，从收集到的 20 多个海外项目

① 《海外油气业务持续探索高效发展之路述评》，http://news.cnpc.com.cn/system/2015/02/03/001527368.shtml.

统计情况看，累计拟建、在建投资规模高达524.7亿美元，主要集中在中亚、南亚等地区，投资的方向更多以能源、铁路、公路等基础设施为主。与高技术含量、高回报率的经济领域相比较，基础建设存在着投入大、周期长、不确定因素较多等问题。在一些比较落后的区域，铁路、港口等基础建设实际上很难在短时期内见到效益，甚至将在很长一段时期内面临亏损运营的局面。“一带一路”沿线国家发展水平参差不齐，政治、经济、社会、法律之间的差异过大，利益诉求各异，运营环境较差：区域整体发展水平和市场规模都比较低，经济一体化建设明显滞后，贸易往来存在较多壁垒和障碍；区域内贸易占比较低，过度依赖外部市场，受到区域外经济波动冲击的风险较大；部分国家经济基础薄弱，经济结构单一，经济弹性和韧性差，过度依赖外部市场，容易受到区域外经济波动的冲击；部分国家财政实力偏弱，政府财政赤字较高，经常账户逆差，面临一定的财政风险。① 这些国家的投资环境整体上不如中国与欧美发达国家，中国无论是投资其基础设施还是第二产业，投资回报率都不容乐观，其中一部分投资很可能成为坏账。相关资料显示，部分参与“一带一路”计划的国家存在着巨额的经常项目赤字、较差的经济基本面，这使其成为高风险债务人。这意味着如果向这些国家提供资本和融资项目，中国将面临更大的违约风险。如果债务国无法偿付银行贷款，项目无法收回投资，将使中国经济承受额外的巨大压力。②

3. 企业经营风险

在一个高度开放的竞争性市场中，企业的实力和能力是一国海外商业利益拓展的关键。中国投资在海外面临风险，在很大程度上并不仅仅是政治原因，中国企业缺乏在欧洲、美国等成熟市场竞争的能力，导致其海外布局上的缺陷不可避免。在企业竞争能力不足的情况下，不少企

---

① 阎衍、张英杰、张婷婷：《“一带一路”沿线主权风险》，载《经济观察》2015年第3期，第55页。

② 马昀：《“一带一路”建设中的风险管控问题》，载《政治经济学评论》2015年第4期，第195页。

业只好进入那些政治稳定度较低的地区和国家。如果企业对于投资国的政治、经济、灾害、对外政策、国家安全、军事、文化、石油价格波动、汇率变化、市场行情以及外部法律法规调整等外在的系统性风险没有充分的认知和调研，并拿出针对性的预案，那么这样的企业“走出去”将面临巨大的风险压力。中资企业在境外资本市场直接融资也面临相当多的限制，致使其境外融资更多依托香港资本市场，从而使企业始终面临高成本困扰。中资企业还存在工程安全与工程管理问题，即大量人员长期在海外工作所带来的管理问题、安全问题与当地社会的关系问题。企业还要面对保护主义、汇率风险、金融风险和社会风险，以及东道国在环境、法律、劳工福利等方面的要求。[①] 与西方企业本土化战略不同，大部分中国企业擅长走上层路线，而忽视对东道国基层政治、经济、社会和文化的研究，对国际组织、国际舆论以及各种利益集团和当地民众的回应比较少，不利于培育良好的经营环境。

此外，与西方资本成熟的运营技巧相比，多数中国企业的海外运营处于起步阶段，对风险管理问题的认识不足。一是战略规划不够充分。多数中国企业处于被动型风险管理状态。比如，一些建筑类企业在承揽工程之前对东道国的偿付能力考察不足，项目结束后拿不到工程款，而东道国拿一些资源类的项目抵债，导致一些建筑企业被动转向相对陌生的矿业经营，反而进一步提升风险。又如，一些中资企业相互低价竞争，结果导致定价权被外国企业掌握，削弱了整体经营优势。二是缺乏有经验的风险管理人才。不少中国企业并未像其他跨国公司一样，在内部设置海外风险管理部门，由大学培养和输送专业人才，形成良性循环。不少中资企业对此重视不够，在薪酬上缺乏灵活性，导致有经验的风险管理人员流失，许多海外项目直接由新手操办，风险大增。[②]

---

① 马昀：《中国企业跨国并购与风险控制》，经济科学出版社 2013 年版，第 195—201 页。

② 韩立群：《维护和拓展中国海外利益面临严峻挑战》，载《世界知识》2014 年第 12 期，第 59 页。

（四）社会风险

国家形象是在社会公众对一个国家的印象、认知、认同与评价的总和。国家形象的形成取决于两个方面：一方面是该国的内在要素，包括政治体制、经济发展、意识形态、文化传统以及价值取向等；另一方面是各国公众对这些内在要素的外在表现的主观感受与评价。[①]中国实行改革开放后综合国力迅速增强，鉴于意识形态和社会制度的不同，西方国家和一些发展中国家始终对中国的崛起充满了猜忌，曲解、误解中国的言论和观点也不断出现，“中国威胁论”被推演到各个领域，甚至出现了“新殖民主义说”。近年来，特别是2008年金融危机以来，中国在全球经济格局中的影响力进一步提升，新一轮的“中国威胁论”开始抬头。西方国家常在价值观念、政治制度、发展模式上损毁中国的国家形象和国际认同，影响了他国对中国的了解和认知，阻碍了中国海外利益的发展和维护。[②]在这种舆论环境下，随着中国人与当地居民交往的增多，他们同本地的主体民族在语言、宗教和文化等方面的差异和分歧性就会进一步凸显，如果沟通和交流不到位，当地民众对中国政策和企业形象的认知极易产生偏差，甚至产生对中国对外投资企业的抵制和误解，不利于中国的海外商业利益和国家形象。此外，中国海外利益扩展的前期阶段过分偏重经济合作，一旦合作机制的成效没有及时显现，经贸关系没有实现预期效果并惠及民众，此类质疑、指责中国的声音极易抬头，而对中国缺乏了解的广大民众便会成为这类舆论滋生繁衍的土壤，不利于中国全面、深入发展与东道国的合作关系。

尤其需要注意的是，随着全球经济一体化不断加速，国家之间的经

① 李少军：《论中国双重身份的困境与应对》，载《世界经济与政治》2012年第4期，第16页。

② 王发龙：《中国海外利益维护的现实困境与战略选择——基于分析折中主义的考察》，载《国际论坛》2014年第6期。

济纽带更加紧密，但反全球化的潮流与声音如影随形，不少发展中国家的民族主义倾向也日益严重。由于国家关系和敏感事件的影响，民族主义情绪一旦被煽动，会给中国与东道国的经贸往来带来负面影响，甚至成为双边合作的破坏性因素。中国企业海外投资大多集中在亚洲、非洲以及拉美地区，这些地区的国家贫富差距大，民众与政府关系紧张，中国企业海外投资习惯性地照搬国内“上层路线”，投资项目建设收益大多为社会权势所占有，而环境污染、生态破坏、拆迁移民等问题却直接影响普通原住民的生活，导致当地民众将中国企业视为东道国政府攫取社会财富的“帮凶”。近年来，中国企业在境外的投资多次因造成东道国生态破坏和环境污染被叫停。2011 年，缅甸政府以“居民认为破坏密松的自然景观以及气候变化造成的大坝坍塌也会损害电站附近和下游居民的生计”为由，叫停了中缅密松水电站项目。2015 年 1 月 26 日，墨西哥联邦环境保护署以触犯生态平衡与环境保护规章及长期欠缴罚款为由，全面叫停位于该国坎昆市郊的“坎昆龙城”中资商城项目。随着“一带一路”战略的持续推进，中国势必将在周边国家高调推进基础设施投资战略。如果企业不能妥善处理这些问题，“掠夺性发展”、“中国环境新殖民主义”、“中国环境威胁论”、“中国生态倾销论”等说辞可能被再度利用，离间中国与周边国家的关系，在这些发展中国家的民众中制造民族情绪，进而为中国基础设施战略的推行设置障碍。

（五）内部缺陷

1. 中国海外利益维护能力不足

为保护中国企业及公民的投资安全与人身安全，中国政府由外交部牵头，已经建立了协调、预警、应急、服务和磋商五大机制。然而，单纯依靠外交部来维护中国海外利益已经无法应对海外利益的复杂性与多样性，中国海外利益的维护能力亟须加强。

（1）海外利益维护的顶层设计有待完善。

新时期中国面临着越来越复杂的国内和国际形势，对海外利益、国家安全的维护提升到前所未有的高度，需要协调各个部门的力量，多个部门共同协作，才能有效保护国家利益。需要更高级别的机构对海外利益维护做出整体规划，统一协调并整合政府、企业、社会组织、国际组织各自的力量，增强彼此间合作的机制。

（2）海外利益维护的军力保障亟须加强。

中国海上贸易安全、能源安全与海外公民安全需要海外军事力量特别是海军力量的保驾护航。但中国在军事上的海外投射能力还十分有限，与中国日益扩展的海外利益格局极不相称。目前，我军海上投送装备缺乏大型滚装船、两栖攻击舰等远程骨干运输舰船，大型综合登陆舰数量较少；空军现有运输机大多服役时间较长，编配的运输机不足飞机总数的10%，总体数量偏少，现有投送装备尚未达到作战力量成规模海外投送能力。[①]中国海军在远洋运输、投送、搜救及作战方面的步伐亟待加快，总体信息化程度有待加强[②]。海军远洋执行任务经验的匮乏、海外军事基地与保障设施的缺失，严重制约了海外利益的军力保障。

（3）国际机制的制定权影响力不足。

积极主动参与国际机制的制订、修改和完善有利于扩展中国的海外利益空间，以国际通行的规则提供利益拓展的制度保障。然而，中国等新兴国家在国际制度参与上仍然力不从心，中国国家标准难以与西方标准抗衡，中国政治经济制度与海外市场存在差异，阻碍海外投资，维护海外利益的制度与法律技巧仍需大幅提高。

2. 海外公民素质与维权能力欠佳

中国外交部领事司司长魏苇在2008年8月5日举行的《世界知识》“企业和个人，海外遇事怎么办”论坛上指出，根据中国外交部领事司的统

① 王印来：《多举措提升作战力量海外投送能力》，载《中国社会科学报》2014年1月22日。

② 《专家解读：海军远洋投送能力需加强》，载《文汇报》2014年3月22日。

计数字，中国公民在海外遇到的安全问题中，一半事件是由中方人员的不当行为引起的。[①] 中国领事服务网安全提醒信息统计显示，大约 1/5 的安全提醒信息与一些海外中国公民的不当行为有关，其中包括：举止不文明，在国外公共场所不守秩序、大声喧哗、言语粗俗、随地吐痰、乱扔杂物，引起当地民众厌恶；不了解、不尊重当地宗教风俗习惯，在公共场所衣着暴露或携带酒精饮料，甚至经营色情场所，导致当地政府查抄或遭民众暴力攻击；法律意识淡漠，不遵守驻在国法律，携带违禁品、偷渡、逾期滞留、非法打工，被当地执法部门拘禁或驱逐；一些沿海地区渔民频繁赴周边国家管理海域或敏感有争议的海域捕鱼，遭到有关国家执法人员驱赶或抓扣，造成人员伤亡，有些还上升为外交事件，甚至几乎引发军事冲突。[②] 由此可见，意外伤害事件的发生成为威胁海外中国公民人身安全的重要原因，中国公民自身需承担相当部分责任的边境和入境后的风险问题相当突出。不少公民在出行前并未做好相关国家的历史、文化背景、风俗习惯、政治局势等必要的信息储备，在当地未能及时调整自己的行为方式，对中国领事保护的范围和程序没有充分了解，对当地的维权手段与机制缺乏了解，都会进一步加剧人身和财产安全遭受的风险及危害。

3. 对海外利益的风险认知错位

近年来，虽然从中央到地方、从企业到个人维护海外利益的意识和能力都大大提升，但毕竟中国企业“走出去”的时间较短，与西方发达国家相比，对于海外利益风险的认识尚存欠缺。首先，风险观念略显片面，对海外利益的认识有待提升、观念有待更新。对海外利益维护的重要性、侧重点认识不够，往往过于重视基础和有形利益，忽略战略和无形利益。其中比较突出的问题在于，过于关注海外经济利益和海外能源利益，对于国际制度、文化等方面的关注明显不足。政府及企业习惯性

---

① http://news.xinhuanet.com/overseas/2008-08/31/content_9743308.htm.

② 夏莉萍：《海外中国公民安全风险与保护》，载《国际政治研究》2013 年第 2 期，第 11 页。

地将海外风险上升至敌我斗争层面，不利于客观、理性地分析因果并提出有效对策，对海外利益突发事件观念上还停留在被动应对状态，缺乏前瞻预防意识。其次，综合协调水平还有提升空间。对如何全面运用政治、经济、外交、军事、法律、文化和舆论等软硬手段应对海外风险缺少总体设计，没有对政府与企业责任边界做清晰界定，政府维权成本过高。而在西方国家，企业特别是保险业是承担海外风险的主体，政府只起协调配合作用。海外投资登记制度仍有待完善，目前的属地原则难以有效应对海外风险，有些投资基本处于失控状态。再次，社会力量动员不足。海外安保、政治风险专业咨询、法律服务、信息服务、学术研究等方面的专业研究和中介组织数量较少，服务质量仍有待提升。最后，专门针对中小企业和个人的服务也有待提升。中小型企业和公民个人投资是今后中国拓展海外利益的重点，但目前对其管理和服务的积极性都较低。[①]

二、构建良好的海外利益拓展环境

现存国际安全结构大抵以大国政治为基础，而现行的国际政治经济秩序主体上反映的是国际组织与国际机制的规范性功能的结果。这两个共存的结构无疑构成了国家海外利益生存与发展的国际环境，而其中共生的冲突造成了国家海外利益直接与间接的风险。与此同时，涉及国家海外利益的行为实体，无论是国际组织，还是海外利益的所有国和依附国政府，它们的政策行为常常成为影响国家海外利益风险度的行为因素。[②]

① 韩立群：《维护和拓展中国海外利益面临严峻挑战》，载《世界知识》2014年第12期，第59页。

② 张曙光：《国家海外利益风险的外交管理》，载《世界经济与政治》2009年第8期，第7页。

因此，为了有效应对、降低和排解不断恶化的海外利益风险，中国需要在外交战略考虑、制度安排、资源配置、机制创新等方面加强国家关系建设，为中国和平发展营造良好的国际环境，为保护海外利益提供有效的政治与外交支持。

（一）构建互利共赢的新型大国关系

近年来，构建新型大国关系成为中国国家关系战略的重点。习近平主席在 2014 年 11 月 28 日召开的中央外事工作会议上指出："我们要坚持合作共赢，推动建立以合作共赢为核心的新型国际关系，坚持互利共赢的开放战略，把合作共赢理念体现到政治、经济、安全、文化等对外合作的方方面面。"[①] 党的十八大报告也提出，要推动建立长期稳定健康发展的新型大国关系，建立更加平等均衡的新型全球发展伙伴关系。习近平主席 2013 年 6 月 8 日在同美国总统奥巴马的"庄园会晤"时，用三句话对中美新型大国关系做了概括：第一句话是不冲突、不对抗。就是要客观看待彼此的战略意图，坚持做伙伴，不做对手；通过对话合作、而非对抗冲突的方式，妥善处理矛盾和分歧。第二句话是相互尊重。就是要尊重各自选择的社会制度和发展道路，尊重彼此核心利益和重大关切，求同存异，包容互鉴，共同进步。第三句话是合作共赢。就是要摒弃零和思维，在追求自身利益时兼顾对方利益，在寻求自身发展时促进共同发展，不断深化利益交融格局。[②] 在新型大国关系的原则指导下，中国近年来对美外交政策也呈现出一系列新的特点。首先，中国不断推进与美国的各类高层对话机制，积极推动政党外交。2015 年 5 月，第八届中美政党高层对话在京举行，双方围绕"法治与中美各自未来发展"的主题，就各自执政理念、政策主张和发展战略交换看法，就各自反腐与

① 《中央外事工作会议在京举行》，载《人民日报》2014 年 11 月 30 日。

② 王缉思、仵胜奇：《中美对新型大国关系的认知差异及中国对美政策》，载《当代世界》2014 年第 10 期，第 2 页。

法制社会建设及举措、管党治党相关做法坦诚交流。中美政党高层对话将成为双方超越意识形态差异，增强理念政策沟通、增进政治互信的对话平台。其次，十八大以来，中国加强了同美军的军事交流，2015年中国海军首次参加美国主导的环太平洋军演。最后，中国加强了同美国在冲突管控方面的交流。①

中国应将构建中美新型大国关系的原则与思路贯彻到中欧、中俄、中日以及中印关系中。中国应增强中欧之间全面战略伙伴关系的实质性内容，增强双方在气候变化、国际金融体系改革、环境保护、难民问题等全球治理事务上的合作，增强双方在中东欧地区的经济合作与政策对接，妥善处理与欧洲之间的重大经贸摩擦和金融矛盾，避免中欧之间在此领域爆发对中国海外经济利益产生负面影响的危机事件。对俄罗斯、印度等地区大国，应努力提高双边战略兼容度、经济依存度和行动协调度，并注意以机制化安排及时锁定相关合作成果，着力形成一种合作只能前进、不能倒退的局面，确保中方在陆海两路的第一站不遭遇顿挫。中国和日本之间应进一步增强政策沟通和危机管控，在妥善处理钓鱼岛争议的同时，加强双方的经济合作，加强双方在亚太经济合作机制内的政策沟通与协调，并在核安全、灾害救助、人道主义救援等非传统安全领域展开务实合作。

（二）以“一带一路”为战略抓手，构建和平稳定的周边环境

构建新型周边国家关系是维护海外利益、巩固地缘战略的依托。2015年11月7日，习近平主席在新加坡国立大学发表演讲时再次强调，中国始终将周边置于外交全局的首要位置，视促进周边和平、稳定、发

① 徐瑶：《十八大以来中国外交政策的与时俱进与外交“新常态”的构建》，载《探索》2015年第5期，第9页。

展为己任。中国推动全球治理体系朝着更加公正合理方向发展，推动国际关系民主化，推动建立以合作共赢为核心的新型国际关系，推动建设人类命运共同体，都是从周边先行起步。[①]习近平提出要与邻国构建命运共同体，并提出“一带一路”战略，对周边国家与沿线国家提供基础设施与金融等公共产品，切实将命运共同体理念落到实处，为海外利益保护提供了至关重要的平台与抓手。“一带”旨在优先发展包括东北亚、中亚、西亚在内的周边地区，以互联互通为发力点，构建基于基础设施、制度规章和人员交流三位一体的全方位链接，构建沿线和平、稳定的发展环境。“一路”旨在倡导和建设新时代的海洋新秩序，通过推进合作，与海上相关国家共同打造沿海发展经济带，利用港口连接，为港口经济、沿海经济创建新的发展空间，同时打通基于开放安全的航海通道。[②]

2016 年 8 月 17 日，习近平主席在人民大会堂出席推进“一带一路”建设工作座谈会时指出，目前已经有 100 多个国家和国际组织参与其中，中国同 30 多个沿线国家签署了共建“一带一路”合作协议、同 20 多个国家开展国际产能合作，联合国等国际组织也态度积极，以亚投行、丝路基金为代表的金融合作不断深入，一批有影响力的标志性项目逐步落地。“一带一路”建设从无到有、由点及面，进度和成果超出预期。习近平强调，总结经验、坚定信心、扎实推进，聚焦政策沟通、设施联通、贸易畅通、资金融通、民心相通，聚焦构建互利合作网络、新型合作模式、多元合作平台，聚焦携手打造绿色丝绸之路、健康丝绸之路、智力丝绸之路、和平丝绸之路，以钉钉子精神抓下去，一步一步把“一带一路”建设推向前进，让“一带一路”建设造福沿线各国人民。[③]中国应该

① 习近平：《中国始终将周边置于外交全局的首要位置》，http://news.xinhuanet.com/politics/2015-11/07/c_1117070341.htm.

② 张蕴岭：《如何认识“一带一路”的大战略设计》，载张洁主编：《中国周边安全形势评估（2015）：“一带一路”与周边战略》，社会科学文献出版社 2015 年版，第 7 页。

③ 《习近平就推进一带一路提出 8 项要求　将切实推进金融创新》，http://finance.sina.com.cn/roll/2016-08-18/doc-ifxvcnrv0197945.shtml.

进一步发挥“一带一路”、亚投行、丝路基金、金砖国家开发银行等治理平台的作用，推进亚太自贸区建设，深化同东盟、南亚、中亚等周边地区国家的互利合作和互联互通，妥善处理朝核问题、阿富汗问题等热点问题，维护周边稳定与发展，协同维护沿线国家、周边国家的集体利益。

（三）重视发展中国家治理能力的提升，创造可持续投资环境

自从实施“走出去”战略以来，中国在广大发展中国家的投资持续增长，但不少国家均面临国家治理能力低下、政权腐败、宗教、民族关系紧张等问题，某些非洲国家时常发生政局动荡、种族冲突等，内战一触即发。近年来，带有种族歧视和排华性质的民事伤害案件，针对中国企业及公民的绑架、抢劫等刑事犯罪、恐怖袭击时有发生，对中国企业在当地的投资安全及人员安全带来严峻挑战。虽然中国多年来持续加大对发展中国家的经济援助，且一直秉持了不附带任何政治条件的对外援助原则，但这些国家的治理能力并未得到有效的提升，有的国家甚至持续被列入“失败国家”行列。由于不少国家的政治治理程度不高，以及一些中国企业与所在国上层建立的良好关系，客观上使得中资企业的发展令当地社会高层受益巨大，而加剧了当地的贫富差距。一旦风吹草动，一些被边缘化的群体容易在反对派的煽动下采取过激行为，威胁到中国在当地机构及员工的安全。

中国应借鉴西方国家的本土化经验，把企业自身发展和当地社会发展结合起来，探索一条适应所在国发展的双赢之路。中国应大力提升企业的社会责任，积极利用自身在信息技术、设施建设、电力和成套设备制造等领域拥有的竞争力，通过培训当地员工、建立社区教育培训模式、开展社会治理合作等方式，致力于东道国治理能力的提升，营造良性发展的可持续投资环境。中国可以效仿西方大型跨国公司的做法，利用学术研讨会、民意调查等战略接触平台；可以鼓励中国跨国公司成立公益

基金，伴随甚至先于企业“走出去”，在社区开发以及舆论造势等层面上试水搭桥铺路；也可以效仿国际通常做法，扩大援外项目的实施路径，增加民间直接实施路径，将部分项目的实施建立在对民间需求的直接评估基础上，确保拆迁等社会项目的资金能直接普惠于民，特别是直接惠及企业经营所在的社区。[①]

三、提高中央政府海外风险治理能力

（一）全面提升海外风险应对能力

1. 提高海外风险评估能力

（1）建立统一的科学论证机构。

由国务院牵头，组织与海外利益拓展密切相关的政府机构、军队、企业集团、学术研究机构以及社会组织，对中国海外利益未来可能面临的风险与挑战、安全保障需求、可用资源等进行全面研究和科学论证，确立中国海外利益拓展安全保障措施的基本框架。

（2）整合全国情报资源。

集中全国情报力量，加强对中亚、中东、东南亚、南亚及相关重点国家局势走向的预测与评估，评估美国对华战略可能带来的影响，评估“一带一路”沿线国家的可能变数，通过多做一些“不可行性论证”，为政府高层决策和相关部门规避风险、保护国家海外利益提供战略战术情报。

① 蒋姮：《从海外民生工程看海外形象建设之路径偏离》，载《国际贸易》2014 年第 7 期。

（3）加大对海外投资目标国家风险研究的投入力度。

建立科学的分析与预测海外利益风险系数的预警系统：可就环境风险、政策风险、结构风险等动因要素做出风险态势分析与预报；也可依据风险烈度等级（如战争、动乱、制裁、保护主义政策、宏观调控、国际组织影响、经济社会环境恶化、恶意竞争、双边友好、最惠国待遇、关税同盟、共同市场等），提出海外利益的微观分析与预报；还可就海外利益的类别分布、地理分布、层次分布得出分类分析和预报。[①]政府应鼓励企业设立独立的海外投资风险评估部门，加大对研究机构和高校在风险分类、识别、追踪、评估等方面研究的支持力度；加快海外投资风险分析师队伍建设，学习国际跨国公司的经营经验，提高中国企业处理与当地政府、社团和居民之间关系的能力和技巧；构建境外投资目标国家风险评级、预警和管理体系，全面和量化评估中国海外投资所面临的各种风险，为国内企业降低海外投资风险，提高海外投资成功率提供参考。[②]

2. 加强海外风险预警能力

建立完善的危机事件处理机制，是处理海外安全风险问题的核心要素。危机事件处理机制包括对危机事件的预防机制和领事保护应急机制。预防机制指通过各种渠道发布海外安全的预警信息，提高海外公民和企业防范危机和应对危机的能力。比如，美国国务院把保护海外美国公民的安全与利益作为最优先的目标之一，建立了“民防队员体系”（Warden System），其职责是确保美国驻外使领馆在紧急状态、灾难或危险来临时将相关信息传递到每一名海外美国公民。中国应在《维也纳领事关系公约》与双边领事条约基础上，进一步完善领事保护预防与应急机制，按照《防范和处置境外劳务事件的规定》、《关于建立境外劳务群体性事件

① 张曙光：《国家海外利益风险的外交管理》，载《世界经济与政治》2009年第8期，第12页。

② 中央党校省部级干部进修班（第57期）“战略思维与领导能力”研究专题第二课题组：《“一带一路”战略面临的风险挑战及对策研究》，载《理论视野》2015年第8期，第63页。

预警机制的通知》、《对外投资合作境外安全事件应急响应和处置规定》等的要求，完善领事通知的程序与时效机制，为保护海外公民赢得主动。应改变“重应急，轻预防”的缺点，加强海外利益分布的调查与数据更新，完善海外企业与公民信息登记制度，提高风险识别能力、安全信息流通效率，及时发布海外风险预警评估信息。将领事保护应急方式从主要靠撤侨等消极保护向积极预防和预警转变。

3. 提升领事保护应急能力

领事保护指一国的领事机关或领事官员，根据本国的国家利益和对外政策，在国际法许可的限度内，在接受国内保护派遣国及其国民的权利和利益的行为。

美国国务院设有美国公民服务和危机处理办公室，是危机处理的常设机构，负责领事信息工作，协助驻外使领馆处理美国公民在海外遇到的紧急情况等。在2010年的海地大地震中，美国的危机事件处理机制对于保护受灾美国公民和企业发挥了重大作用。地震发生后，美国政府有关部门开始评估海地地震损失情况以及美国在海地人员数量，启动应急预案；领事局立即发布海地出行警报，告知美国公民近期前往海地的危险性；民间机构如海外安全咨询委员会立即在其网站上同步发布政府通知，利用自己平时和企业建立的沟通网络，了解第一线伤亡情况，及时把这些信息同步通报给政府有关部门，给政府的救助工作提供信息。之后，在强大的投送能力支持下，美国派出1.5万余人的军队，接管了震后海地的社会秩序维持工作，在占领机场之后，以海、空两种方式撤离本国人员。[①]

中国或可将外交部领事保护中心升格为领事保护局，贯彻“预防为主”方针，重点完善领事保护机制、监测预警机制、应急机制的建设，推动领事和外交保护立法程序的顺利进行，使领事保护步入有章可循、有法可依的法制轨道。领事保护局应进一步整合资源，提升预警、处置、

① 李希望：《美国海外企业保护制度研究》，外交学院硕士学位论文，2012年。

宣传和立法等方面的协调行动能力，更好地应对日益增多的领事保护工作需求。

（二）提升应对海外风险的保障水平

1. 体制保障

欧美国家运用外交手段，建立了较为完善的海外危机处理和解决机制。例如，美国调动包括外交、军事、情报等部门在内的机构，统一部署，综合应对。为了更好地保护本国海外公民和企业的安全，美国国务院下设海外安全咨询委员会，承担为国家安全计划的制订和执行提供信息、方案的重任，并就保护美国企业的海外竞争能力提出建设性意见。美国国务院与其常设机构，专门负责处理美国企业和公民在海外的紧急情况。当紧急情况发生时，美国国务院也会立即成立工作组，动用政治、经济、外交、军事等多种手段对东道国施压，以维护美国企业和公民的利益。近年来，尽管中国在保护海外利益方面做出了多方努力，但同欧美国家仍存在很大差距，尚未形成完善的危机和外交处理机制。[①]2004年11月，建立了外交部牵头、26个国务院机构和军方有关部门参与协作的“境外中国公民和机构安全保护工作部级联席会议”制度，统一指挥、协调中央各部委及地方政府。此外，外交部先后设立了涉外安全事务司以及领事保护中心、值守应急办公室等机构，强化领事保护、涉外突发事件处置等公共服务职能。2011年4月，经国务院批准，国家发展和改革委员会、商务部同20多个部门建立了“走出去部级协调机制会议”。从某种程度上讲，以上机制的设立改善了机构职能重叠所引发的多头管理困境，但目前该问题尚未得到根本性解决。[②]

① 张楠：《崛起过程中的海外利益维护》，载《宁夏社会科学》2014年第6期，第10—15页。

② 陈积敏：《论中国海外投资利益保护的现状与对策》，载《国际论坛》2014年第5期，第35—42页。

因此，中国应在国家层面设立海外利益委员会或类似机构，领导协调海外民生工程。这个机构应是一个综合协调机构，而不是实施机构，其职能主要为分析、战略规划和设计、协调、评估、危机管理等；它应是一个跨界跨部门机构，行政层级较高，成员来自外交部、商务部、国务院侨务办公室、国防部、国务院其他部委的涉外职能部门、省级地方政府、跨国公司和跨国金融机构和民间代表；需要内设信息机构（负责信息情报资料的收集、整理、储存、传递等）、智囊机构（负责信息的整理、研究、战略设计、评估、反馈）和决策机构（战略方案的选择）；应是一个开放性机构，设立相关机构或制度设计吸纳地方政府、企业、智库、非政府组织、民间力量参与海外利益的保护。

2. 军事保障

因应海上贸易安全、海外公民安全保障方面的需求，中国需尽快强化海外军事投放能力。特别是在能源安全同时面临结构性危机和管理性制度危机两大挑战的背景下，需要通过军事能力和管理能力的提升，保障原料供应和能源供应渠道的畅通，从而确保中国海外利益顺利发展。[①]中国共产党第十八次全国代表大会为中国军队建设提出了新的总体战略目标，即“建设与中国国际地位相称、与国家安全和发展利益相适应的巩固国防和强大军队”，中国海军面临着从近海防御向以远洋作战为目标的战略转型，这一转型使中国海军舰队的构成发生根本性的变革。未来十年，以马六甲海峡为核心的东南亚海域仍然是与中国国家利益最密切相关的海上通道，中国对这一通道的需求更加多样化，即从过去确保海上运输线的畅通，扩展到为配合海上力量走出去而加强沿岸的后勤补给与保障能力。因此，选取通道沿岸的重要港口作为战略支点，加强投资、建设以及与所在国开展密切的合作，必须作为一项国家行为迅速

---

① 唐昊：《关于中国海外利益保护的战略思考》，载《现代国际关系》2011年第6期，第8页。

实施。[①]

在维护海外利益方面，中国国家武装力量的作用方式主要有：①武力威慑。军事力量的保护作用首先在于威慑，在威胁尚未实际发生前，遏止危害的发生。中国可以通过军事演习、港口访问、远洋军事航行、建立海外后勤设施或战略支撑点等，宣示中国军事力量的海外存在；②救援、救护。通过对已经受到威胁和破坏的海外利益进行救援与救护，降低人员及财产受到损害的程度。比如，在2011年的利比亚撤侨行动、2015年的也门撤侨行动中，中国人民解放军派出舰艇、飞机协助海外人员顺利回国。③惩戒。在国际法或联合国框架下，在所在国的同意下，可对严重损害中国海外利益的力量进行打击及惩戒。当然，中国将始终坚持合法性和目的有限性，维护世界和平和本国的正当利益 ，而不侵犯他国的合法利益。④积极参与海外维和活动，维护地区和国际和平稳定。和平的国际和地区环境是中国海外利益拓展的基础，维护世界和平与稳定是维护中国海外利益的重要手段。同时，中国作为一个在世界上影响力不断提升的负责任大国，应当在维护世界和平与促进共同发展中发挥重要作用。

与此同时，警务力量在保护海外民生过程中有着特殊作用。就海外利益保护而言，领事保护与外交保护均属于事前与事后保护，而警务外交保护不仅具有事前与事后保护性质，而且还是一种现时保护。而警务外交借助国际警务合作平台，不仅能够编织事前预防犯罪的法网体系，而且能够现场现时保护海外利益免受更大损害，并有力地对犯罪行为予以惩治，因而是一种更为立体有效的海外利益保护方式。目前，中国已开展的国际警务合作主要有：①参加国际刑警组织；②签订国际警务合作的双边或多边条约。截至2014年9月，公安部已经与83个国家和地区建立了直接的双边警务合作关系，与31个国家的内政警察部门建立了

① 张洁：《海上通道安全与中国战略支点的构建——兼谈21世纪海上丝绸之路建设的安全考量》，载《国际安全研究》2015第2期，第107页。

定期工作会晤机制，签署各类文件近300份；③派驻警务联络官。截至2014年9月，公安部先后向美国、泰国等27个国家派出49名警务联络官；④加强国际警务交流；⑤进行国际执法合作。例如，自2011年12月以来，中老缅泰湄公河联合巡逻执法已成功开展33次，有力维护了湄公河流域的安全稳定。[①]

3. 法律保障

改革开放以来，尽管中国制定了一系列对外贸易、投资的法律，签署了双边及多边协定，但迄今为止，中国仍未建立一整套保护海外利益的法律体系，甚至尚未制定出一部较为完整的对外投资法律法规。当前，仍缺乏相关法律法规，对中国公民海外安全保护的内容及方式进行明确规定，例如在需要国内政府协调或出动舰船、飞机时，如何明确各方权责，尽快实施救援。尽管目前中国涉外法律在公民海外保护上有规定，但内容不系统，在国际公约、条约方面面临着一系列法律障碍。[②] 此外，外交特权和豁免的立法基本原理尚未得到坚持，出入境管理法有待进一步完善，且相关措施的可操作性较差。同时，相关立法与执法部门之间缺乏沟通与合作。政府与国外外交、司法、商务、劳动等部门缺乏沟通与合作，有关刑事、民事、商事等法律协助的法律合作机制缺失，国际组织的保护作用还未得到充分发挥。因此，尚未完全建立有效的、多元化的、全方位的海外公民保护机制。在对外投资领域，中国尚不存在具有约束力的法律规范，甚至在很多领域存在空白。[③]

（1）加强领事保护立法相关工作。

目前，中国缺失关于领事保护的专门立法，领事保护工作的各个环节，如预警信息发布、紧急撤侨、领事保护基金、公民紧急医疗救助等

---

① 李志永：《中国警务外交与海外利益保护》，载《江淮论坛》2015年第4期，第123—128页。

② 《中国公民遭IS杀害引关注，海外安保法律体系待完善》，http://politics.people.com.cn/n/2015/1120/c70731-27837605.html.

③ 张楠：《崛起过程中的海外利益保护》，载《宁夏社会科学》2014年第6期，第10—16页。

缺乏统一的规划和执行依据。2000年，外交部首次出台了《中国境外领事保护和服务指南》，旨在“方便中国公民在国外旅行、工作、学习或居留期间，通过中国驻外使馆维护自己的正当权益”。但是，领事保护不能解决国家之间的争端，不能直接维护国家的利益，由于受到接受国法律的限制，领事保护不能彻底维护中国海外公民合法权益。[①] 自2007年11月起，《中华人民共和国突发事件应对法》开始实施，在该法律框架下，国务院制定了《国家涉外突发事件应急预案》，为中国海外利益的保护机制提供了相应的法律基础。[②]2009年11月，《中华人民共和国领事工作条例（征求意见稿）》面向公众征询意见，目前仍处于审议阶段。该意见稿中的某些法条过于笼统，关于预警和紧急处置机制仅有原则性的要求，缺乏对预警信息发布途径、如何建立健全应急处置机制和制定突发事件应急预案方面缺乏具体的可操作性条款。[③] 应为出台领事保护立法做积极准备。对发达国家与领事保护相关的立法实践和经验进行调研，与全国人大、中央各部门及地方外办沟通，广泛征求有关立法的各方意见，争取早日出台有关草案。

（2）构建境外公民保护法律体系。

外国政府对海外中国公民的保护仍缺乏相关立法和管理条例，有关案件久拖不决。在个别国家，法律对于移民的保护并不得力，政府部门办事效率低。在发生了18岁中国人遭绑架事件的菲律宾三宝颜锡布格省中，华人商界代表表示，在遭到抢劫时，他们充其量仅向当地警方报案，很多时候采取破财消灾的办法。[④] 构建符合国际规范的境外公民保护法律

① 黄涧秋：《论海外公民权益的外交保护》，载《南昌大学学报（人文社会科学版）》2008年第3期，第94—99页。

② 曾卓：《中国海外利益面临的主要风险及保护》，载《江南社会学院学报》2013年第3期，第52—58页。

③ 陈小沁：《新时期中国领事保护的特点与趋势》，载《聊城大学学报（社会科学版）》2015年第4期，第86—91页。

④ 《中国人海外安全事件频发 保护自身安全需多管齐下》，http://www.chinaqw.com/hqhr/2014/10-30/23914_5.shtml.

体系，既是中国法制建设的战略目标，也是加速海外利益发展的重要内容。在此情势下，中国应尽快完善涉外民商法体系，如在境外涉外劳动纠纷中避免两国因直接适用劳动法中强制性规定而引发的法律冲突，在规范涉外民商事法律适用方面协调新旧两个规则系统的重叠情形，等等。应加快有关国际条约和公约的缔结及批准步伐，制定《中国公民境外保护法》、实施《涉外民事关系法律适用法》，扩大民事和刑事司法协助或引渡条约的签约国范围，以强化中国境外公民保护机制的法律支撑。[①]

（3）加强企业海外投资的法律保障。

从国际法的角度，主要有多边投资担保机构（MIGA）框架下的政治风险保险机制、世界贸易组织协定框架下贸易争端解决机制、国际投资争端解决（ICSID）公约框架下投资争端解决机制及双边投资协定。中国应继续加强与多边投资担保机构的合作，为外资进入中国相关行业提供担保和其他服务，也为中国对外投资起到保障作用；中国应充分利用世界贸易组织相关规则，拓展中国的海外经济利益，不断完善中国对外贸易的相关法制和保障措施；中国应加强双边投资保护协定以及《避免双重征税协议》的签署。从国内法的角度看，中国海外投资起步较晚，相应法律制度仍然不健全，国内无专门海外投资立法，一些单行条例仅散见于相关部门文件中，且往往是管理性、限制性的，不够系统、全面。比较重要的有：2004 年商务部提出建立《国别投资经营障碍报告制度》，规定对涉及投资壁垒或服务贸易壁垒的问题，可以立案进行投资壁垒调查；涉及双边经贸关系的重要问题，将通过高层互访、政府部门双边磋商等渠道，帮助企业寻求解决问题的办法。2008 年 5 月，国务院通过了《对外承包工程管理条例》，并于 2008 年 9 月 1 日起施行。该条例就保护海外中国员工的安全作了详尽的规定，明确企业是海外中国员工安全负责主体。[②]

---

① 单海玲:《我国境外公民保护机制的新思维》，载《法商研究》2011 年第 5 期。

② 吕晓莉、徐青:《构建中国海外利益保护的社会机制探析》，载《当代世界与社会主义》2015 年第 2 期，第 136 页。

四、加强多元主体维护海外利益的能力

（一）加强地方政府在海外利益保护中的作用

地方政府应积极配合海外风险应对的后勤服务工作，扩充领事保护人员编制，优化人员配置，加强对在职人员的专业培训，建设学习型的人才队伍，打造国际化、实践性、应用型、专业型的人才资源储备。各政府部门应当在自己职责范围内积极收集各国政治、经济、法律、交通以及社会治安等情况，利用网站和其他媒体渠道，充分、及时地发布各国的安全状况、旅游、经商、劳务等信息，跟踪、分析涉及海外中国公民和法人安全的情况，对不同国家和地区的安全状况进行动态评估，及时、有效地向社会发布预警信息。

早在 2007 年 10 月底，广东省外事办公室就在全国首先设立了“涉外安全处”，负责指导处理广东省在境外公民和机构安全保护的相关事务。[①] 涉外安全处设有 24 小时工作热线电话，方便在境外遇到困难的广东人及时求助。2013 年 4 月，北京市政府外事办公室正式成立领事保护处。[②] 与此同时，一些省级以下城市的外事办公室也设立了相关机制。例如，2011 年 12 月，大连市建立“境外公民和机构安全保护工作联席会议”机制。同时，不少地方政府开始牵头组织工作组赴国外处理中国公民安全事件。2012 年 3 月 4 日，刚果（布）首都布拉柴维尔一弹药库发生爆炸，事故波及附近的北京建工集团项目工地，造成中国员工 6 人不幸遇难，45 人不同程度受伤。3 月 6 日，中国政府紧急派出由北京市政府牵

① http://www.gdfao.gd.gov.cn/wsjg/zncs/200704100003.htm.

② 《北京市外办成立境外领事保护工作专门机构》，http://www.chinanews.com/zgqj/2013/04-16/4734266.shtml.

头、外交部等部门参加的联合工作组赴刚果（布）开展工作。[①]

地方政府应进一步做好预防性领事保护工作，加大领事保护常识的宣传范围和力度，在边境、沿海城市、高等院校及大型涉外企业较多的城市举办领事保护宣传活动，提高境外人员、机构自我保护及防范意识。

（二）加强企业主体等维护海外利益的能力

近年来，一些央企与国际通行做法逐渐接轨，平时注重风险防范、应急机制建设，紧急时刻有序组织、自律自救。例如，2011 年利比亚撤侨行动中，中国水电集团迅速组成公司总部、利比亚区域总部、前方项目部三级应急指挥系统，建成完整的撤离救助网络，确保驻利比亚的职工顺利撤回国内；中国石化根据与国际救援组织（SOS）签订的协议，由该组织协助撤出其在利比亚员工；在利比亚的中资企业，日常注意发展与当地部族长老和实力派之间的联系，与当地民众关系相处比较融洽，积累了较好的人脉关系，在撤离的关键时刻，这些都发挥了不可替代的作用。尽管如此，驻外企业普遍存在着海外安全责任意识淡化、安全投入不足等体制性缺陷。2015 年 11 月的马里暴恐袭击导致中铁国际 3 名高级管理人员死亡。专家解释说，如果雇佣了安保力量悲剧是可以避免的。对安全问题的忽视和侥幸态度在境外中国企业和公民中普遍存在。很多中资企业、个人在前往目的国时缺乏对当地安全、人文、法律等环境的必要了解，缺乏应对措施；即使有所了解，也常常心存侥幸，并未采取相应的保护措施，加大了威胁的风险。2005 年，商务部、外交部和国资委联合行文以规范文件的形式要求对外合作企业把安全防护费用计入成本，推行符合国际惯例的合同条款。很多中资企业安保预算落实的情况不容乐观，存在“大预算小投入，小预算零投入”的现象，使中国

① 《在刚果（布）爆炸事件中受伤的中国工人返抵北京》，http://www.gov.cn/jrzg/2012-03/11/content_2088853.htm.

海外企业安全呈现“高风险、低安保、损失惨、救济弱、轻反思、缺监管”的现状。

为了减轻企业负担，鼓励企业“走出去”，一些省市给予企业海外安全资金补助的间接做法提供了政策借鉴。例如，安徽省和吉林省提出，给予企业开展对外投资合作业务投保海外投资保险所实际支付的保费给予不超过 50% 的资助；对在特定国家及特定国家的特定地区开展对外投资合作项目发生的对项目人员、营地、工地、办公和生活场所等设施及项目物资押运进行安全保卫的费用，按照不超过企业实际支付费用的 50% 给予补助。[①] 今后应加快本部门、本企业的境外安全预警和应急处置体系建设，采取更为系统、全面而有力的安保措施，并与驻在国政府和执法部门保持良好互动。同时，有必要推动中国安保企业利用社会资源和市场的途径，增加海外安保业务的拓展，从而提高中国企业安全保护的专业能力，并降低政府负担。[②] 企业应调整海外投资模式，将过分注重上层路线向上层与下层路线并重转变。学习西方发达国家先进经验，构建与对象国民众共享开发与发展利益的机制。例如，学习英国和美国企业在非洲的“社区（媒体、非政府组织、反对派）持股”模式，将资源项目至少 1% 股权让渡与周边居民等相关利益群体，设立“社区投资基金”账户，履行企业社会责任，打造海外利益共同体，提高抵御当地风险的能力。

（三）加强民间力量在海外公民安全保护中的作用

不同武装力量在海外风险应对中有各自的优势和限制，需要综合利用国家武装力量、国家警察力量、民间安保力量，相互分工协调，构筑

① 《私营安保公司：中国海外安全改革的供应侧改革》，http://www.charhar.org.cn/uploads/file/20151203/20151203165103_4958.pdf.

② 曾卓：《中国海外利益面临的主要风险及保护》，载《江南社会学院学报》2013 年第 3 期，第 52—58 页。

保护海外公民、企业安全和利益的立体武装保护。军事力量和警察力量作为国家权力资源其使用是有限度和限制的，并且中国军力和警力有限，导致海外保护能力有限。中国政府总体上奉行不干涉内政的外交政策，频繁在海外使用军事力量有悖这一原则。使用国家武装力量涉及国家主权，需要按照国际原则进行相关协调和许可。亚丁湾护航和利比亚撤侨等行动，都是有相关联大决议和得到东道国同意的。湄公河护航行动，是中国、缅甸、老挝、泰国四国安全部门商议的结果。利用维和部队维护中国利益，需要遵循三项基本原则，在联合国框架下行动。即使这些条件具备，军事手段也将极易给“中国威胁论”留下口实。

因此，民间安保力量是对国家武装力量、国家警察力量对海外利益保护的补充，其主要集中在民事层面的安全保护。由于国家强制力资源的有限性以及在使用中的敏感性，国家武装力量和警察力量的使用受到政治、法律制约，而民间安保力量不属于政府，不涉及主权问题，可以完成前二者不便执行的任务。2012 年 3 月，在全国政协十一届五次会议上，对外友好界委员集体提交了《关于加强海外机构和公民安全保护的提案》，建议制定相关法律法规，允许中国安保公司走出国门，承担更大的安全防范任务；探讨结合中国国情建立与美国“黑水”公司类似的安保公司，为高风险地区的中国驻外机构和企业提供武装安全保障；适当放宽中国境外运营的安保公司的权限，如允许其在战乱地区拥有防卫性轻武器。这既避免了部署中国军警到海外进行安全保卫可能带来的外交风险，也大大提升了海外公民安保水平。[①] 目前，主流的民间安保人员派遣方式是境内劳务派遣，即作为客户方的员工派往境外开展工作。这使得中国安保企业服务较多地集中在安全培训等业务方面，不利于中国安保企业“走出去”服务中国企业和公民。建议中国政府应与东道国政府沟通，允许并鼓励政治上可靠、业务能力强的中国安保公司“走出去”，

① 江玮：《专访全国政协外事委员会副主任韩方明：探讨建立中国的“黑水”》，载《21 世纪经济报道》2012 年 3 月 15 日，第 3 版。

与东道国安保公司成立合资合作企业，在东道国取得法律地位，更好地满足中国在东道国的安全需求。同时，研究制定扶持开展海外安保业务的财政金融支持。通过财政补贴、税费减免、优惠金融信贷、开发境外安全保险险种等措施，为中国安保公司“走出去”，参与国际竞争创造条件。

海外利益的域外性质以及国际社会无政府状态的存在，使得政治风险、安全风险、经济风险、社会风险等成为一国保护海外利益必须解决的问题。随着中国海外利益的迅速扩展以及“一带一路”建设的有序推进，中国海外利益进入风险高发期，中国同时面临传统安全因素与非传统安全因素的威胁。民间壁垒、技术壁垒、绿色壁垒等成为国际贸易中的新型保护主义；环保问题、企业社会责任问题、文化冲突等成为阻碍中国对外投资项目人员安全与资产利益的现实障碍；国际社会运动、民间组织的发展、全球民主化浪潮再次袭来，使得传统的以政府为主导的海外利益保护机制以及企业主导的微观经济管理机制在面对这些新问题、新趋势时面临新挑战。[①] 海外利益的风险应对已成为中国当下面临的紧迫的现实问题。2013 年，中共十八大报告明确提出，“坚定维护国家利益和中国公民、法人在海外合法权益”，中国开始从政策到实践都将海外利益保护纳入重要的战略议题。

当前，中国海外利益的风险应对与保障机制主要呈现出政府主导、外交保护及领事保护优先的特点。在中国企业“走出去”的过程中，中国海外投资活动主要集中在政治、经济及法治环境相对不够健全的地方，当地政局不稳，政府治理能力较低，企业难以通过自身行为保护自己利益，故而以外交手段沟通效果显著。中国早期“走出去”的企业往往是中石油等实力较雄厚的国有企业，对外直接投资也主要集中在战略资源、

① 吕晓莉、徐青：《构建中国海外利益保护的社会机制探析》，载《当代世界与社会主义》2015 年第 2 期，第 137 页。

能源领域，需要国家在全球范围内推动和部署。然而，在国际经济格局和世界秩序不断重塑和调整的大背景下，中国海外利益保护面临的风险与挑战将更加多元化、复杂化，利用新手段、构建新的海外利益保护机制的必要性和紧迫性日益凸显。中国需要将多元力量纳入保护中国海外利益的战略目标之下，构建合理、高效的海外风险预防、预警、应急与治理机制；继续整合中央政府与地方政府的行政资源，综合运用政治、经济、军事、文化实力，分地区、分领域的构建多边和双边合作机制与平台；通过搭建机制化平台，吸引社会力量加入中国海外利益风险应对的常态化项目，确立系统的游戏规则和行业规范，有效维护中国海外企业与公民的合法权益。

附录
中国海外利益大事记
(2012.11.8—2016.12.31)

◆曹　喆

本附录着重收集了2012年11月8日至2016年12月31日与中国海外利益密切相关的国内外事件，包括重大外事活动、重要政治主张、重要国际会议、公布的重要数据、重要海外项目、重大国际事件、重要的科研突破、有影响力的各类比赛获奖情况等。受限于编者能力及秉承观点，如有遗漏还望谅解。为统一标准，如非特别指出，时间均为具体事件所在地时间，且采用24小时制。

2012年11月

8—14日，中国共产党第十八次全国代表大会在北京举行。大会选出新一届中央委员会和中央纪律检查委员会，通过关于十七届中央委员会报告的决议、关于中央纪律检查委员会工作报告的决议、关于《中国共产党章程（修正案）》的决议，胡锦涛同志主持大会并发表重要讲话。

15日，中国共产党第十八届中央委员会第一次全体会议在北京举行。全会选举中央政治局委员、中央政治局常务委员会委员、中央委员会总书记；根据中央政治局常务委员会的提名，通过中央书记处成员，决定中央军事委员会组成人员；批准第十八届中央纪律检查委员会第一次全体会议选举产生的书记、副书记和常务委员会委员人选。习近平同志当选中共中央总书记、中共中央军委主席。

19日，第十五次中国—东盟领导人会议在柬埔寨金边举行。中国国务院总理温家宝和东盟十国领导人出席。温家宝与柬埔寨首相洪森共同主持会议。会议发表《纪念〈南海各方行为宣言〉签署十周年联合声明》。

20日，在柬埔寨金边召开的东亚领导人系列会议期间，中、日、韩三国经贸部长举行会晤，宣布启动中日韩自贸区谈判。

26日至12月8日，《联合国气候变化框架公约》第十八次缔约方会议和《京都议定书》第八次缔约方会议在卡塔尔首都多哈举行，来自194个国家和地区的代表团、学者及非政府组织代表出席。大会经过艰难谈判，决定从2013年开始实施《京都议定书》第二承诺期。但签约国的温室气体排放量仅占全球总量的15%。俄罗斯、日本、加拿大、新西兰拒绝加入第二承诺期。此次会议结束了五年前启动的“巴厘路线图进程”，开启了旨在2015年达成所有缔约方均参与的新的协议谈判，是一次承前启后的里程碑会议。

30日，欧盟委员会宣布与中国进行的“10+10”农产品地理标志保护谈判结束，平谷大桃、盐城龙虾等10种中国农产品在欧盟成功注册地理标志保护，同时欧盟也有10种农产品在中国享受地理标志保护。中欧“10+10”农产品地理标志保护谈判始于2007年7月，是中国和欧盟地理标志产品互认试点项目，中欧双方承诺将会为对方的10种农产品提供保护。

2012年12月

5日，中国国家开发银行与俄罗斯储蓄银行在莫斯科签署金融合作协议，中俄金融合作又扎实地向前迈进一大步。根据这项有效期为五年的协议，中国国家开发银行和俄罗斯储蓄银行将在俄罗斯境内大型政府项目及基础设施领域项目、国际结算和贸易融资、代理行业务、托管服务及人员培训和经验交流等方面开展合作，总体合作规模不超过20亿美元。

5日，中俄能源谈判代表第九次会晤在莫斯科举行，国务院副总理、中俄能源谈判中方代表王岐山与俄罗斯副总理、俄方代表德沃尔科维奇共同主持会议。双方有关部门签署《中华人民共和国国家能源局和俄罗斯联邦能源部关于开展能源市场态势评估合作的谅解备忘录》《中俄煤炭领域合作路线图》《中俄煤炭合作工作组第一次会议纪要》《国家电网与俄罗斯东方能源公司关于2013年供电量和电价的协议》四项合作文件。

5—6日，应俄罗斯联邦政府总理德·阿·梅德韦杰夫邀请，国务院总理温家宝对俄罗斯联邦进行访问。6日，在莫斯科举行中俄总理第十七次定期会晤并发表联合公报。同日，温家宝总理与俄罗斯联邦总统普京会见。两国领导人指出，在世界经济和国际贸易形势波动的情况下，中俄经贸往来持续稳定发展；愿在天然气、石油、电力、煤炭、和平利用核能、能效和可再生能源等领域进一步开展全方位合作；对中俄人文领域合作迅速发展感到满意，批准实施中俄人文合作行动计划等多项内容。

7日，加拿大政府宣布，决定批准中国海洋石油有限公司（中海油）以151亿美元收购加拿大尼克森公司的申请。这也是中海油乃至中国企业在海外完成的最大宗收购案。

9日，财政部发布消息称，经国务院关税税则委员会审议并报国务院批准，自2013年1月1日起，中国将对进出口关税进行部分调整。2013年继续对小麦等7种农产品和尿素等3种化肥的进口实施关税配额管理，并对尿素等3种化肥实施1%的暂定配额税率。为积极增加进口，2013年中国将对780多种进口商品实施低于最惠国税率的年度进口暂定税率。

11—12日，大湄公河次区域（GMS）经济合作第十八次部长级会议在广西南宁举行。财政部部长谢旭人率中国代表团出席并主持会议。会议以“新起点，新发展：巩固二十年合作成果，提升未来合作水平”为主题，以大湄公河次区域新十年战略为指引，就落实重点领域发展倡议、加强次区域项目投资、完善工作协调机制等议题进行深入探讨，取得多项积极务实的成果。会议签署《关于成立区域电力协调中心的政府间谅解备忘录》，批准《大湄公河次区域人力资源战略框架及行动计划（2013—2017年）》，明确进一步加快建立大湄公河次区域知识平台，并决定成立大湄公河次区域铁路联盟，协调域内铁路干线对接，加快推动跨境铁路项目实施，以促进各成员国间的互联互通和经济社会协调发展。

18日，中国石化通过全资子公司国际石油勘探开发公司以约15亿美元交易价格收购加拿大塔利斯曼能源公司英国子公司49%股份项目正式交割。此次收购首次开拓了中国石化在英国北海地区油气业务，标志着中国能源企业首次进入北海油气资源投资开发行列。

19日，第23届中美商贸联委会在美国华盛顿举行，国务院副总理王岐山与美国商务部代理部长布兰克和贸易代表柯克共同主持会议。双方高度评价联委会对稳定双边关系、扩大互利合作的重要作用，并围绕知识产权、出口管制、政府采购、中国企业对美投资、农产品贸易等议题深入交换意见。针对中方的有关关切，美方表示，将努力促进高技术产品的对华民用出口，及时处理中方提出的物项申请，支持两国在民用核能领域的高新技术合作。

20—21日，2012年全国民航工作会议暨航空安全会议在北京召开。会上获悉，当年中国民航旅客运输量预计跨过3亿门槛，达到3.2亿，中国已成为仅次于美国的民航第二大国。

27日，中国自主建设、独立运行的全球卫星导航系统“北斗”卫星导航系统正式开始提供区域服务，范围覆盖包括中国及周边地区在内的亚太大部分地区，这是中国北斗系统开始真正投入使用并提供正式服务。

31日，国家主席胡锦涛通过中国国际广播电台、中央人民广播电台、中央电视台，发表题为《携手促进世界和平与共同发展》的新年贺词。

2013年1月

10日，海关总署发布数据：2012年香港地区取代日本成为内地第四大贸易伙伴。内港双边贸易总值为3414.9亿美元，增长20.5%，占全国外贸总值的8.8%。2012年，欧盟继续保持中国第一大贸易伙伴地位，美国为中国第二大贸易伙伴、第一大出口市场和第五大进口来源地，中美双边贸易总值为4846.8亿美元，增长8.5%，占中国外贸总值的12.5%。

12日，中国与东盟新近公布的统计数据显示，东盟是中国第三大贸易伙伴、第四大出口市场和第二大进口来源地。

13—14日，国际可再生能源机构第三次全体会议在阿拉伯联合酋长国首都阿布扎比召开。中国代表团在会上宣布，中国计划于2013当年加入国际可再生能源机构，同所有国家一道在全球可再生能源发展领域取得更大成就。

16日，中国国际航空公司（国航）和休斯敦机场系统共同宣布，国航将从7月11日起开通北京到休斯敦的直达航班。国航在20世纪80年代初开通直飞纽约、旧金山和洛杉矶的航线。时隔 30 年，休斯敦成为国航在美国的第四个通航点。

19 日，科技部部长万钢在全国科技工作会议上表示，2013 年将力攻深空、深海、深地等领域的重大关键技术，不断拓展中国发展的战略空间。

23 日，外交部发言人洪磊在例行记者会上表示，中方希望有关国家恪守承诺，全面认真落实《南海各方行为宣言》，不采取任何使问题复杂化、扩大化的行动。据报道，22 日，菲律宾外长德尔罗萨里奥称，菲方将就与中国在南海的争端寻求国际仲裁。菲方已召见中国驻菲律宾大使通报菲方决定。

26 日，中国自主发展的运 -20 大型运输机首次试飞取得圆满成功。该型飞机是中国依靠自己的力量研制的一种大型、多用途运输机，可在复杂气象条件下执行各种物资和人员的长距离航空运输任务。

28 日，十八届中共中央政治局就坚定不移走和平发展道路进行第三次集体学习，习近平在主持学习时指出，“我们要坚持走和平发展道路，但决不能放弃我们的正当权益，决不能牺牲国家核心利益。任何外国不要指望我们会拿自己的核心利益做交易，不要指望我们会吞下损害中国主权、安全、发展利益的苦果。”

30 日，吴邦国委员长应蒙古国国家大呼拉尔主席恩赫包勒德的邀请，对蒙古国进行正式友好访问。这是中国全国人大常委会委员长时隔 16 年后再次访问蒙古国。吴邦国表示，中方感谢蒙方长期以来在涉台、涉疆、涉藏问题上一贯支持中方立场，中方尊重蒙古国的主权、独立和领土完整，尊重蒙古国人民自主选择的发展道路。

30 日，巴基斯坦信息部长卡马尔 · 扎曼 · 卡伊拉（Qamar Zaman Kaira）在周三举行的新闻发布会上说，内阁部长会议已经批准将瓜达尔港管理权从新加坡国际港务集团（Singapore’s PSA International）转移给中国海外集团有限公司（Chinese Overseas Port Holdings Limited）。瓜达尔港位于巴基斯坦西南部的俾路支省，是阿拉伯海上的重要港口之一，具有重要战略价值。部长透露，两家公司已经签署协议，但具体移交时间还没有确定。

2013年2月

1—3日，第四十九届慕尼黑安全会议在德国南部城市慕尼黑召开，中国外交部副部长宋涛参加“新兴力量与全球治理”主题讨论，中国的发展政策与新兴市场国家在国际上发挥的作用成为各方关注的焦点。与会各方也十分关心中美两个大国关系的发展。美国副总统拜登在慕尼黑安全会议上表示，中国的和平发展对世界各国都有利，中美关系是“健康的竞争关系”。在讨论中，中方充分传递出自信与稳定的信号。

6日，中国大陆和台湾地区之间的人民币跨境贸易直接结算系统正式启动，大陆和台湾企业和个人资金结算无需再经第三方货币转换。

8日，中国研发的首台基于再生风能驱动的机器人“极地漫游者”在南极中山站附近冰盖上“走”出了第一步。“极地漫游者”是基于风能发电驱动技术和复杂地面适应性的自平衡机构技术，基于视觉、激光与全球定位系统融合的冰盖自主导航等关键技术实验研究成果，在国际尚属首次。

28日，欧盟委员会发布公告称，应欧洲光伏玻璃生产商协会的申诉，欧盟正式启动对中国光伏玻璃的反倾销立案调查。调查可能将持续15个月，如果调查结果成立，欧盟委员会将有权对从中国进口的光伏玻璃征收惩罚性关税。

2013年3月

1日，制造震惊中外的湄公河“10·5”惨案的4名罪犯糯康、桑康·乍萨、依莱、扎西卡，在云南昆明被押赴刑场执行死刑。对4名罪犯执行死刑不仅告慰被杀害的13名中国无辜船员亡灵，更彰显中国司法主权，体现司法机关对中国公民合法权益的保障。

3 日，欧盟《木材及木制品规例和新环保设计指令》强制实施，在一定程度上削弱了中国木家具等木制品出口欧洲市场的竞争力，对中国木家具等木制品行业造成重大影响。

7 日，联合国安理会就朝鲜进行第三次核试验问题通过决议，要求朝鲜不再进行核试验，放弃核武器计划，并重返《不扩散核武器条约》。决议同时承诺采取和平、外交和政治方式解决当前局势，重申支持并呼吁重启六方会谈。

14 日，第十二届全国人大一次会议第四次全体会议选举习近平为中华人民共和国主席、中华人民共和国中央军事委员会主席。其他新一届国务院组成人员的选举、决定任命事宜至 16 日全部完成。

17 日，习近平主席在第十二届全国人大一次会议闭幕会上发表重要讲话说，实现“中国梦”必须走中国道路，即中国特色社会主义道路。

20 日，韩国束草市政府及经贸代表团乘坐“新蓝海”号客货滚装船抵达俄罗斯扎鲁比诺港，又与俄罗斯代表经陆路乘车抵达中国的珲春。随后，三方代表在珲春口岸举行“新蓝海”航线开通仪式。这标志着在时隔两年半后中、俄、韩三国陆海航线成功实现复航。

21 日，国家主席习近平应约同联合国秘书长潘基文通电话。潘基文表示，联合国高度赞赏中国坚定走和平发展道路，希望中国在国际上发挥更大更积极的作用。习近平强调，中国将坚定不移走和平发展道路，坚定不移奉行互利共赢的开放战略，坚定不移促进世界和平与发展。随着中国不断发展，将履行自己应尽的国际义务，深化同联合国的合作，共同维护国际公平正义、促进国际合作，努力为人类和平与发展事业作出更大贡献。

22—30 日，国家主席习近平对俄罗斯、坦桑尼亚、南非、刚果共和国进行国事访问并出席金砖国家领导人第五次会晤。此行访问中俄双方共签订 32 项合作文件，数额大，期限长，被称为“世纪合同”。中国国家主席习近平和俄罗斯总统普京在莫斯科共同签署《中华人民共和国和俄罗斯联邦关于合作共赢、深化全面战略协作伙伴关系的联合声明》，宣示就两国战略协作及重大国际问题的立场主张。双方认为，中俄关系已达到前所未有的高水平，为大国间和谐共处树立了典范，为促进地区乃至世界和平与安全发挥着重要的稳定作用。进一步发展中俄关系符合两国和两国人民的根本利益。

23日，在俄罗斯进行国事访问的国家主席习近平在莫斯科国际关系学院发表题为《顺应时代前进潮流　促进世界和平发展》的重要演讲，深入阐述中国对当前世界形势的看法和对国际关系的立场主张，呼吁各国共同推动建立以合作共赢为核心的新型国际关系，强调中国坚定不移走和平发展道路，坚定不移发展中俄全面战略协作伙伴关系。

25日，正在坦桑尼亚进行国事访问的国家主席习近平在尼雷尔国际会议中心发表题为《永远做可靠朋友和真诚伙伴》的重要演讲，总结中非友好关系发展历史经验，全面阐述新时期中非共谋和平、同促发展的政策主张，提出中方发展对非关系“真”、“实”、“亲”、“诚”的方针。

26—27日，金砖国家领导人第五次会晤在南非德班举行，中国国家主席习近平、南非总统祖马、巴西总统罗塞夫、俄罗斯总统普京、印度总理辛格出席。这次会晤的主题为“金砖国家与非洲：致力于发展、一体化和工业化的伙伴关系”。与会领导人主要讨论两项议题，一是促进包容性增长和全球治理，二是发展、一体化和工业化的伙伴关系。习近平发表题为《携手合作　共同发展》的主旨讲话，强调加强金砖国家合作，既为各成员国人民带来福祉，也有利于促进国际关系民主化，是我们共同的愿望和责任。成员国领导人决定，建立金砖国家开发银行并筹备建立金砖国家外汇储备库。会晤结束后，五国领导人出席《金砖国家多边可持续发展合作和联合融资协议》《金砖国家非洲多边基础设施联合融资协议》《关于成立金砖国家工商理事会的宣言》等合作文件签字仪式。会议发表《德班宣言》及行动计划。

26日，中国国家开发银行与南非标准银行在比勒陀利亚签署《关于就提供能源融资开展合作的协议》。该项融资额度为10亿美元的协议，是落实 2010 年 10 月中国国家开发银行与南非能源部签署的 200 亿美元能源合作框架协议的重要举措。根据该协议，双方将通过金融合作，充分发挥各自优势，重点对在南非境内以及南非周边国家与南非能源供应有关的各类项目建设提供融资支持，促进南非与中国经济健康快速发展。

2013 年 4 月

6—8 日，2013 年博鳌亚洲论坛在海南博鳌举行，论坛主题为“革新　责任　合作：亚洲寻求共同发展”。国家主席习近平出席论坛并在开幕式上发表《共同创造亚洲和世界的美好未来》的主旨演讲。

9 日，中国首个为南海海域及周边国家和地区服务的多语种广播“中国国际广播电台南海之声”（FM101.0）正式开播。“南海之声”旨在服务于中国将南海打造成“和平之海”、“合作之海”的外交努力，同时服务于世居南海的中国渔民，满足南海周边国家和地区民众、中外过往船只船员的文化资讯需求。

15 日，在中国总理李克强和冰岛总理西于尔扎多蒂共同见证下，中国商务部部长高虎城与冰岛外交外贸部部长奥叙尔·斯卡费丁松代表各自政府在北京签署《中华人民共和国政府和冰岛政府自由贸易协定》。这是中国与欧洲国家达成的首个自贸协定，是一个“里程碑式的协定”。

16 日，中国国务院新闻办公室发布《中国武装力量的多样化运用》国防白皮书。这是中国政府自 1998 年以来发表的第八部国防白皮书，与以往综合型白皮书不同，这是第一部专题型国防白皮书，出现了七个“首次”：首次系统阐述武装力量多样化运用的政策和原则；首次专章系统详细介绍战备工作；首次披露陆军机动作战力量人数及海空军人数；首次以政府文告形式对外公布集团军番号；首次公布导弹武器装备型号名称；首次提及维护海外利益问题；首次强调维护海上战略通道安全问题。

22 日，第四届中欧政党高层论坛下午在苏州开幕，论坛以“谋合作、求共赢：推动中欧关系新飞跃”为主题，对深化中欧全面战略伙伴关系具有重要影响。刘云山出席开幕式，并发表题为《同舟共济　合作共赢　共创中欧美好未来》的主旨讲话。

25—26日，应中国国家主席习近平邀请，法国总统弗朗索瓦·奥朗德对中国进行国事访问。国家主席习近平在人民大会堂同法国总统奥朗德举行会谈。习近平指出，中国和法国都是具有独立精神的大国，都致力于国家发展振兴、人民幸福，都主张世界多极化，都坚持多边主义。国务院总理李克强在中南海紫光阁会见法国总统奥朗德。李克强说，中法关系具有全面性、战略性和创新性，两国在很多方面都有共同利益、共同认识、共同主张，发展中法关系符合两国和世界的利益。奥朗德表示，世界需要中国，也需要法国，两国应共同致力于推进全球治理，应对各种挑战。

28日，全国政协主席俞正声在人民大会堂会见阿根廷众议长多明格斯。建交以来，特别是两国建立战略伙伴关系以来，在双方共同努力下，中阿关系取得长足发展。中国已成为阿根廷在全球的第二大贸易伙伴，双方在能源、农业、金融、基础设施建设等重点领域合作成果丰硕。

2013年5月

3日，中国驻奥什总领事馆在吉尔吉斯斯坦南部重镇奥什举行开馆仪式。驻奥什总领馆领区范围覆盖吉南部地区巴特肯州、贾拉拉巴德州、奥什州和奥什市，领区面积及人口数量均约占吉尔吉斯斯坦全国一半。

15日，北极理事会第八次部长级会议在瑞典北部城市基律纳召开。8个成员国一致作出决定，赋予中国、韩国、日本、印度等6国正式观察员国地位，但欧盟和国际机构等8个实体被拒之门外。观察员国能够列席理事会的会议，在决定北极未来方面拥有发言权，不过不能参加部长级会议。

20日，联合国国际农业发展基金会与世界银行在泰国曼谷发布题为《把钱汇回亚洲：世界最大汇款市场的趋势和机会》的报告。报告称，世界前 10 大汇款接收国中有 7 个国家位于亚洲，依次为印度、中国、菲律宾、孟加拉国、巴基斯坦、越南和印度尼西亚。其中 2012 年中国的外劳汇款总额属东亚地区最高，为 662.75 亿美元，约占本国国内生产总值的 0.8%，占东亚外劳汇款总额的 80%。目前，亚洲出国务工人员有近 6000 万人。2012 年，他们寄回亚洲的汇款总额高达 2579.74 亿美元，相当于全球汇往发展中国家的汇款总额的 63%。

24 日，国务院总理李克强在伯尔尼与瑞士联邦主席毛雷尔举行会谈，双方签署结束中瑞自贸协定谈判的谅解备忘录，这标志着双方自 2010 年启动的自贸区谈判基本尘埃落定。这是中国与欧洲大陆国家的第一个自贸协定。

27 日，中国工商银行新加坡分行正式启动离岸人民币清算业务，首日业务达 16 亿元。汇丰和渣打两大银行当天率先发行首批人民币离岸债券。至此，新加坡成为继中国香港和中国台湾之后第三个发行人民币离岸债券的市场。

29 日，韩国专利厅下属机构韩国专利信息院与中国知识产权出版社和日本专利信息机构签署有关业务合作的谅解备忘录。根据谅解备忘录，三方将加强知识产权领域的信息交流，推动商品及服务合作，积极参加和宣传有关专利信息的研讨会和活动，定期进行人员互派。

31 日至 6 月 2 日，第十二届香格里拉对话会暨亚洲安全会议在新加坡举行，来自 30 个国家的防长和政要就地区安全形势以及共同关心的重大安全议题坦诚交换观点和意见。中国派出由中国人民解放军副总参谋长戚建国为团长的代表团。中国军事科学院研究员姚云竹在会议提问环节提出“美国在将 60% 军力转移到亚太的情况下如何说服中国相信其战略不是遏制中国”的疑问，美国防长哈格尔回应，“这正是美中两国需要建立更紧密军事关系的真正原因所在。我们不希望有误判、误解和误读。而避免这一情况发生的唯一途径就是保持沟通，同时直接面对彼此关切。我认为，我们目前正在取得进展”。

31 日至 6 月 6 日，国家主席习近平应邀对特立尼达和多巴哥、哥斯达黎加、墨西哥三个拉美国家进行国事访问。访问期间，习近平在西班牙港还分别会见加勒比地区另外八国领导人，同他们就加强双边友好合作及中国同加勒比地区整体关系交换意见。此访是习近平对拉美和加勒比国家的首次国事访问。习近平主席还代表中国政府宣布支持加勒比国家经济和社会发展、促进中加合作的一系列新举措，积极推动建立以中拉合作论坛为核心的中拉整体合作机制，着眼于在更高平台上深化和拓展双方合作，得到各方积极响应。访问期间，中国与三国共签署 24 项合作文件。

2013 年 6 月

4 日，由中国自行研制开发的首艘无人测量艇，通过交通运输部海事局召开的“水面无人智能测量平台工程样机”项目评审。这填补了中国海洋测绘远程操控无人驾驶测量的空白。

4 日，不顾中方的坚决反对，欧盟贸易委员德古赫特于布鲁塞尔在欧盟总部举行新闻发布会，提前宣布欧盟决定对产自中国的光伏产品征收临时性反倾销税。从 6 月 6 日至 8 月 6 日征收 11.8% 的反倾销税，此后该税率将升至 47.6%。

6—10 日，首届中国—南亚博览会暨第 21 届中国昆明进出口商品交易会在云南昆明召开。5 天会期内，超过 1200 家境内外企业参展，近 10 万人次的境内外参展商和采购商到会，外经贸累计成交额为 174.66 亿美元。

7—8 日，国家主席习近平同美国总统奥巴马在美国加利福尼亚州安纳伯格庄园举行会晤。会谈中，习近平“三问中美关系”，提出建设“不冲突、不对抗、相互尊重、合作共赢”的中美新型大国关系。

13 日，经欧洲证券和市场管理局授权，大公欧洲资信评估有限公司将正式启动全盘欧洲业务。大公欧洲是中国最大的信用评级机构大公国际资信评估有限公司旗下公司，这也标志着大公国际成为中国和亚洲第一家在欧洲注册并获得信用评级资质的评级公司。

13 日，亚洲并购协会（M&A）在首尔正式成立，该协会由韩国并购投资协会、中国中华全国工商联合会并购公会和日本中日友好协会组成，当日在首尔市联合举行了亚洲并购协会创立大会。

27—28 日，第二届“世界和平论坛”在清华大学举办，主题为“世界变革中的国际安全：和平、发展、创新”。中国国家副主席李源潮出席论坛开幕式，并以“同心求和平，携手促安全”为题发表致辞。

2013 年 7 月

1—5 日，国际核安保大会在奥地利首都维也纳举行。此次会议由国际原子能机构举办，大会主题是“加强全球投入”。 会议首次上升为部长级，34 名部长级政府代表在大会上发言。中国国家原子能机构副主任王毅韧在大会发言中表示，中国政府一贯高度重视核安保工作，主张坚持核安保理念、强化核安保能力建设、深化国际合作。核安保措施的全面实施将为各国和平利用核能营造有利环境，保障核能可持续发展。

10—11 日，第五轮中美战略与经济对话在美国华盛顿举行。中国国务院副总理汪洋、国务委员杨洁篪同美国国务卿克里、财政部长雅各布・卢共同主持对话。双方围绕落实中美元首安纳伯格庄园会晤成果，进一步拓展双边各领域和在重大国际与地区问题上的协调与合作，广泛深入交换意见。

18 日，世界贸易组织在日内瓦总部发布的《2013 年世界贸易报告》显示，在 2012 年全球商品贸易额排名中，中国商品出口位列第一，进口排第二位。包括中国在内的发展中经济体占据全球贸易近一半份额。

23 日，商务部副部长高燕在国新办就中国—东盟博览会和商务与投资峰会举行的新闻发布会上表示，中国已成为东盟第一大贸易伙伴，中国与东盟有望在 2015 年实现 5000 亿美元贸易额的目标。

25—28 日，应朝方邀请，李源潮率中国代表团访问朝鲜并出席朝鲜战争停战60周年纪念活动。这期间，李源潮转达习近平主席给金正恩第一委员长的口信，指出，“作为朝鲜半岛近邻，中方坚持实现半岛无核化，坚持维护半岛和平稳定，坚持通过对话协商解决有关问题。中方愿与有关各方一道，推动重启六方会谈，致力于推进半岛无核化进程，实现半岛和平和东北亚的长治久安”。此行也是中国新一届政府组成后首个访问朝鲜的高级代表团。

26日，中国海警2350、2101、2506、2166舰船编队在钓鱼岛领海内巡航。这期间，中方海警巡航编队向侵权的日方船只严正申明中国政府对钓鱼岛的主权立场，并要求其立即离开钓鱼岛海域。这是中国官方首次发布中国海警维权巡航执法消息。

30日，由国务院新闻办公室和韩国文化体育观光部共同主办的第五届“中韩媒体高层对话”在北京举行。两国媒体代表就“媒体在推动新时期中韩战略合作伙伴关系中的作用”和“新媒体发展给中韩媒体合作带来的机遇和挑战”两个主题展开广泛深入讨论。

2013年8月

1—2日，由联合国世界旅游组织（UNWTO）举办的第六届丝绸之路国际大会在敦煌召开，大会主题为“构建丝绸之路新的旅游线路”。“世界旅游组织丝绸之路国际大会”是联合国世界旅游组织为强化丝绸之路沿线国家紧密合作、实现丝绸之路旅游项目的国际合作和可持续发展而倡议召开的旅游业界国际性会议，此次是首次在中国举办。

2日，欧盟委员会宣布已正式批准中欧光伏贸易争端的“价格承诺”协议，该方案将于8月6日起实施。欧盟委员会发布书面声明说，欧盟委员会批准贸易委员德古赫特上周末宣布的中欧光伏贸易争端的友好解决方案，该方案得到欧盟成员国的一致支持。

5—7日，首届太平洋岛国发展论坛（PIDF）会议在斐济楠迪举办。中国—太平洋岛国论坛对话会特使李强民出席会议。李强民向大会介绍了中国支持太平洋岛国可持续发展情况，并表示今后将推动双方经贸关系和互利友好合作深入发展。

8日，由中国上海证券交易所（上交所）和南非约翰内斯堡交易所（约交所）共同主办的首届“南非—中国资本市场论坛”在南非经济中心约翰内斯堡举行，来自中国与南非的近200名代表出席会议，就两国双边商业和经济合作进行探讨。与会方表示，将推出更多投资理财产品，向对方进一步开放资本市场。

14日，中文互联网服务提供商百度公司宣布，其全资子公司百度（香港）有限公司已签署一项最终并购协议，收购91无线网络有限公司100%股权，这意味着中国互联网历史上金额最大的一宗并购意向最终落实。

2013年9月

2日，国务院总理李克强在广西南宁分别会见前来出席第十届中国—东盟博览会暨中国—东盟商务与投资峰会的缅甸总统吴登盛、柬埔寨首相洪森、老挝总理通辛、泰国总理英拉、越南总理阮晋勇和新加坡副总理张志贤。李克强表示，进一步加强同东盟的战略合作是中国新一届政府坚定不移的政策。

2日，以“开放互信、共谋发展”为主题的第三届中国—亚欧博览会开幕式暨中国—亚欧经济发展合作论坛在乌鲁木齐举行，中共中央政治局委员、国家副主席李源潮，中共中央政治局委员、新疆维吾尔自治区党委书记张春贤出席并讲话。李源潮指出，世界经济格局正在发生深刻变化，经济全球化、区域一体化潮流方兴未艾，亚欧国家应扩大开放合作、促进共同发展。

3—13日，国家主席习近平对土库曼斯坦、哈萨克斯坦、乌兹别克斯坦和吉尔吉斯斯坦四个中亚国家进行国事访问，并出席上合组织峰会。在习主席访问中亚四国期间，中国先后与土库曼斯坦、哈萨克斯坦、乌兹别克斯坦、吉尔吉斯斯坦签署《关于建立战略伙伴关系的联合宣言》，此访是习主席首次访问中亚，对深化中国与中亚各国关系具有重要意义。在上合组织峰会上，习主席与各成员国元首一道发表《上合组织成员国元首比什凯克宣言》，签署《上合组织成员国长期睦邻友好合作条约实施纲要》、《上合组织成员国元首理事会会议新闻公报》、《上合组织成员国政府间科技合作协定》。7 日上午，习主席在哈萨克斯坦纳扎尔巴耶夫大学作演讲，提出共建“丝绸之路经济带”的重大倡议。

3—6 日，第十届中国—东盟博览会在广西南宁举办，并举行十周年系列活动。本届博览会以“区域合作发展——新机遇、新动力、新阶段”为重点主题。签约项目中，中国企业与东盟 9 个国家签订合作项目 23 个，总签约额 34.2 亿美元。

5 日，国际清算银行在其每三年进行一次的外汇市场成交量调查中表示，人民币首次超过瑞典克朗、港币，进入全球十大交易最频繁货币榜单，成为世界第九大外汇交易货币，日均交易额占全球交易总额的 2.2%。国际清算银行认为，人民币在全球外汇交易中的飙升主要得益于离岸人民币交易，符合中国货币国际化的努力。

5—6 日，二十国集团领导人第八次峰会在俄罗斯圣彼得堡举行。国家主席习近平出席会议并发表题为《共同维护和发展开放型世界经济》的重要讲话，强调各国要放眼长远，要努力塑造各国发展创新、增长联动、利益融合的世界经济，坚定维护和发展开放型世界经济，建设更加紧密的经济伙伴关系，肩负起应有的责任。中国将坚定不移全面深化改革，坚持互利共赢的开放战略。中国有条件有能力实现经济持续健康发展。峰会签署和发表《二十国集团圣彼得堡峰会领导人宣言》、《二十国集团峰会五周年声明》，为促进世界经济复苏与可持续发展提出具体建议和行动计划，也为二十国集团未来发展指明方向。

10 日，中远集团永盛轮靠泊荷兰鹿特丹港，圆满完成北极东北航道首航任务。这是第一艘成功经由北极东北航道到达欧洲的中国商船。此次航程为 7931 海里，航行 27 天，比传统的经马六甲海峡、苏伊士运河的航线缩短航程 2800 多海里，航行时间减少 9 天。

2013 年 10 月

2 日，亚洲开发银行在泰国曼谷发布《2013 年亚洲发展展望》报告修订版。报告预计，亚洲发展中国家和地区经济增速将从 2012 年的 6.1% 下滑到 2013 年的 6.0%，2014 年该地区的经济增速将回升到 6.2%。亚行指出，中国经济正在摆脱过去依靠出口和投资拉动的增长方式，更加注重经济的可持续增长。预计中国 2013 年经济增长率将达到 7.6%。亚洲开发银行认为，稳健增长预示着中国经济将变得更健康、更可持续。

2 日，国家主席习近平抵达雅加达，开始对印度尼西亚进行国事访问。次日，习近平主席在印度尼西亚国会发表题为《携手建设中国—东盟命运共同体》的重要演讲，提出了共建“21 世纪海上丝绸之路”的倡议。习近平成为首位在印度尼西亚最高立法机构发表演讲的外国国家元首。习近平当天还见证了两国企业家签署逾 200 亿美元的投资合作协议。

3—5 日，国家主席习近平对马来西亚进行国事访问。4 日，习近平在吉隆坡同马来西亚总理纳吉布举行会谈，就中马关系、推动中国—东盟关系进一步发展以及其他重大地区和国际问题深入交换意见。两国领导人决定将两国关系提升为全面战略伙伴关系。

4—5 日，2013 年亚太经合组织部长级会议在印度尼西亚巴厘岛举行，中国外交部副部长李保东出席会议。会后各方发表联合声明，重申成员经济体共同致力于建设无缝的区域经济，并继续为亚太地区的经济发展加强合作。

7—8 日，亚太经合组织第 21 次领导人非正式会议在印度尼西亚巴厘岛举行。国家主席习近平出席并发表题为《发挥亚太引领作用，维护和发展开放型世界经济》的重要讲话，向世界传递出对中国经济发展的信心，并针对当前世界经济形势和多边贸易中存在的问题开出中国的“药方”、给出中国的答案。会议通过《活力亚太，全球引擎——亚太经合组织第 21 次领导人非正式会议宣言》《支持多边贸易体制和世贸组织第九届部长级会议声明》《促进互联互通》《基础设施建设和投资多年期工作计划》等多项文件，旨在支持多边贸易体制、推进区域一体化进程、推动亚太互联互通等。

20 日，随着中国石油西南管道分公司总经理常延魁下达点火令，来自缅甸孟加拉湾的天然气在中国广西贵港市点燃，这标志着中缅天然气管道干线建成并投产。

25 日，世界第一大铁矿石生产和出口商巴西淡水河谷公司在上海举行仪式，庆祝与中国开展铁矿石贸易 40 周年。1973 年，淡水河谷公司的货轮首次驶抵中国，至今已启用超过 6200 艘船只，将 11 亿吨巴西优质铁矿石运往中国。中国已成为淡水河谷最重要的战略伙伴之一，也是巴西最重要的贸易伙伴国之一。

2013 年 11 月

1 日，针对日本媒体日前有关日本与美国制定钓鱼岛共同防卫计划的报道，美国国防部作出澄清，表示日方报道“存在诸多与事实不符之处”，是“不准确的”，同时重申美方在钓鱼岛问题上立场没有改变。

5 日，16 时许，中国教育部副部长、中国联合国教科文组织全国委员会主任郝平当选联合国教科文组织第 37 届大会主席。这是联合国教科文组织成立 68 年来中国人首次当选“掌门人”。

5—6 日，首届联合国教科文组织—金砖国家教育部长会议在联合国教科文组织总部召开。此次会议由教科文组织和金砖国家轮值主席国南非共同倡议举办，旨在落实金砖国家领导人会晤成果。包括中国教育部长袁贵仁在内的金砖国家教育部长出席此次会议。

23 日，中国国防部发表声明，宣布划设东海防空识别区，并发布航空器识别规则公告和识别区示意图。声明指出，位于中华人民共和国东海防空识别区飞行的航空器必须遵守本规则。

28 日，中国首只跨国并购基金在上海成立，它定位于打造中国企业出海平台，为企业境外投资并购提供商业化、市场化、专业化的投融资综合服务，运作模式体现境内外联动、投贷联动、基金运作与企业海外发展联动的“三个联动”特色，是国内金融服务的重大创新。

29日，国务院总理李克强在塔什干出席上海合作组织成员国总理第12次会议，同与会各国领导人就促进上海合作组织框架内多领域合作、加强上海合作组织建设等深入交换意见，达成广泛共识。

2013年12月

2日，欧盟委员会发表声明，决定从6日起对未参与“价格承诺”的出口欧盟的中国太阳能板生产商征收为期两年的反倾销税和反补贴税。声明称，欧盟委员会确定了自2013年8月起参与“价格承诺”的中国企业名单，并称此征税措施只适用于未参加“价格承诺”的中国企业。

5日，中国（上海）自贸区金融改革政策出台后的首单银行业务启动。中国银行成功为益海嘉里（上海）国际贸易有限公司办理跨境人民币双向现金池业务。这是该行首笔中国（上海）自由贸易试验区跨境人民币双向现金池业务。同时，工商银行、农业银行也与相关企业启动首笔跨境人民币双向现金池业务。

22日，韩国文化观光研究院发布统计数据显示，2013年1—11月访问韩国的中国游客同比增长53.4%，达到405万人次。全年访韩中国游客突破400万人次大关，中国首次超过日本成为韩国最大的外国游客来源国。

23日，中国国家主席习近平在北京人民大会堂同埃及总统塞西举行会谈。两国元首共同决定，将中埃关系提升为全面战略伙伴关系。

25日，中国驻老挝琅勃拉邦总领事馆宣布正式开馆，这是中国在老挝开设的第一个总领事馆。李可武主持开馆仪式。

26日，天津泰达投资控股有限公司旗下的中非泰达投资股份有限公司与埃及特区开发公司MDC在中国驻埃及使馆正式签署苏伊士经贸合作区扩展区6平方公里项目土地开发合同，该合作区发展由此跨入新阶段。

中国驻埃及大使宋爱国、公使衔参赞马建春、埃及苏伊士湾西北经济特区主席易卜拉欣等出席。

30日，ARJ21—700新支线飞机首批交付的两架飞机在中国商飞上海飞机制造有限公司总装车间下线，该飞机是中国第一款完全按照国际标准研制的涡扇喷气支线客机，填补了国内民机研制和适航审定领域的诸多空白。

2014年1月

1日，中国城际动车组最大一笔出口订单首列车辆在中国南车四方股份公司下线，并从青岛港装船，运往阿根廷。

2日，中国南极科考船“雪龙”号上的“雪鹰12”直升机成功救出被困的俄罗斯科考船“绍卡利斯基院士”号上的52名乘客，将其转移至澳大利亚破冰船“南极光”号，但由于天气情况骤然变化“雪龙”号自身被密集的浮冰围困。

5日，联合国拉丁美洲和加勒比经济委员会日前发布《推动与中国的贸易和投资》报告。该报告称，中国已成为巴西、秘鲁、智利和哥伦比亚等国最重要的贸易伙伴。2002—2012年，中拉贸易额增长20倍，从120亿美元跨越到2500亿美元，受中国经济强势推动，拉美地区出口在此期间增长25倍。拉美主要国家对中国出口的大豆、铁矿石等大宗产品已占有关国家外汇收入的80%以上。

10日，海关总署新闻发言人、综合统计司司长郑跃声在新闻发布会上介绍了2013年全年进出口情况。据海关统计，2013年，中国进出口总值25.83万亿人民币，折合4.16万亿美元，扣除汇率因素同比增长7.6%，比2012年提高1.4个百分点，年度进出口总值首次突破4万亿美元。

17日，由中国铁建总承包建设的土耳其安卡拉至伊斯坦布尔高速铁路二期主体工程宣告完工，这意味着中国企业在海外承建的首个高铁项目进入收官阶段，中国高铁“走出去”交出首份成绩单。安伊高铁二期项目全长158公里，设计时速250公里，合同金额12.7亿美元，预计今年上半年将全线正式通车运营。

21日，国际货币基金组织（IMF）发布《世界经济展望》，预测2014年世界经济将增长3.7%，2015年有望增长3.9%，较2013年3%的增长率有较大回升。报告说，经历了2013年的"低速挡"后，世界经济增长2014年处在复苏轨道，但风险尚存，发达国家面临通货紧缩风险，新兴经济体则面临美国量化宽松政策退出的挑战。

22—25日，第44届世界经济论坛年会（2014冬季达沃斯论坛）在瑞士达沃斯举办，年会主题是"重塑世界格局对政治、商业和社会的影响"。世界经济论坛执行主席施瓦布表示，目前全球仍然着眼于应对经济危机，2014年除关注经济危机及其他热点议题外，将重点关注如何解决世界面临的根本性问题。

23日，联想集团在港交所发布公告称，以23亿美元的价格收购IBM的x86服务器硬件以及相关业务。根据两家公司签订的协议，23亿美元收购价中包含20.7亿美元现金和向IBM定向发行1.82亿股联想集团股票。联想集团通过此次并购将占有全球14%PC服务器市场份额，并成为第三大服务器厂商。

27日，国家主席习近平同法国总统奥朗德互致贺电，庆祝两国建交50周年。习近平在贺电中指出，1964年1月27日毛泽东主席和戴高乐将军作出中法建交的历史性决定，开辟了中欧关系的新时代，谱写出平等包容、互尊互信、互利共赢的国际关系新篇章。

30日，联想集团与谷歌宣布达成一项重大协议：联想将斥资约29亿美元收购摩托罗拉移动智能手机业务。根据协议，收购包括摩托罗拉品牌（例如Moto X和Moto G以及DROIDTM超级系列产品等）的创新智能手机产品组合。此外，联想将获得超过2000项专利资产以及摩托罗拉移动品牌和商标组合。

31日至2月2日，第50届慕尼黑安全会议在德国慕尼黑举行，约20名国家元首或政府首脑、超过50名外交或国防部长以及来自世界各地的安全问题专家参加。中国全国人大外事委员会主任委员傅莹在2月1日举行的第50届慕尼黑安全会议“全球力量与地区稳定”环节等场合发言，阐释了“中国梦”的内容和意义，强调中国将始终做亚洲和世界安全的建设者和维护者。

2014年2月

8日，中国南极“泰山”站建成并投入使用，习近平主席向“泰山”站致信表示热烈祝贺，并在贺信中说，极地科学考察是人类探索自然奥秘、探求新的发展空间的重要领域，是一项功在当代、利在千秋的事业。中国南极“泰山”站和已经建成的中国南极“长城”站、中国南极“中山”站、中国南极“昆仑”站、中国北极“黄河”站，既是中国极地工作者开展科学考察的平台，又是中国对外科学交流的重要窗口。中国南极“泰山”站位于东南极内陆冰盖伊丽莎白公主地区域，选址位置坐标为东经76°58′、南纬73°51′，海拔高度2621米，距“中山”站522公里。

9—12日，首届金砖国家科技和创新部长级会议在南非开普敦举行，中国科技部部长万钢率团参加会议并发言。会议发表的《开普敦宣言》重申了加强金砖国家务实合作，并表达了落实历届金砖国家领导人峰会提出的加强科技和创新领域合作倡议的意愿。

13日，国家主席习近平在人民大会堂会见来访的匈牙利总理欧尔班。习近平表示，两国传统友谊深厚，中国人民不会忘记匈牙利为新中国早期发展建设提供了宝贵帮助。两国建交65年来，双边关系基础始终牢固，合作一直良好。

14日，从北京航天飞行控制中心获悉：中国首个人造太阳系小行星“嫦娥二号”卫星再次刷新中国深空探测新高度，已飞离地球7000万公里，目前状态良好，正在绕日轨道上飞向更远的深空。

18日，中共中央总书记习近平在钓鱼台国宾馆会见中国国民党荣誉主席连战及随访的台湾各界人士时强调，希望两岸双方秉持“两岸一家亲”的理念，顺势而为，齐心协力，推动两岸关系和平发展取得更多成果，造福两岸民众，共圆中华民族伟大复兴的“中国梦”。

19 日，国际货币基金组织（IMF）在一份经济监测报告中对新兴经济体的脆弱性发出警告。报告称，全球经济活动正在增强，但复苏依然疲软，重大下行风险尚存。需要关注资本外流、利率上升和一些新兴经济体猛烈的货币贬值等主要问题。

22—23 日，“二十国集团”（G20）财长及央行行长会议在澳大利亚悉尼举行。会议就全球经济、基础设施建设投资、增长战略、国际货币基金组织改革、金融部门改革以及国际税收合作等问题展开讨论，并于 23 日发表联合公报，与会各方承诺争取在未来 5 年内将二十国集团整体国内生产总值由目前预测水平提高 2% 以上。会议积极评价中国等新兴经济体继续稳定增长、发达国家经济有所改善，同时指出全球经济远未实现强劲、可持续、平衡增长，仍面临市场需求疲弱、增长率偏低等诸多挑战。中国财政部部长楼继伟和央行行长周小川出席会议。会议决定 2016 年的“二十国集团”领导人峰会将在中国举办。

2014 年 3 月

1 日，根据世界贸易组织秘书处初步统计数据，2013 年中国已成为世界第一货物贸易大国。2013 年，中国货物进出口总额为 4.16 万亿美元，其中出口额 2.21 万亿美元，进口额 1.95 万亿美元。

1 日，孔子学院总部与安哥拉内图大学签署协议，合建孔子学院，中信建设有限责任公司将直接参与学院建设。中资机构直接参与孔子学院建设的新做法，将为孔子学院发展注入新活力，也为中国文化走出去探索新路径。

6 日，根据欧洲专利局公布的数据，2013 年中国企业申请欧洲专利的数量为 22292 项，占全部欧洲专利申请数的 8.4%，增长率高达 16.2%。从数量上看，中国已经成为第四大欧洲专利申请国。

8日，北京时间1时20分，马来西亚航空公司MH370航班在越南胡志明市空中管制区同管制部门失去通讯联络，同时失去雷达信号。这架航班载有239人，乘客来自14个国家和地区，其中153人来自中国大陆，1人来自中国台湾。

13日，世界知识产权组织在日内瓦发布报告称，2013年全球国际专利申请量首次突破20万大关，其中中国取代德国成为世界第三，中国中兴公司和华为公司均位列全球企业专利申请量的前三位。

14日，美国商务部下属的国家电信和信息局宣布，将放弃对国际互联网名称和编号分配公司（ICANN）的管理权，不过不会把这一权力移交给联合国，而是移交给“全球利益攸关体”。国际互联网名称和编号分配公司是总部设在美国加利福尼亚州的一个非营利性国际组织，这意味着互联网的控制权在美国手中。

15日，中国人民银行表示，央行决定扩大外汇市场人民币兑美元汇率浮动幅度，自2014年3月17日起，银行间即期外汇市场人民币兑美元交易价浮动幅度由1%扩大至2%。

22—25日，应荷兰国王威廉·亚历山大邀请，习近平主席偕夫人对荷兰进行国事访问，开启访欧之旅。这也是中国国家主席首次访问荷兰。23日，习近平在荷兰《新鹿特丹商业报》发表题为《打开欧洲之门　携手共创繁荣》的署名文章，并在与荷兰首相吕特举行会谈时表示，愿同荷方一道建设好开放务实的中荷全面合作伙伴关系。双方发表《中华人民共和国和荷兰王国关于建立开放务实的全面合作伙伴关系的联合声明》，并共同见证能源、农业、经贸、文化等领域文件的签署。这期间，习近平主席还会见了来荷兰海牙参加核安全峰会的联合国秘书长潘基文、哈萨克斯坦总统纳扎尔巴耶夫、芬兰总统尼尼斯特、韩国总统朴槿惠、英国首相卡梅伦等。

24—25日，第三届核安全峰会在荷兰海牙举行，峰会以“加强核安全、防范核恐怖主义”为主题，共有53个国家的领导人或代表以及国际组织负责人与会。国家主席习近平出席并发表重要讲话，介绍中国核安全措施和成就，阐述中国关于发展和安全并重、权利和义务并重、自主和协作并重、治标和治本并重的核安全观，呼吁国际社会携手合作，实现核能持久安全和发展。

25—28 日，应法兰西共和国总统弗朗索瓦·奥朗德邀请，国家主席习近平对法兰西共和国进行国事访问。25 日，习近平在法国《费加罗报》发表题为《特殊的朋友　共赢的伙伴》的署名文章。访问期间，两国元首举行正式会谈，发表《中华人民共和国和法兰西共和国联合声明——开创紧密持久的中法全面战略伙伴关系新时代》，签署总金额为 180 亿欧元的 50 项合作协议。同时，习主席访问里昂，出席中法建交 50 周年的许多纪念活动。访法期间，习主席访问了设在巴黎的联合国教科文组织总部，并发表有关人类文明交流互鉴的演讲。

26 日，世界贸易组织公布美国、欧盟、日本诉中国稀土、钨、钼相关产品出口管理措施案专家组报告，裁定中方涉案产品的出口管理措施违规。中国商务部条约法律司负责人对此表示遗憾，称中方目前正在评估专家组裁决报告，并将根据世界贸易组织争端解决程序妥善做好本案后续工作。

26 日，中国伊利集团与荷兰瓦赫宁根大学就“食品安全早期预警系统”及“升级首个中国母乳研究数据库”签署合作协议。这是建交以来两国合作的首个体系化食品安全项目，也是目前为止荷兰高校介入中国企业程度最深的一次跨国合作。

28—29 日，应德意志联邦共和国总统高克和总理默克尔邀请，国家主席习近平对德国进行国事访问。此访是中国国家主席八年来首次对德国进行国事访问。访问期间，习近平分别会晤德国总统高克、德国总理默克尔，会见企业家代表，并携夫人出席默克尔总理夫妇举行的私人晚宴。28 日，习近平在德国《法兰克福汇报》发表题为《中德携手合作　造福中欧和世界》的署名文章，并应科尔伯基金会邀请发表演讲，阐述中国和平发展道路和独立自主的和平外交政策。习近平访德期间在柏林同德国总理默克尔举行会谈时达成重要共识，决定将两国关系提升为全方位战略伙伴关系。中德共同发表《建立中德全方位战略伙伴关系的联合声明》，并签订总额约92.3亿美元的双边合作文件，除涉及电动汽车、节能环保、医药等多个领域的10项合作文件外，两国央行签署双方关于在德国法兰克福建立人民币清算机制的谅解备忘录。

30日至4月1日，应比利时王国国王菲利普邀请，国家主席习近平对比利时进行国事访问，并应欧洲理事会主席范龙佩和欧盟委员会主席巴罗佐邀请访问欧盟总部。习近平在比利时《晚报》发表题为《中欧友谊和合作：让生活越来越好》的署名文章，并于4月1日在比利时布鲁日欧洲学院发表重要演讲。习近平同比利时首相迪吕波举行会谈后，双方发表了《中华人民共和国和比利时王国关于深化全方位友好合作伙伴关系的联合声明》，并共同见证了多项双边合作文件的签署，涉及经贸、科技、电信、教育、司法等领域。习近平访问欧盟总部期间，中欧双方发表了《关于深化互利共赢的中欧全面战略伙伴关系的联合声明》，并通过谈判妥善解决无线通信设备等贸易摩擦。

31日，中国人民银行与英国央行签署关于人民币清算与结算协议的备忘录，双方将根据备忘录在伦敦确定一家人民币业务的清算行。

2014年4月

8—11日，博鳌亚洲论坛2014年年会在海南博鳌召开，年会的主题是“亚洲的新未来：寻找和释放新的发展动力”。李克强首次以国务院总理的身份出席博鳌亚洲论坛2014年年会开幕式，并发表题为《共同开创亚洲发展新未来》的主旨演讲。

10日，英国国际传媒ITV集团宣布，从中国灿星制作订购模式节目“中国好歌曲”，将负责其国际发行权和英国播出权。这意味着“中国好歌曲”成为中国首档输出海外的原创才艺模式节目。

17日，商务部召开例行新闻发布会，商务部新闻发言人沈丹阳透露，据世界贸易组织的最新统计，2013年中国服务进出口总额为5396亿美元，稳居世界服务进出口第三位，比2012年增长14.7%，增速比全球6.1%的增速高出8个多百分点，占世界服务进出口总额的6%，所占份额有所提升。其中，出口2105亿美元，位居全球服务出口的第五位，同比增长10.6%，前四位是美国、英国、德国和法国。进口3291亿美元，首次超越德国，跃居世界服务进口的第二位，同比增长17.5%。

17日，新浪公司宣布，旗下微博业务正式登陆纳斯达克，成为全球范围内首家上市的中文社交媒体。微博确定首次公开募股（IPO）发行价为17美元，位于17—19美元的发行价区间。此次上市募集资金最高可达3.2844亿美元。

21日，国家发改委《关于梦兰星河能源股份有限公司投资阿穆尔—黑河边境油品储运与炼化综合体项目核准的批复》（发改能源［2014］716号文件）正式印发。此举开启了中国民企跨国能源项目的先河。

28日，新加坡《联合早报》网站报道，最新数据显示，新加坡超过伦敦重新成为仅次于中国香港的全球第二大离岸人民币清算中心。

29日，中国大洋矿产资源研究开发协会与国际海底管理局在北京签订国际海底富钴结壳矿区勘探合同，标志着中国继2001年在东北太平洋获得7.5万平方公里多金属结核矿区、2011年在西南印度洋获得1万平方公里多金属硫化物矿区之后获得的第三块具有专属勘探权和优先开采权的富钴结壳矿区，已完成所有法律程序。

2014年5月

6日，中国、美国、俄罗斯、英国、法国五个核武器国家和哈萨克斯坦、吉尔吉斯斯坦、塔吉克斯坦、土库曼斯坦和乌兹别克斯坦五个《中亚无核武器区条约》缔约国在联合国总部举行《中亚无核武器区条约》议定书签署仪式。中国常驻联合国代表刘结一大使代表中国政府签署议定书，并宣读中国政府关于签署《中亚无核武器区条约》议定书的声明。

7—9日，第24届世界经济论坛非洲峰会在尼日利亚首都阿布贾召开，峰会以“促进包容性增长、创造就业机会”为主题。应世界经济论坛主席施瓦布邀请，国务院总理李克强 8 日在阿布贾出席第 24 届世界经济论坛非洲峰会全会，发表题为《共同推动非洲发展迈上新台阶》的特别致辞，提出包容性增长已成为世界普遍认同的发展理念。

10 日，首届“聚焦丝绸之路经济带——2014 甘肃国际经贸合作研讨会”在甘肃敦煌举行。来自 14 个丝绸之路沿线国家的驻华大使、商务参赞、驻华商务代表参会。

11 日，国务院总理李克强在内罗毕国家宫与肯尼亚总统肯雅塔、乌干达总统穆塞韦尼、卢旺达总统卡加梅、南苏丹总统基尔等东非地区国家领导人，以及坦桑尼亚、布隆迪、非洲开发银行代表共同出席肯尼亚蒙巴萨至内罗毕铁路（蒙内铁路）项目中肯共同融资协议签字仪式并讲话。蒙内铁路是东非铁路网的起始段，全长 480 公里，设计运力 2500 万吨，采用中国国铁一级标准，连接肯尼亚首都内罗毕和东非第一大港蒙巴萨。该项目造价 38.04 亿美元，由中国交通建设集团下属的中国路桥责任有限公司承建。

12—13 日，第三届中非民间论坛在苏丹首都喀土穆举行。论坛围绕“分享经验、深化合作、付诸行动——中非人民共同实现减贫脱困的目标”进行深入交流，达成广泛共识，通过了《中非民间友好伙伴计划报告书》（喀土穆报告）。

17—18 日，2014 年亚太经合组织（APEC）贸易部长会议在青岛召开，会议以“共建面向未来的亚太伙伴关系”为主题。21 个经济体贸易部长或代表率团与会，与会代表同意制订推动实现亚太自贸区的“路线图”，并发表《2014 亚太经合组织贸易部长会议青岛声明》和《亚太经合组织贸易部长支持多边贸易体制的单独声明》。

20—21 日，亚洲相互协作与信任措施会议（亚信）第四次峰会在上海举行，此次峰会主题为“加强对话、信任与协作，共建和平、稳定与合作的新亚洲”。国家主席习近平主持会议并发表题为《积极树立亚洲安全观　共创安全合作新局面》的主旨讲话，提出共同、综合、合作、可持续的亚洲安全观。峰会发表《亚洲相互协作与信任措施会议第四次峰会上海宣言》。

21日，国家主席习近平和俄罗斯总统普京在上海共同见证两国政府《中俄东线天然气合作项目备忘录》、中国石油天然气集团公司和俄罗斯天然气工业股份公司《中俄东线供气购销合同》的签署。根据双方商定，从2018年起俄罗斯开始通过中俄天然气管道东线向中国供气，输气量逐年增加，最终达到每年380亿立方米，累计30年。

28日至6月1日，第三届中国（北京）国际服务贸易交易会在国家会议中心举办。中共中央政治局委员、国务院副总理汪洋在京交会高峰会发表书面致辞。作为世界上第一个专门为服务贸易搭建的国际交流平台，全球服务贸易规模最大的交易会，第三届京交会共达成签约项目236个，意向签约额818.3亿美元，比第二届增长4%。

29日，全球著名信息技术研究与顾问咨询公司Gartner发布2014年Q1全球服务器统计数据，在2014年第一季度，中国市场的本土厂商份额大幅增长。其中，浪潮服务器出货量80929台，市场份额为19%，位居中国第一、全球第五，成为中国自有服务器统计数据以来首个获得出货量第一的本土企业。

30日至6月1日，第13届香格里拉对话会暨亚洲安全会议在新加坡举行。来自亚太及区域外的众多国家和地区的国防部长、防务高官和学者在为期三天的会议中讨论区域安全议题，并举行双边或多边会谈。中国率团出席会议的中国人民解放军副总参谋长王冠中6月1日在会上发表题为《树立亚洲安全观　共创亚太美好未来》的主题演讲，阐释中国的亚洲安全观，强调中国与各国走共建、共享、共赢的亚洲安全之路，中国是亚洲和平与安全的建设力量、积极力量、正能量。

2014年6月

2日，中国常驻联合国代表团副代表王民向联合国秘书长交存中国政府接受《京都议定书》多哈修正案的接受书。多哈修正案于2012年12月8日在卡塔尔多哈通过。多哈修正案就《京都议定书》第二承诺期作出安排，为《联合国气候变化框架公约》附件一所列缔约方规定了量化减排指标，使其整体在2013—2020年承诺期内将温室气体的全部排放量从1990年水平至少减少18%。

3日，国务院总理李克强在人民大会堂同科威特首相贾比尔举行会谈。李克强表示，科威特是最早同中国建交的海湾阿拉伯国家，两国业已成为相互信赖的好朋友和真诚合作的好伙伴。

5日，中国—阿拉伯国家合作论坛第六届部长级会议在人民大会堂举行。国家主席习近平出席开幕式并发表题为《弘扬丝路精神，深化中阿合作》的重要讲话。习近平表示，当前，中国和阿拉伯国家都面临实现民族振兴的共同使命和挑战。希望双方弘扬丝绸之路精神，以共建“丝绸之路经济带”和“21世纪海上丝绸之路”为新机遇新起点，不断深化全面合作、共同发展的中阿战略合作关系。会议通过《北京宣言》《2014年至2016年行动执行计划》《2014年至2024年发展规划》三份成果文件，为完善中阿合作机制建设、加速推动中阿合作全面升级指明了方向，规划了路径。下届会议将于2016年在卡塔尔举行。

9—13日，《联合国海洋法公约》缔约国第24届会议在联合国总部举行。9日下午举行特别会议，纪念该公约生效20周年，联合国秘书长潘基文出席会议并发表重要讲话。13日，中国代表团团长、中国常驻联合国副代表王民针对越南、菲律宾在南海问题上的无端指责澄清事实真相，并予以严词驳斥。

11日，国家主席习近平在人民大会堂会见意大利总理伦齐。习近平表示，两国传统友好，两国人民都为各自古老的文明感到自豪，相互欣赏和借鉴。建交以来，两国始终坚持从战略高度和长远角度处理双边关系，是重要合作伙伴。2014年是中国和意大利建立全面战略伙伴关系10周年，2015年是两国建交45周年，两国关系正站在新的起点上。

11日，国际货币基金组织发布报告警告，全球房价在加速上扬，世界大多数国家的房价都出现上涨已成为经济稳定的最大威胁之一。该组织副总裁朱民撰文呼吁，“不应再忽视房价高涨现象”。研究显示，在近年的50次银行业危机中，有2/3以上的危机在爆发前出现了房价的大起大落。

16—19日，应英国首相卡梅伦邀请，国务院总理李克强对英国进行正式访问并举行两国总理年度会晤。双方就中英双边关系、各领域务实合作以及共同关心的国际和地区问题进行了深入讨论。访问期间，中国和英国联合发表《中华人民共和国政府和大不列颠及北爱尔兰联合王国政府联合声明》，并签署了30多项合作协议，金额高达300多亿美元，创下中英高访时签约金额之最。李克强总理还宣布设立伦敦人民币清算行，这是中国央行首次在亚洲以外的国家（地区）选定人民币清算行。

19—21日，国务院总理李克强对希腊进行正式访问。李克强广泛会晤希腊政要，出席中希海洋合作论坛并发表重要演讲，阐述中国“建设和平合作和谐之海”的“海洋观”。两国签署基础设施建设、海洋、文化等领域19个双边合作协议，价值约46亿美元。

28—29日，经中国、印度、缅甸共同商定，和平共处五项原则发表60周年纪念大会在北京隆重举行。中国国家主席习近平出席大会并发表题为《弘扬和平共处五项原则　建设合作共赢美好世界》的主旨讲话，深刻阐述和平共处五项原则的历史性贡献和重大现实意义，强调中国将继续做弘扬和平共处五项原则的表率，同国际社会一道推动建设新型国际关系和持久和平、共同繁荣的和谐世界。

2014年7月

3—4日，应韩国总统朴槿惠邀请，国家主席习近平对韩国进行国事访问。这是习近平就任国家主席后首次访问韩国，韩国是习主席就任后首个单独出访国。访问期间，习主席广泛会晤韩国政要，在首尔大学发表演讲。两国元首一致决定，进一步丰富中韩战略合作伙伴关系内涵，使两国成为实现共同发展的伙伴、致力地区和平的伙伴、携手振兴亚洲的伙伴、促进世界繁荣的伙伴。两国发表《中华人民共和国和大韩民国联合声明》，签署 12 项重要协议，确定 90 余项合作事项。

7 日，美国《财富》杂志公布 2014 年世界 500 强企业榜单，北京拥有的世界 500 强企业总部由 2013 年的 48 家增至 52 家，蝉联全球城市第一。

14 日，世界贸易组织争端解决委员会裁定，美国对中国钢铁制品、太阳能电池板等 22 类进口商品征收高额关税的做法不符合世界贸易规则。这些商品的年出口金额约为 72 亿美元。

15—16 日，国家主席习近平赴巴西出席金砖国家领导人第六次会晤，并对巴西、阿根廷、委内瑞拉、古巴进行国事访问，在访问巴西期间习近平主席出席中国—拉美和加勒比国家领导人会晤。15 日，习近平主席在巴西福塔莱萨举行的金砖国家领导人第六次会晤上发表题为《新起点　新愿景　新动力》的讲话，中国、巴西、俄罗斯、印度和南非五国领导人发表了《金砖国家领导人第六次会晤福塔莱萨宣言》，宣布成立“金砖国家开发银行”，总部设在上海，初始核发资本为 1000 亿美元。也成立了金砖国家应急储备，初始承诺互换规模为 1000 亿美元，中方承诺出资 410 亿美元，南非承诺出资 50 亿美元，其他三国各出资 180 亿美元。在对拉美四国的访问过程中，中巴双方发表《中国和巴西关于进一步深化中巴全面战略伙伴关系的联合声明》，签署 56 项合作协议；中阿双方发表《中华人民共和国和阿根廷共和国关于建立全面战略伙伴关系的联合声明》，将双方关系提升为“全面战略合作伙伴关系”，签署 19 份超过 75 亿美元的合作协议，决定合作建设重水堆核电站，两国央行签署 3 年期 110 亿美元的货币互换协议；中委双方发表《中华人民共和国和委内瑞拉联合声明》，签署 38 项合作协议，其中根据石油方面的协议，委内瑞拉将向中国每天出口 100 万桶原油；中国与古巴签订经贸、农业等方面 29 个合作协议。习近平主席在巴西利亚与拉美和加勒比国家领导人会晤中，共同宣布建立中拉平等互利、共同发展的全面合作伙伴关系，建立中拉论坛。在此次会晤中，习近平主席还就中拉整体合作提出了共同构建“1+3+6”合作新框架的倡议和新举措。

18—19日，“二十国集团”（G20）贸易部长会议在澳大利亚悉尼召开，会议重点围绕进一步完善“二十国集团”全面增长战略中的贸易政策措施、加强多边贸易体制，推动多哈回合谈判等议题进行深入讨论，取得广泛共识。中国商务部部长助理王受文率中国代表团与会，中国驻世界贸易组织大使俞建华出席会议。

28日，鉴于利比亚安全形势恶化，中国驻利比亚大使馆发布紧急通知，提醒中国公民不要前往利比亚，并提醒在利比亚中国公民及早撤出。使馆经商处也发布紧急通知，要求驻利比亚中资企业在8月1日前组织人员撤离利比亚，并将为中资企业人员撤离提供必要协助。

2014年8月

2日，22时，97名在利比亚工作的中国公民在中国外交人员的协助下顺利办完通关手续，从突尼斯与利比亚交界的拉斯杰迪尔口岸进入突尼斯境内。中国驻利比亚大使馆工作人员表示，这是最后一批在使馆协助下有组织集体撤离的中国公民，此次中国公民集体撤离利比亚暂告结束。

7日，欧洲权威电子商务网站yStats发布《2014年度全球跨境电子商务报告》称，2013年在世界范围内跨境电子商务出口排在前六位的国家和地区依次是美国、英国、德国、斯堪的纳维亚国家、荷兰和法国，跨境电子商务进口排在前六位的国家和地区依次是中国、美国、英国、德国、巴西和澳大利亚。

8日，海关总署公布2014年1—7月外贸进出口情况，中国进出口总值14.72万亿元人民币，比去年同期增长0.2%。其中，出口7.82万亿元，增长1.1%；进口6.9万亿元，下降0.8%；贸易顺差9249亿元，扩大18%。

13日，由中国铁建二十局集团设计建设的安哥拉本格拉铁路工程全线完工。全长1344公里的本格拉铁路是继坦赞铁路之后，中国企业在非洲修建的里程最长、规模最大的一条现代化铁路。本格拉铁路全线设车站 67 座，设计时速 90 公里，项目总投资约 18.3 亿美元，是安哥拉有史以来修建的线路最长、速度最快、规模最大的现代化铁路项目。

21—22 日，应额勒贝格道尔吉总统的邀请，国家主席习近平对蒙古国进行国事访问。这是中国国家元首 11 年来对蒙古国的首次访问。两国元首在会谈中一致决定，将两国关系提升为全面战略伙伴关系。访问期间，习近平在蒙古国《日报》、《今日报》、《世纪新闻报》、《民族邮报》、蒙古国新闻网网站同时发表题为《策马奔向中蒙关系更好的明天》的署名文章，并在蒙古国国家大呼拉尔发表题为《守望相助，共创中蒙关系发展新时代》的重要演讲，阐述了中国周边外交理念，更欢迎周边国家搭乘中国发展的“列车”。两国签署 26 项合作文件。

27—28 日，亚太经合组织（APEC）第四届海洋部长会议在福建厦门举办，会议主题为“构建亚太海洋合作新型伙伴关系”，重点讨论海洋生态环境保护和防灾减灾、海洋在粮食安全中和相关贸易中的作用、海洋科技创新、蓝色经济等四个议题。与前三届会议相比，本次会议的最大特点是增加了蓝色经济的议题。会议通过《厦门宣言》，呼吁构建亚太海洋合作新型伙伴关系。

30 日，国务院副总理张高丽在莫斯科出席了中俄能源合作委员会第 11 次会议。张高丽在会晤中指出，中方高度重视扩大和深化中俄能源合作，将按照两国元首达成的共识，坚持不懈地致力于同俄方建立能源战略合作关系；愿与俄方一道再接再厉，推动重大项目不断取得实质进展，以两国能源合作的实际成果促进中俄关系的深入发展。俄罗斯副总理德沃尔科维奇表示，俄方致力于进一步深化同中方的能源合作，将与中方密切协作，持续推进天然气管道建设等能源领域大项目合作，为促进两国共同发展作出积极贡献。

2014 年 9 月

1 日，中国国务院副总理张高丽和俄罗斯总统普京在俄罗斯“冰城”

雅库茨克共同出席中俄天然气管道东线开工仪式。中俄天然气管道东线工程总长度为3968公里，建成后将保障俄罗斯国内市场供气，同时将对华出口天然气。管道预计造价为7700亿卢布（约合人民币1262亿元），包括在雅库茨克境内铺设管道的投资2830亿卢布。

10—12日，“第八届夏季达沃斯论坛”即世界经济论坛2014年新领军者年会在天津举办。本届年会以“推动创新　创造价值”为主题。国务院总理李克强应邀出席，并发表《紧紧依靠改革创新　增强经济发展新动力》的致辞。

10日，第四届文化财产返还国际专家会议在甘肃敦煌闭幕，会议讨论并通过旨在促进文化财产保护与归还为主题的《敦煌宣言》，这是中国首次主导制订文物返还领域国际性规则。

11—15日，国家主席习近平到访塔吉克斯坦，参加上海合作组织成员国元首理事会第14次会议并对塔吉克斯坦进行国事访问。习主席与拉赫蒙总统共同签署《中华人民共和国和塔吉克斯坦共和国关于进一步发展和深化战略伙伴关系的联合宣言》，并通过《中华人民共和国和塔吉克斯坦共和国2015年至2020年合作纲要》等16份文件，

12日，上海合作组织成员国元首理事会第14次会议在塔吉克斯坦首都杜尚别举行，中国国家主席习近平和其他成员国元首出席。成员国元首签署并发表《杜尚别宣言》，批准《给予上海合作组织成员国地位程序》和《关于申请国加入上海合作组织义务的备忘录范本》修订案，标志着正式打开本组织扩员大门。成员国还授权代表签署《上海合作组织成员国政府间国际道路运输便利化协定》，习近平主席发表题为《凝心聚力　精诚协作　推动上海合作组织再上新台阶》的重要讲话，强调要全力推动上海合作组织朝着机制更加完善、合作更加全面、协调更加顺畅、对外更加开放的方向发展，为本地区人民造福。

14—16日，国家主席习近平对马尔代夫进行国事访问，这是建交42年来中国国家元首首次到访，双方一致同意建立中马面向未来的全面友好合作伙伴关系。在两国公布的联合宣言中，马尔代夫积极呼应，表示

欢迎并愿积极参与中方提出的构建“21世纪海上丝绸之路”倡议，并同意加强海洋事务、海洋经济、海洋安全等领域合作。会谈后，两国元首共同出席了外交、经贸、基础设施建设等领域合作文件签字仪式，并为中方参与建设的马尔代夫拉穆环礁连接公路项目和民用住宅项目揭牌。

16—17日，国家主席习近平对斯里兰卡进行国事访问。访问期间，习主席会见了拉贾帕克萨总统、总理贾亚拉特纳、议长恰马尔等斯里兰卡政要。两国领导人就强化中斯合作展开深入探讨，并签署了多项合作协议，涵盖经济、科技和人文等多个领域，其中最引人注目的是两国围绕建设“21世纪海上丝绸之路”所达成的共识和合作计划。习主席还在斯里兰卡《每日新闻》报发表题为《做同舟共济的逐梦伙伴》的署名文章，强调两国要加深友谊、相互支持。

17—19日，国家主席习近平对印度进行首次国事访问。17日，习近平在印度媒体《印度教徒报》和《觉醒日报》同时发表题为《携手共创繁荣振兴的亚洲世纪》的署名文章；18日，习主席在印度世界事务委员会发表题为“携手追寻民族复兴之梦”的重要演讲，指出中印关系具有战略意义和全球影响，强调两国要构建更加紧密的发展伙伴关系，携手共创繁荣振兴的亚洲世纪。访问期间，中印签署12份合作文件，涉及中印五年经贸发展计划、铁路合作、和平利用外太空、药品管理以及文化交流等领域的合作。

30日，国际货币基金组织发布研究报告称，全球经常账户失衡已从2006年的峰值下降1/3多，源于全球经济失衡的系统性风险已经降低。2006—2013年，中国的顺差占世界国内生产总值的比重从0.46%下降至0.25%。2013年，德国超越中国成为世界第一大顺差经济体。

2014年10月

13日，中国人民银行与俄罗斯联邦中央银行签署规模为1500亿元人民币/8150亿卢布的双边本币互换协议。这是人民币国际化的又一进展。

14 日，英国财政部发表声明说，英国政府已成功发行首只人民币主权债券，规模为 30 亿元人民币，期限 3 年，票息率为 2.7%。这是首只由西方国家发行的人民币主权债券，也是全球非中国发行的最大一笔人民币债券。

22 日，美国马萨诸塞州交通局正式批准，将向中国北车股份有限公司采购 284 辆地铁车辆，装备波士顿红线和橙线地铁。这是中国轨道交通装备企业在美国面向全球的招标中首次胜出，也意味着中国地铁装备将首次登陆美国。

24 日，包括中国、印度、新加坡等在内 21 个首批意向创始成员国的财长和授权代表在北京签约，共同决定成立"亚洲基础设施投资银行"。

26 日，清华大学与信威通信产业集团联合宣布：中国首颗低轨移动通信卫星"灵巧"通信试验卫星已完成全部在轨测试试验，工程任务取得圆满成功。

28 日，中国华电集团公司与美国通用电气公司合作在国内组装生产的首台世界上最先进的 5 万千瓦等级航改型燃气轮机发电机组日前在上海顺利下线。这标志着中国和美国在清洁能源合作领域迈出实质性步伐，中国分布式能源核心装备国产化迈出了历史性的一步。

29 日，中国国际文化交流中心成立 30 周年纪念大会在北京召开。习近平主席作出重要批示指出，中国国际文化交流中心成立 30 年来，为扩大对外文化交流、推动中华文化走向世界、服务国家工作大局、增进中国人民与世界各国人民的友谊，作出重要贡献。希望认真总结经验，发挥民间往来优势，坚持社会主义先进文化前进方向，大力弘扬中华优秀传统文化，在推进人类各种文明的交流交融、互学互鉴中，增强中国的文化软实力，维护世界和平。

30 日，在宣布收购整整十个月后，联想集团宣布完成对摩托罗拉移动的收购，并成为全球第三大智能手机厂商。之前，国际两大权威调研机构 IDC 以及 Strategy Analytics 分别发布了全球智能手机市场 Q3 的调研报告，并公布出货量以及市场份额前五名榜单，小米手机均排名全球第三位，紧随“三星”与“苹果”之后，但随着联想与摩托罗拉联姻成功这一排名随即改变。

2014 年 11 月

7 日，国务委员杨洁篪在钓鱼台国宾馆同来访的日本国家安全保障局长谷内正太郎举行会谈。双方就处理和改善中日关系达成四点原则共识。

7—8 日，亚太经合组织第 26 届部长级会议在北京举行。会议就《亚太经合组织推动实现亚太自贸区北京路线图》达成共识，同意启动实现亚太自贸区有关问题的联合战略研究，全面系统地推进亚太自贸区进程，为最终实现亚太自贸区创造有利条件，夯实基础。会议批准《亚太经合组织促进全球价值链发展合作战略蓝图》和《亚太经合组织贸易增加值核算战略框架》，决定共同营建有利于全球价值链发展的政策环境和核算体系。会议重申加强亚太经合组织经济技术合作的重要性，批准《亚太经合组织促进贸易投资发展的能力建设战略计划》，同意大力开展有针对性的经济技术合作和能力建设，提升发展中成员实现贸易投资发展的能力。

10 日，中国人民银行与马来西亚国家银行签署在吉隆坡建立人民币清算安排的合作备忘录。之后，将确定吉隆坡人民币业务清算行。

10—12 日，应国家主席习近平邀请，美国总统巴拉克·奥巴马来华出席亚太经合组织领导人非正式会议并对中国进行国事访问。访华期间，习近平主席与奥巴马总统举行深入、坦诚、建设性的会谈，就中美关系及共同关心的重大国际和地区问题坦诚、深入交换意见。双方重申安纳伯格庄园会晤时就发展中美新型大国关系达成的目标，习近平提出要从六个重点方向进一步推进中美新型大国关系建设。会谈取得多项共识和成果。

11 日，亚太经合组织第 22 次领导人非正式会议在北京举行，会议主题是“共建面向未来的亚太伙伴关系”。会议就加强亚太伙伴关系、启动亚太自由贸易区进程等问题达成多项共识。国家主席习近平主持会议并发表讲话，倡议推进区域经济一体化，打造有利于长远发展的开放格局，大力推进亚太自由贸易区进程。会议发表了《北京纲领：构建融合、创新、互联的亚太——亚太经合组织领导人宣言》和《共建面向未来的亚太伙伴关系——亚太经合组织成立 25 周年声明》。

15 日，金砖国家领导人非正式会晤在布里斯班举行，中国国家主席习近平、巴西总统罗塞夫、俄罗斯总统普京、印度总理莫迪、南非总统祖马出席。五国领导人就金砖国家合作以及重大国际和地区问题深入交换意见，取得高度共识。

15—16 日，二十国集团（G20）领导人第九次峰会在澳大利亚布里斯班举行。国家主席习近平 15 日出席在澳大利亚布里斯班举行的“二十国集团”领导人第九次峰会第一阶段会议，并发表题为《推动创新发展实现联动增长》的重要讲话，对“二十国集团”落实全面增长战略提出了中方的建议主张，强调中国将继续保持经济增长势头，为推动世界经济增长作出更大贡献。

17—19 日，国家主席习近平对澳大利亚进行国事访问，在堪培拉同澳大利亚总理阿博特举行会谈。两国领导人决定将中澳关系提升为中澳全面战略伙伴关系，并宣布实质性结束中澳自由贸易协定谈判。会谈后，习近平同阿博特共同见证了双方多项合作协议的签署。访问期间，习主席在澳大利亚联邦议会发表题为《携手追寻中澳发展梦想　并肩实现地区繁荣稳定》的重要演讲，强调中国始终视澳大利亚为重要伙伴。

17 日，中国人民银行与澳大利亚储备银行签署在澳大利亚建立人民币清算安排的合作备忘录，并同意将人民币合格境外机构投资者（RQFII）试点地区扩大到澳大利亚，初期投资额度为 500 亿元人民币。之后，将确定悉尼人民币业务清算行。

17—21 日，国际海事组织（IMO）海上安全委员会（MSC）第 94 届会议在英国伦敦国际海事组织总部召开。会议审议通过对“北斗”卫星导航系统认可的航行安全通函，这标志着“北斗”卫星导航系统正式成为全球无线电导航系统的组成部分，取得面向海事应用的国际合法地位。

19—21日，国家主席习近平对新西兰进行国事访问，这是中国国家元首11年来首访新西兰。习近平在惠灵顿同新西兰总理约翰·基举行会谈，双方决定将中新关系提升为全面战略伙伴关系，共建中新两国利益共同体，推动两国合作不断迈上新台阶。会谈后，中新双方发表《中华人民共和国和新西兰关于建立全面战略伙伴关系的联合声明》，并签署和续签多项文件和双边合作协议。

21—23日，国家主席习近平对斐济进行国事访问并同太平洋建交岛国领导人举行会晤。习近平在楠迪同斐济总理姆拜尼马拉马举行会谈。习近平表示，中方将在斐济设立中国文化中心，继续派遣医疗、文艺团组到斐济等岛国巡诊巡演，促进人文交流。中方感谢斐方协助中国政府开展海外追逃追赃工作，希望继续加强两国执法合作。除斐济外，习近平还和南太平洋其他7个建交岛国领导人分别举行了双边会见，共签署双边合作协议文本30余份。

23—24日，华侨大学主办的“中国海外利益与维护”国际研讨会在华侨大学厦门校区举办。来自世界各地的30多名知名学者、侨领、企业家、政府官员和媒体工作者，就中国海外利益维护与拓展、中国海外发展现状、海外华侨生存安全预警与救护、“走出去”的挑战与对策等话题展开讨论。华侨大学“中国海外发展研究中心”同日揭牌。

2014年12月

1日，中国工商银行伦敦分行在伦敦宣布正式对外营业。这是新中国成立以来中国大陆地区银行在英国设立的首家分行，也是2008年国际金融危机以来第一家得到英国相关监管部门授权的银行。

1日，中国铁建股份有限公司（中国铁建）承建的尼日利亚首都阿布贾至卡杜纳州现代化铁路（阿卡铁路）铺通仪式在卡杜纳州瑞卡萨镇隆重举行。阿卡铁路的全线贯通标志着尼日利亚现代化铁路建设迈出坚实步伐，也标志着首条采用中国标准的现代化铁路扎根非洲大地。

3日，国家旅游局举行新闻发布会公布数据称，截至11月，中国内地公民当年出境旅游首次突破1亿人次。从“请进来”到“走出去”，中国内地公民出境旅游人数自有统计数据的1998年的843万人次，到2014年破亿，增长10.8倍，既是中国旅游业发展的一个里程碑，也是中国改革开放、经济社会发展进入新阶段具有标志性意义的大事。

3日，中国银行巴黎分行人民币清算中心正式揭牌，巴黎的人民币清算业务由此正式启动。

7日，外交部发布《中华人民共和国政府关于菲律宾共和国所提南海仲裁案管辖权问题的立场文件》，重申中国不接受、不参与该仲裁的严正立场，并从法律角度全面阐述中国关于仲裁庭没有管辖权的立场和理据。

7日，第九届全球孔子学院大会开幕式在福建厦门举行，120多个国家和地区的大学校长、孔子学院代表共2000多人出席大会。国务院副总理、孔子学院总部理事会主席刘延东在开幕式致辞中强调，要面向未来，平等合作，共同推动孔子学院事业发展，为建设持久和平、共同繁荣的和谐世界作出新贡献。

19日，国务院总理李克强在曼谷会见泰国总理巴育。会见后，两国总理共同见证了《中泰铁路合作谅解备忘录》和《中泰农产品贸易合作谅解备忘录》的签署。拟建设的中泰铁路连接泰国北部的廊开和南部港口马普达普，总长800多千米，是泰国首条标准轨铁路。项目开工后，将给沿线地区带来工作机会，建成后将带动沿线及泰国经济发展。

19日，外交部发言人秦刚在例行记者会上表示，台湾问题事关中方核心利益，中方坚决反对美方向台湾地区出售武器，已向美方提出严正交涉，并保留采取进一步行动的权利。据报道，美国国会有关授权总统向台湾地区出售“佩里级”导弹护卫舰议案已经美国总统签署成法。

19—20 日，大湄公河次区域经济合作第五次领导人会议在泰国曼谷香格里拉酒店举行，会议主题为“致力于大湄公河次区域的包容性和可持续发展”。国务院总理李克强等大湄公河次区域国家领导人出席 20 日举行的领导人会议并发言。

22 日，中国人民银行发表公告称，与泰国央行签署了在曼谷建立人民币清算安排的合作备忘录。两家央行同意续签双边本币互换协议，双边本币互换规模为人民币 700 亿元 /3700 亿泰铢，协议有效期为三年。

2015 年 1 月

8—9 日，中国—拉美和加勒比国家共同体论坛（中拉论坛）首届部长级会议在北京召开，会议通过《北京宣言》、五年合作规划、论坛运行规则等重要成果文件。拉美国家专家和媒体认为，本次会议是中拉关系史上的里程碑，会议通过的文件将有效促进中拉深化互利合作，中拉论坛机制将积极推动南南合作，为国际秩序带来深刻影响。国家主席习近平出席开幕式并发表题为《共同谱写中拉全面合作伙伴关系新篇章》的重要讲话。

9 日，由中国人民对外友好协会和人民日报社指导、《环球人物》杂志社主办的“第三届中国影响力论坛”在中国人民对外友好协会礼堂举行，会期一天。该届论坛以“讲好中国故事，传播好中国声音”为宗旨，分别从中国经济“新常态”、中国海外利益、中国企业“走出去”与中国境外投资崛起三个角度来阐述中国影响力。

16 日，中日韩自贸区第六轮谈判首席谈判代表会议在日本东京举行，三方就货物贸易降税模式、服务贸易和投资开放方式及协定范围与领域等议题进行磋商。

20—22 日，应世界经济论坛主席施瓦布、瑞士联邦政府邀请，国务院总理李克强出席在瑞士达沃斯举行的世界经济论坛 2015 年年会，并对瑞士进行工作访问。这是自 2009 年以后中国总理首次出席世界经济论坛年会。李克强总理在全会上发表题为《维护和平稳定　推动结构改革　增强发展新动能》的特别致辞，向世界传递了中国信心，展示了改革成绩，分享了中国机遇。

21日，中国人民银行与瑞士国家银行签署合作备忘录，就在瑞士建立人民币清算安排有关事宜达成一致。

29日，联合国贸易和发展会议公布《全球投资趋势报告》，称2014年中国吸引外国投资达1280亿美元，成为全球外国投资第一大目的地国。

29日，马来西亚民航局局长爱兹哈尔丁通过马来西亚广播电视台宣布，马来西亚航空公司MH370航班失事，推定机上所有239名乘客和机组成员已经遇难。对此，中国外交部发言人华春莹29日说，中国政府将同马来西亚政府和澳大利亚政府密切合作，积极参与搜寻和调查，做好对乘客家属的服务工作，切实维护乘客家属的合法权益。

2015年2月

1日，推进"一带一路"建设工作会议在北京召开。张高丽表示，推进"一带一路"建设是党中央、国务院统筹国内国际两个大局作出的重大决策，对开创中国全方位对外开放新格局、促进地区及世界和平发展具有重大意义。

4日，10时56分，台湾复兴航空一架ATR72轻型民航客机在执飞台北至金门航线时失事，坠于台北市与新北市交界处的基隆河。机上共有58人，其中31人为大陆游客。至4日19时，事故已造成23人死亡、15人受伤，另有20人失踪。事故发生后，党中央、国务院高度重视。习近平迅速作出重要指示，要求尽快准确掌握相关情况，积极协助开展伤员救治，做好家属安抚、善后处理等工作。

20日，外交部发言人华春莹就印度总理莫迪赴中印边界东段争议区活动答记者问。华春莹表示，中印边界东段地区存在巨大争议。中国政府从不承认所谓的"阿鲁纳恰尔邦"。中方对印度领导人到争议区活动表示坚决反对，并向印方提出了严正交涉。

23日，在2月轮值主席中国的倡议下，联合国安理会举办主题为“维护国际和平与安全：以史为鉴，重申对《联合国宪章》宗旨和原则的坚定承诺”的公开辩论会，拉开了联合国成立70周年和世界反法西斯战争胜利70周年系列纪念活动的序幕。在辩论会上，中方提出“要和平，不要冲突；要合作，不要对立；要公平，不要强权；要共赢，不要零和”的四点主张，得到了各方积极回应。

2015年3月

5日，第12届全国人民代表大会第三次会议在人民大会堂开幕。国务院总理李克强向大会作政府工作报告时指出，时代赋予中国发展兴盛的历史机遇。我们要紧密团结在以习近平同志为总书记的党中央周围，高举中国特色社会主义伟大旗帜，凝神聚力，开拓创新，努力完成2015年经济社会发展目标任务，为实现“两个一百年”奋斗目标、建成富强民主文明和谐的社会主义现代化国家、实现中华民族伟大复兴的“中国梦”作出新的更大贡献。

13日，中国首个中欧光伏专列——郑州至德国汉堡的光伏班列在河南郑州鸣笛启程，装载6个集装箱、总计1兆瓦的太阳能光伏组件将横穿欧亚大陆，于15天后到达德国汉堡。

21日，一架由波音737机型执飞的海南航空飞机从上海虹桥飞抵北京，该次航班使用的是新型能源生物航油，这是中国首次使用生物航油进行载客商业飞行。这将对新能源应用和绿色低碳飞行产生深远影响。

26—29日，博鳌亚洲论坛2015年年会在海南博鳌召开。年会主题为“亚洲新未来：迈向命运共同体”。来自世界5大洲49个国家和地区的1772位政、商、学界人士齐聚一堂，共同就开创亚洲新未来、建设人类命运共同体等议题进行深入探讨。国家主席习近平出席开幕式并发表主旨演讲，强调亚洲要迈向命运共同体、开创亚洲新未来，必须在世界前进的步伐中前进、在世界发展的潮流中发展。要通过迈向亚洲命运共同体，推动建设人类命运共同体。

28日，经国务院授权，《推动共建丝绸之路经济带和21世纪海上丝绸之路的愿景与行动》发布，建设“一带一路”，共同打造开放、包容、均衡、普惠的区域经济合作架构，将让中国与世界更加紧密地联系在一起，推动更多国家和地区开展全方位合作，共克时艰、共创辉煌。

28日，金砖国家大法官论坛在海南三亚举行。来自中国、巴西、俄罗斯、印度、南非等金砖五国的大法官相聚在一起，围绕“金砖国家司法制度新发展”“环境司法保护”等主题展开研讨，这在金砖国家交往与合作的历史上是第一次。

31日，亚洲基础设施投资银行（亚投行）创始会员国申请截止。截至当日，亚投行意向创始成员国总数达到57个，涵盖亚洲、大洋洲、欧洲、非洲、拉美等五大洲。

2015年4月

2日，外交部长王毅同来访的缅甸总统特使、外交部长吴温纳貌伦举行会谈，吴特使就缅甸军机炸弹致中国边民伤亡正式向中方道歉。

6日，北京时间18时10分，中国海军“临沂”舰搭载24名中国公民驶离也门荷台达港前往吉布提。此前，中国驻也门大使馆组织这些中国公民驱车五个多小时从也门首都萨那赶到荷台达港。中国驻也门大使馆留守组全体人员一同乘舰撤离。

15日，亚洲基础设施投资银行意向创始成员国确定为57个。经过多边征求意见的程序，3月31日（含）前提交加入申请的国家已经过多边征求意见的程序，正式成为亚投行意向创始成员国。涵盖了除美国、日本和加拿大之外的主要西方国家以及亚欧区域的大部分国家。其他国家和地区今后仍可以作为普通成员加入亚投行。

20—21日，应巴基斯坦总统侯赛因和总理谢里夫邀请，国家主席习近平对巴基斯坦进行国事访问。这是中国国家主席九年来首次访问巴基斯坦。访问中，双方一致同意将中巴关系提升为全天候战略合作伙伴关系，并签署了50多项双边合作文件。

22—23日，亚非领导人峰会在印度尼西亚首都雅加达举行。会议期间，各国通过《2015万隆公报》、《重振亚非新型战略伙伴关系宣言》、《巴勒斯坦问题宣言》三份成果文件。国家主席习近平出席会议并发表题为《弘扬万隆精神　推进合作共赢》的重要讲话，表示各国应该大力弘扬万隆精神，不断赋予其新的时代内涵，推动构建以合作共赢为核心的新型国际关系，推动国际秩序和国际体系朝着更加公正合理的方向发展，加强亚非合作，推动建设人类命运共同体，更好造福亚非人民及其他地区人民。峰会期间，习近平主席会见柬埔寨首相洪森、伊朗总统鲁哈尼、津巴布韦领导人穆加贝等领导人。

28日，英国石油公司在北京举行《英国石油公司2035世界能源展望》报告发布会。该报告预测，到2035年，中国能源产量在消费中的比重将从当前的85%降至77%，中国的能源结构将继续演变，煤炭的主导地位将从当前的68%降至51%，天然气的比重将翻倍至12%，石油的比重仍将保持18%不变。

2015年5月

3日，第18届东盟与中日韩（10+3）财长和央行行长会议在阿塞拜疆巴库举行，重点讨论全球和区域宏观经济形势以及“10+3”财金合作等议题，并发表了《第18届10+3财长和央行行长会联合声明》。财政部长楼继伟率由财政部、中国人民银行、外交部、香港金融管理局代表组成的中国代表团出席会议。

6日，总部位于日内瓦的世界经济论坛发布2015年《旅游业竞争力指数报告》，在此次141个经济体的排名中，世界主要新兴经济体旅游竞争力正不断提升，其中中国表现最为抢眼，从2014年的第45位跃升至第 17 位。

7 日，国家主席习近平开始对哈萨克斯坦进行访问。这是习近平主席时隔一年多再次访问哈萨克斯坦，是两国高层密切交往的良好延续，体现了中哈关系的高水平和高度战略互信。国家主席习近平在阿斯塔纳同哈萨克斯坦总统纳扎尔巴耶夫举行会谈，共同规划包括推动建设“丝绸之路经济带”在内的中哈各领域互利合作发展蓝图。

8—10 日，应俄罗斯联邦总统普京邀请，国家主席习近平出席俄罗斯纪念卫国战争胜利 70 周年庆典并访问俄罗斯。访问期间，习近平在克里姆林宫同俄罗斯总统普京举行会谈，就中俄关系和彼此关心的重大国际和地区问题充分交换意见。两国元首共同签署并发表《中俄两国关于深化全面战略协作伙伴关系、倡导合作共赢的联合声明》、《关于丝绸之路经济带建设与欧亚经济联盟建设对接合作的联合声明》，并见证能源、交通、航天、金融、新闻媒体等领域多项合作文件的签署。

9 日，俄罗斯卫国战争胜利日。俄罗斯纪念卫国战争胜利 70 周年庆典在莫斯科红场举行。应俄罗斯总统普京的邀请，国家主席习近平出席庆典，同其他约 20 个国家和地区的领导人和国际组织代表，与俄罗斯人民和世界人民一道庆祝这个神圣的节日。向世界展示共同维护第二次世界大战胜利成果和国际公平、正义的决心，警示世人珍惜和维护来之不易的和平。

10—11 日，应白俄罗斯总统卢卡申科邀请，国家主席习近平对白俄罗斯进行国事访问。这是中国国家元首时隔 14 年再次访问白俄罗斯。访问期间，习近平与卢卡申科举行会谈，考察两国间最大的投资合作项目中白工业园，并见证总价约 157 亿美元的多领域双边合作文件的签署。

17 日，国家主席习近平在人民大会堂会见美国国务卿克里。习近平指出，宽广的太平洋有足够的空间容纳中美两个大国，希望中美双方相向而行，多沟通多对话，增信释疑，深化合作，确保中美关系始终沿着构建新型大国关系的正确轨道向前发展。

18 日，致力于企业国际化研究的国内前沿智库“中国与全球化智库”在北京举行发布会，正式成立“一带一路研究所”，启动“一带一路”国别研究，以期为企业“走出去”提供智力支持。

19 日，第五届世界水电大会上宣布，2014 年中国水电装机容量突破 3 亿千瓦，居世界第一，约占全球水电装机总量的 1/4。

21—22 日，第八届阿斯塔纳经济论坛在哈萨克斯坦首都阿斯塔纳召开，中国经济日报社与哈萨克斯坦国家经济研究所共同主办，其中作为重要分论坛的“丝绸之路经济带智库峰会”，以“亚投行：丝绸之路经济带发展新助力”为主题。

25—26 日，亚洲相互协作与信任措施会议（亚信）非政府论坛首次年会在北京召开，会议主题是“立足亚洲发展　促进可持续安全”。出席年会的全国政协副主席、亚信非政府论坛首次年会主席陈元在开幕式上宣读习近平的贺词。全国政协主席俞正声出席开幕式并作题为《促进亚洲安全　实现共同发展》的主旨讲话。年会期间，多位前政要、中外专家学者、智库和媒体代表分别就亚洲安全观、亚洲安全形势与地区安全架构和亚信机制建设等问题发表精彩的演讲，涉及可持续安全、战后国际秩序、开发性金融、“一带一路”、能源安全、地区反恐、非政府组织和媒体作用等议题。

26 日，中国国务院新闻办公室发布《中国的军事战略》国防白皮书，在论及实行新形势下积极防御军事战略方针时，首次明确提出“海外利益攸关区”的概念，指出要加强海外利益攸关区国际安全合作，维护海外利益安全。

29 日，国家行政学院国际事务与中国外交研究中心和金古文化产业集团在国家行政学院联合举办“‘一带一路’倡议与中国海外利益”研讨会，会议围绕“中国海外利益的内容、结构与特点”、“‘一带一路’倡议与中国对外战略”、“‘亚投行’与共建‘一带一路’倡议”、“中国海外利益风险的特点及应对”、“‘一带一路’倡议的地缘政治影响”、“‘一带一路’倡议与文明伙伴关系”、“共建‘一带一路’与中国周边外交”、“‘共建海上丝绸之路’与国际海洋合作”、“海外民生工程建设”、“海外利益拓展与法律制度保障”等议题进行闭门研讨。

2015 年 6 月

1 日，历经 10 年酝酿和 14 轮谈判，《中华人民共和国政府和大韩民国政府自由贸易协定》在韩国首尔正式签署。中韩自贸协定的签署，成为两国合作进程中又一具有里程碑意义的大事。根据该自贸协定，过渡期后中国和韩国 90% 以上的商品将迎来“零关税”时代。

1 日，青岛港与柬埔寨王国西哈努克港签署正式协议。按照该协议规定，双方将以友好港关系开展交流与合作，促进相互之间的贸易与航线，进一步扩大并开展港口开发建设、运营管理及其他领域的合作。

6 日，中国与匈牙利签署“一带一路”建设谅解备忘录，匈牙利成为第一个同中国签署此类合作文件的欧洲国家。

6—10 日，世界海洋日暨全国海洋日宣传日主场活动在三亚举行。7 日，国家海洋局和海南省人民政府在三亚协商，就如何共同服务国家“一带一路”建设、将海南建设成为南海资源开发服务保障基地和海上救援基地签订协议。该协议对海南省政府和国家海洋局各自在共建中承担的责任进行了约定。

11 日，海外首条采用全套中国技术标准修建的电气化铁路——埃塞俄比亚吉布提铁路在吉布提那佳德车站举行了铺轨竣工仪式。这是中国企业在海外修建的第一个集设计标准、设备采购、施工、监理和融资于一体的中国化铁路项目。中国进出口银行提供融资支持，中国土木工程集团有限公司承建埃塞俄比亚的米埃索至吉布提港 430 公里的区段。

12 日，同济大学中国战略研究院与中共中央党校中国国家利益课题组在中共中央党校主楼会议室联合主办“中国国家利益的维护与拓展”学术研讨会。来自中共中央党校、同济大学、北京大学、复旦大学、中国政法大学、中国社会科学院、吉林大学、天津师范大学、上海国际问题研究院等学术机构的近 20 位权威专家学者围绕“中国国家利益的研究意义”、“中国国家利益研究评述”、“中国国家利益理论与理念”、“维护与拓展中国国家利益的战略设计”、“维护与拓展中国国家利益的领域分析”等重要议题展开对话、交流和热烈讨论。

15—18日，在捷克出席中国—中东欧国家卫生部长论坛的国务院副总理刘延东与捷克总理索博特卡共同见证了中捷首都间直航谅解备忘录的签署仪式，双方确认将于2015年9月底前开通北京至布拉格直航航线。

17日，中国和澳大利亚自贸协定在堪培拉正式签署，将为两国实现优势互补和密切互利合作提供更高的平台和更完善的制度保障，也将有助于推动亚太经济一体化进程，促进亚太地区各经济体的深度融合和共同发展。

18日，清华大学、华盛顿大学和微软公司合作创建的全球创新学院在美国华盛顿州西雅图正式启动。这是中国高校第一次到美国办学，标志着中国高校在美国设立的第一个实体校区和综合性教育科研平台正式建立。

23日，中国银联发布的最新数据显示，2015年第一季度银联卡全球交易总额达到11.8万亿元（约合1.9万亿美元）。根据全球最大支付公司VISA同期财务数据，2015年第一季度VISA交易总额为1.75万亿美元。这意味着中国银联在发卡量连续多年超过VISA之后，首次在交易总额上超过VISA，成为全球最大的银行卡清算组织。

24日，全球首家海上丝绸之路孔子学院在泰国博仁大学正式成立，中国国家汉办主任许琳、泰国教育部副部长素拉旦·猜翁和中国驻泰国大使宁赋魁等中泰各界代表600多人出席揭牌仪式。

24日，美国总统奥巴马在白宫会见出席第七轮中美战略与经济对话和第六轮中美人文交流高层磋商的习近平主席特别代表、国务院副总理刘延东以及国务院副总理汪洋、国务委员杨洁篪等中方代表团主要成员。

27日，中国人民银行与匈牙利中央银行签署了在匈牙利建立人民币清算安排的合作备忘录和《中国人民银行代理匈牙利央行投资中国银行间债券市场的代理投资协议》，并同意将人民币合格境外机构投资者（RQFII）试点地区扩大到匈牙利，投资额度为500亿元人民币。之后，中国人民银行将确定匈牙利人民币业务清算行。

29日，国务院总理李克强在布鲁塞尔与欧盟委员会主席容克共同出席中欧工商峰会，并发表主旨演讲。李克强表示，中欧关系走过40载历程，日趋成熟稳定。欧盟作为最大的发达国家集团和最大的经济体，是国际政治舞台上重要一极，中国是世界上最大的发展中国家，中欧走在一起将为双方人民带来巨大福祉，也有利于世界。欧洲为中国现代化建设提供了许多先进技术，中欧经贸合作已成为欧洲乃至全球经济增长的重要依托；中欧共促文明对话、交流互鉴。

2015年7月

9—10日，上海合作组织成员国元首理事会第15次会议在俄罗斯乌法举行。国家主席习近平出席金砖国家领导人第7次会晤和上海合作组织成员国元首理事会第15次会议并在会上发表重要讲话强调，要加快步伐，切实行动，打造本地区命运共同体，共同维护成员国安全和稳定，充实务实合作内容，巩固世代睦邻友好，保持开放互鉴，在新起点上推动上海合作组织实现新跨越。

20—21日，金砖国家新开发银行（金砖银行）开业仪式系列活动在上海举行。财政部部长楼继伟出席，并在21日举行的金砖银行开业仪式上与上海市长杨雄、金砖银行行长卡马特共同启动金砖银行，标志着金砖银行正式开业。金砖银行预计将于2015年年底或2016年年初启动运营。

29日，中国与东盟国家在天津举行落实《南海各方行为宣言》第九次高官会。各方在友好、坦诚的气氛中就进一步全面有效落实该宣言、加强海上务实合作深入交换意见，并在落实该宣言框架下就“南海行为准则”举行磋商。

30日，国家主席习近平和土耳其总统埃尔多安共同出席在北京举行的中国—土耳其经贸论坛并致辞。习近平在致辞中说，中土两国位于亚欧大陆的东西两端，是古丝绸之路的起点和终点，为促进人类文明交流繁荣作出了重要贡献。两国要通过“一个指导机制、两个合作重点、三个新兴领域”推动双边关系不断向前迈进。埃尔多安总统表示，此访期间，同习主席就推进两国各领域合作达成许多重要共识。土耳其支持中方倡议的“一带一路”设想和丝路基金，愿积极参与相关合作。土耳其政府欢迎中国企业加大对其投资，并愿为此营造有利环境。

31 日，国际奥委会第 128 次全会在马来西亚吉隆坡投票决定，将 2022 年冬奥会举办权授予北京。

2015 年 8 月

4 日，中国—东盟（10+1）外长会、东盟与中日韩（10+3）外长会、东亚峰会外长会和东盟地区论坛外长会等东亚合作系列外长会议在马来西亚吉隆坡举行。

28 日，国家主席习近平在人民大会堂会见美国总统国家安全事务助理赖斯。习近平指出，2015 年以来，中美在各个层次上保持了密切交往，第七轮中美战略与经济对话和第六轮中美人文交流高层磋商成果丰硕，两国在一系列重要领域的合作取得积极进展，中美两国拥有广泛的共同利益和巨大的合作潜力；稳定、不断发展的中美关系，不仅符合两国和两国人民的根本利益，也有利于维护亚太乃至世界的和平和发展；我们愿同美方共同努力，不断拓展双边、地区、全球各领域务实合作，以建设性方式管控敏感问题，努力使中美关系更多更好地惠及两国和世界各国人民。

2015 年 9 月

2 日，中国人民抗日战争胜利 70 周年纪念章颁发仪式在人民大会堂隆重举行。

3 日，纪念中国人民抗日战争暨世界反法西斯战争胜利 70 周年大会在北京天安门广场隆重举行。

9—11 日，世界经济论坛夏季达沃斯年会在大连举行，主题为“描绘增长新蓝图”，来自 90 个国家的政要和企业家共 1700 多位嘉宾参会。国务院总理李克强 10 日上午在大连国际会议中心出席第九届夏季达沃斯论坛开幕式，并发表特别致辞。李克强总理强调，中国经济进入新常态，未来会更好，这是有基础、有条件、有动力的；新型工业化、信息化、城镇化、农业现代化进程处在深入推进阶段；将推进结构性改革，实施创新驱动发展战略，努力把经济潜在增长率充分挖掘出来，保持经济中高速增长、迈向中高端水平。

13 日，第二届中日韩农业部长会议在东京闭幕。中日韩三国签署联合公报，就保障区域粮食安全、动植物疾病防疫等领域加强合作达成共识。

17 日，国家主席习近平在人民大会堂会见出席第七轮中美工商领袖和前高官对话的美方代表。习近平指出，中美关系的本质是互利共赢，两国在双边、地区、全球层面开展互利合作，不仅为两国和两国人民带来实实在在的利益，也为地区乃至世界和平、发展、繁荣作出重要贡献；放眼未来，中美双方应该合作和能够合作的领域将更加广阔；中美两国拥有许多重要共同利益，也存在一些分歧，只要双方从大处着眼，尊重和照顾彼此核心利益，避免战略误解误判，坚持以建设性方式妥善处理，分歧就可以得到管控，共同利益就可以得到维护；中方致力于同美方共同努力构建中美新型大国关系；能够实现这一目标，将是中美两国人民之幸，也是世界和平与发展之幸。

17 日，中国人民银行宣布，与阿根廷中央银行签署了在阿根廷建立人民币清算安排的合作备忘录，之后中国人民银行将确定阿根廷人民币业务清算行。这是继智利之后，人民币清算业务在南美洲的又一个布点。

22 日，国家主席习近平应美国总统奥巴马邀请，开始对美国进行国事访问。当天，习近平在美国华盛顿州西雅图市出席华盛顿州当地政府和美国友好团体联合举行的欢迎宴会并发表演讲。习近平强调，中国坚持全面建成小康社会、全面深化改革、全面依法治国、全面从严治党的战略布局，经济将保持平稳较快发展；发展依然是当代中国第一要务，中国发展的根本出路在于改革，中国开放的大门永远不会关上；中国坚持走和平发展道路，愿同各国一道构建以合作共赢为核心的新型国际关系；中美两国要坚持构建中美新型大国关系的正确方向，共同开创中美关系更加美好的未来，为中美两国人民幸福、为世界各国人民幸福作出更大贡献。

22日，北京—布拉格的直航航线开通仪式在北京首都机场举行。首班北京—布拉格的航线将于9月23日起航。这是中国与中东欧国家继北京—华沙、北京—明斯克—布达佩斯之后开通的第三条航线。

23日，国家主席习近平和夫人彭丽媛在西雅图出席美国侨界欢迎招待会。习近平发表讲话强调，实现中华民族伟大复兴是海内外中华儿女的共同梦想；今天，我们比历史上任何时期都更加接近实现中华民族伟大复兴的目标。相信广大旅美侨胞一定能够在这一伟大进程中作出独特贡献。

25日，国家主席习近平在华盛顿同美国总统奥巴马举行会谈。会谈后，两国元首共同会见记者。习近平介绍了两国元首会晤的具体成果并强调，经过36年发展，中美利益深度交融，对世界和平和人类进步肩负责任更加重大。双方应该合作和能够合作的领域更加宽广；中方愿同美方一道，以锲而不舍、积土成山的精神，推动两国关系不断取得新进展，更好造福两国人民和世界人民。习近平强调，努力构建新型大国关系，实现双方不冲突不对抗、相互尊重、合作共赢，是中国外交政策优先方向。习近平指出，中美双方在南海问题上有着诸多共同利益。双方都支持维护南海和平稳定，支持通过对话管控分歧，支持全面、有效落实《南海各方行为宣言》；中美两国主管部门就共同打击网络犯罪达成重要共识，同意加强案件协查和信息分享，各自政府都不从事或在知情情况下支持网络窃取知识产权，探讨推动制订国际社会网络空间合适的国家行为准则，建立两国共同打击网络犯罪及相关事项高级别联合对话机制，设立热线电话。

26日，国家主席习近平在纽约联合国总部出席联合国发展峰会并发表题为《谋共同永续发展　做合作共赢伙伴》的重要讲话，强调国际社会要以2015年后发展议程为新起点，共同走出一条公平、开放、全面、创新的发展之路，努力实现各国共同发展。同时宣布中国将免除对有关最不发达国家、内陆发展中国家、小岛屿发展中国家截至2015年年底到期未还的政府间无息贷款债务，并宣布将设立“南南合作援助基金”，首期提供20亿美元。

28日，国家主席习近平在纽约联合国总部出席第70届联合国大会一般性辩论并发表题为《携手构建合作共赢新伙伴　同心打造人类命运共同体》的重要讲话。习近平强调，和平、发展、公平、正义、民主、自由，是全人类的共同价值，也是联合国的崇高目标；当今世界，各国相互依存、休戚与共，我们要继承和弘扬《联合国宪章》宗旨和原则，构建以合作共赢为核心的新型国际关系，打造人类命运共同体。

29日，中国人民银行与赞比亚中央银行签署在赞比亚建立人民币清算安排的合作备忘录。之后，中国人民银行将确定赞比亚人民币业务清算行。

2015年10月

8日，人民币跨境支付系统（CIPS）成功上线运行，为境内外金融机构人民币跨境和离岸业务提供资金清算、结算服务。首批直接参与机构包括11家中国银行和8家外国银行。人民币跨境支付系统给外国市场参加者提供以人民币直接同中国伙伴结算的机会，并将极大提高人民币的使用水平。目前，人民币已经成为中国第二大跨境支付货币和全球第四大支付货币，迫切需要建设基础设施支撑业务发展。

15日，缅甸全国停火协议签署仪式在首都内比都举行，标志着缅甸和平进程取得历史性实质进展。中国外交部亚洲事务特使孙国祥和联合国、欧盟、印度、泰国、日本代表以及多国驻缅甸使节和缅甸国内多方代表等出席签字仪式。

16 日，由印度尼西亚维卡公司牵头的印度尼西亚国企联合体与中国铁路总公司牵头组成的中国企业联合体在雅加达普尔曼大酒店正式签署组建合资公司协议，该合资公司将负责雅加达至万隆高速铁路（雅万高铁）项目的建设和运营。

16 日，中国、阿曼、坦桑尼亚三方合作的坦桑尼亚巴加莫约港口项目奠基仪式在项目现场举行。巴加莫约港由中国招商局集团、阿曼主权基金、坦桑尼亚政府共同合作开发，建设港口及配套经济特区，有望成为"一带一路"的关键节点。

19—23 日，应英国女王伊丽莎白二世邀请，国家主席习近平对英国进行国事访问。此访是十年来中国国家主席首次对英国进行国事访问。访英期间，习近平在唐宁街首相府同英国首相卡梅伦举行会谈。中英双方一致认为，作为今年高层交往高潮，习近平主席对英国的国事访问为中英关系提供了历史性机遇。会谈后，两国发表《中英关于构建面向 21 世纪全球全面战略伙伴关系的联合宣言》，并达成 59 项协议共识，签署高达 400 亿英镑的大单。21 日，习近平主席在伦敦金融城市政厅发表题为《共倡开放包容　共促和平发展》的重要演讲，强调中英要坚持以长远和战略眼光，开放包容的心态，合作共赢的理念，开拓进取的精神，抓住时代赋予的机遇，共同开启两国关系的"黄金时代"，努力为人类和平与发展的崇高事业作出新的更大的贡献。

20 日，中国与东盟国家在成都举行落实《南海各方行为宣言》第 10 次高官会，同时还背靠背举行第 15 次联合工作组会。中国与东盟十国外交部高官出席。各方就进一步全面有效落实《南方各方行为宣言》、加强海上务实合作深入交换了意见，并在落实该宣言框架下就"南海行为准则"进行建设性磋商。

21 日，中国广核集团和法国电力集团宣布，就共同修建和运营英国萨默塞特郡的欣克利角 C 核电站达成战略投资协议。

2015 年 11 月

5—6 日，中共中央总书记、国家主席习近平对越南进行国事访问，两国领导人举行了会谈，并共同见证了党际、交通、旅游、产能合作、文化、铁路、能源、金融、地方合作等领域合作文件的签署。6 日，习近平主席在越南国会发表题为《共同谱写中越友好新篇章》的重要演讲，强调中越一家亲；中方高度重视发展同越南的关系，愿同越方一道，登高望远、携手努力，为开创中越全面战略合作伙伴关系新局面，为建设持久和平、共同繁荣的亚洲和世界，作出新的更大的贡献。

6—7 日，国家主席习近平对新加坡进行国事访问。国家主席习近平在新加坡总统府会见新加坡总统陈庆炎，两国元首一致同意将中新关系定位为与时俱进的全方位合作伙伴关系，并启动中新自由贸易协定升级谈判。两国发表《中华人民共和国和新加坡共和国关于建立与时俱进的全方位合作伙伴关系的联合声明》，强调双边关系正处在重要历史节点上，双方应以此为契机，在业已取得的成果上不断向前迈进。

7 日，中共中央总书记、国家主席习近平同台湾地区领导人马英九在新加坡会面，就进一步推进两岸关系和平发展交换意见。这是 1949 年以来两岸领导人的首次会面。习近平就此提出四点意见：第一，坚持两岸共同政治基础不动摇；第二，坚持巩固深化两岸关系和平发展；第三，坚持为两岸同胞多谋福祉；第四，坚持同心实现中华民族伟大复兴。两岸领导人在新加坡会面的消息引发国际舆论的高度关注。

8—11 日，博鳌亚洲论坛金融合作会议在伦敦召开。来自亚、欧两大洲 22 个国家和地区的 400 多位政、商、学各界人士，以“亚欧金融互联新蓝图”为主题，围绕世界经济和金融形势、“一带一路”与亚欧金融合作新契机、亚洲基础设施投资银行、全球金融治理和国际货币体系改革等问题进行深入探讨和交流。

14—16日，国家主席习近平赴土耳其安塔利亚出席“二十国集团”（G20）领导人第十次峰会并对土耳其进行国事访问。14日，习近平会见土耳其总统埃尔多安，强调两国应该加强战略沟通，创新合作渠道和模式，实现共同发展和共同繁荣。会见中，两国元首一致对法国巴黎发生的系列恐怖袭击事件表示严正谴责。会见后，两国元首共同见证了关于共推“一带一路”建设的谅解备忘录以及基础设施、进出口检验检疫等领域合作协议的签署。习近平指出，中国坚决反对一切形式的恐怖主义，恐怖主义是人类的公敌，是全球性挑战，需要国际社会携手应对；我们应该加强联合国在国际反恐行动中的协调作用，形成反恐合力。国际社会应该致力于从政治、经济等方面解决恐怖主义根源问题，实现标本兼治。15日，习近平主席在土耳其安塔利亚会见俄罗斯总统普京，并表示愿同俄方共同努力，加快落实“丝绸之路经济带”建设同“欧亚经济联盟”对接合作。

18—19日，亚太经合组织（APEC）第23次领导人非正式会议在菲律宾首都马尼拉举行，会议主题为“打造包容性经济，建设更美好世界”，与会各经济体领导人围绕“加强经济融合、促进包容性增长”等议题展开讨论。会议发表《亚太经合组织第二十三次领导人非正式会议宣言》。18日，国家主席习近平出席亚太经合组织工商领导人峰会并发表题为《发挥亚太引领作用 应对世界经济挑战》主旨演讲，强调亚太是拉动世界经济的“火车头”；我们应该立足当前、面向未来，运用亚太经合组织这一重要平台，推进合作共赢，让亚太继续引领全球增长。

19日，中国外交部确认中国公民樊京辉被“伊斯兰国”（IS）杀害。国务院总理李克强发表讲话，代表中国政府强烈谴责“伊斯兰国”极端组织杀害中国公民的残暴行径。

20日，位于马里首都巴马科的丽笙蓝标酒店遭袭，三名中国公民在马里人质劫持事件中遇害，他们都是赴马里交通部洽谈合作项目的中国铁建国际集团高管。国家主席习近平对此做出回应，要求有关部门加大投入和保障，加强境外安全保护工作，确保中国公民和机构安全。

20—23 日，国务院总理李克强出席在马来西亚吉隆坡举行的第 18 次中国—东盟（10+1）领导人会议、第 18 次东盟与中日韩（10+3）领导人会议和第 10 届东亚峰会，并对马来西亚进行正式访问。会议期间，李克强总理围绕中国—东盟关系和东亚合作同与会各国领导人广泛深入交换意见，并提出一系列合作倡议，得到东盟国家积极响应。在“10+1”领导人会议和东亚峰会上，李克强总理就南海问题阐明中方立场主张，重申中方倡导处理南海问题的“双轨”思路，即有关争议由直接有关的主权国家谈判协商解决，南海的和平稳定由中国和东盟国家共同维护。

30 日，国际货币基金组织总裁拉加德在华盛顿举行新闻发布会宣布，国际货币基金组织当日在其华盛顿总部举行执董会会议，会议决定将中国的人民币纳入国际货币基金组织特别提款权货币篮子，人民币成为继美元、欧元、英镑、日元之后的第五种特别提款权篮子货币，人民币成为真正的“世界货币”。

2015 年 12 月

1 日，中国正式接任 2016 年“二十国集团”主席国。中国外交部发言人华春莹表示，2016 年峰会各项筹备工作正全面有序推进，中方将同各方共同推动峰会取得成功。

1—2 日，应津巴布韦共和国总统穆加贝邀请，国家主席习近平对津巴布韦进行为期两天的国事访问。这是习主席任内首次访问津巴布韦，也是中国最高领导人近 20 年来再次访问津巴布韦。习主席与穆加贝在总统府举行会谈。习主席说，中津两国不仅要做政治上的好朋友，还要做发展中的好伙伴；双方要将中津友好更多转化为深化务实合作的动力，促进共同发展繁荣。会谈结束后，习主席和穆加贝共同出席两国合作文件的签署仪式。

2—3 日，国家主席习近平对南非进行国事访问。访问期间，习近平主席同南非总统祖马举行会谈，并同祖马一起主持中非合作论坛峰会。

出访首日，习近平主席就与南非总统祖马共同见证签署了26项双边协议，总价值达419亿人民币。3日，习近平在约翰内斯堡会见出席中非合作论坛峰会的多位国家领导人。

4—5日，中非合作论坛约翰内斯堡峰会在南非举行。这是继北京峰会之后的第二次中非峰会，也是首次在非洲大陆举行的中非峰会。这次中非合作论坛峰会的主题是“中非携手并进：合作共赢、共同发展”。中非双方在友好务实的气氛中，紧紧围绕会议主题，就深化中非传统友谊、促进务实合作、谋求共同发展等重大议题进行富有成果的讨论。会议一致同意将中非关系提升为全面战略合作伙伴关系，通过了《中非合作论坛约翰内斯堡峰会宣言》和《中非合作论坛——约翰内斯堡行动计划（2016—2018）》，决心共同致力于做强和夯实政治上平等互信、经济上合作共赢、文明上交流互鉴、安全上守望相助、国际事务中团结协作“五大支柱”。中国国家主席习近平在峰会上发表题为《开启中非合作共赢、共同发展的新时代》的致辞，全面阐述中国对非关系政策理念，宣布未来三年中国对非合作重大举措，提出把中非关系提升为全面战略合作伙伴关系。为推进中非全面战略合作伙伴关系建设，宣布中方将在未来三年同非方重点实施“十大合作计划”。

8日，亚洲开发银行发布《2015年亚洲经济一体化报告》。报告显示，中国在亚洲高端科技产品出口中所占份额从2000年的9.4%升至2014年的43.7%，位居亚洲第一，以高铁、核电和卫星等为代表的中国高端科技产品深受亚洲各国的欢迎。这标志着中国在高科技领域的突破正越来越受到国际社会的认可，中国高端科技产品的国际影响力日益增加。

9日，中国铁建旗下中铁二十局集团与巴基斯坦建筑企业组成的联合体，中标巴基斯坦卡拉奇至拉合尔高速公路第三标段总承包项目。该项目合同总额1486.54亿巴基斯坦卢比，约折合人民币93.76亿元，是巴基斯坦目前为止投资规模最大的公路工程。

14日，人民银行与阿联酋中央银行续签了双边本币互换协议，互换规模维持350亿元人民币/200亿阿联酋迪拉姆不变。同日，签署了在阿联酋建立人民币清算安排合作备忘录，将人民币合格境外投资者（RQFII）试点地区扩大到阿联酋，投资额度为500亿元人民币。

15日，国家主席习近平在浙江乌镇会见俄罗斯总理梅德韦杰夫。习近平指出，2015年以来中俄全面战略协作伙伴关系保持高水平发展，各领域合作取得新成果；无论国际和地区形势怎么变，我们坚持巩固和深化中俄全面战略协作伙伴关系的方针不会变，致力实现两国共同发展振兴的目标不会变，携手捍卫国际公平正义和世界和平稳定的决心不会变；希望新的一年里，双方继续齐心协力，推动中俄关系发展得更好，给两国人民带来更多实实在在的好处。

16日，美国政府宣布向台湾地区出售总额约18.3亿美元的武器装备。当天，中国外交部副部长郑泽光奉命召见美国驻华使馆临时代办李凯安，向美方提出严正交涉，指出台湾是中国领土不可分割的一部分。中方坚决反对美国向台湾地区出售武器。美方向台湾地区出售武器严重违反国际法和国际关系基本准则，严重违反中美三个联合公报原则，严重损害中国主权和安全利益。为了维护国家利益，中方决定采取必要措施，包括对参与此次美方向台湾地区出售武器的企业实施制裁。

20日，中国—韩国、中国—澳大利亚自贸协定正式生效。韩国和澳大利亚均为中国重要贸易伙伴，这两个自贸区的建成将给中国对外经贸关系乃至亚太地区的经贸深度融合带来巨大推动力。其中中韩自贸区是中国迄今涉及国别贸易额最大、覆盖领域最广的自贸区。

21日，津巴布韦财政部长帕特里克·奇纳马萨（Patrick Chinamasa）称，中国将免除该国大约4000万美元（约合2.6亿元人民币）2015年到期的债务。据当地媒体报道，津巴布韦储备银行和中国人民银行最终达成协议，从2016年年初开始人民币将和美元一样在津巴布韦通用。

25日，亚洲基础设施投资银行（亚投行）正式成立。截至目前，已有17个意向创始成员国批准《亚洲基础设施投资银行协定》，股份总和占比50.1%。根据亚投行协定规定，至少有10个签署方批准，且签署方初始认缴股本总额不少于总认缴股本的50%，即达到协定生效条件，亚投行正式成立。

29日，中国石化宣布，中国页岩气开发取得重大进展，国内首个实现商业开发的大型页岩气田、国家级页岩气示范区中国石化涪陵页岩气田顺利实现50亿方年产能的建设目标，该气田目前是除北美之外全球最大的页岩气田，日产量可满足3000万户家庭的生活用气。

2016年1月

6日，中国地震台网正式测定，9时30分在北纬41.30°、东经129.10° 发生4.9级地震，震源深度0千米。事发两小时后，朝鲜宣布第一枚氢弹试验成功。中方表示，朝鲜无视国际社会普遍反对再次进行核试验，中国政府对此表示坚决反对。

8日，中新（重庆）战略性互联互通示范项目联合实施委员会第一次会议正式召开，中新（重庆）战略性互联互通示范项目管理局揭牌，首批12个总金额65.6亿美元的合作项目成功签约，这标志着中新（重庆）战略性互联互通示范项目已正式进入实质性启动阶段。中新（重庆）战略性互联互通示范项目是继苏州工业园和天津生态城之后，中新两国第三个政府间合作项目，以重庆市作为项目运营中心。

11日，巴基斯坦、阿富汗、中国、美国关于阿富汗问题的四方机制首次会议在伊斯兰堡举行闭门磋商。这是四国就阿富汗和平与和解进程举行的首轮对话。

12日，万达集团并购美国传奇影业公司签约仪式在京举行。万达集团宣布以不超过35亿美元现金（约合230亿元人民币）收购美国传奇影业公司，这是迄今中国企业在海外的最大一桩文化并购。传奇影业董事会主席兼首席执行官托马斯·图尔将留任，继续负责公司的日常经营，并且将更加积极地参与万达的成功发展。

13日，海关总署新闻发言人黄颂平表示，2015年中国货物贸易进出口总值24.59万亿元人民币，比2014年下降7%。其中，出口14.14万亿元，下降 1.8%；进口 10.45 万亿元，下降 13.2%；贸易顺差 3.69 万亿元，扩大 56.7%。在复杂严峻的局面中，2015 年中国进口值和出口值都出现下降，但中国出口仍明显好于全球主要经济体。结合世界主要经济体的贸易情况，2015 年中国仍保持货物贸易总值全球第一地位，出口市场份额将达到 13%，较上一年继续有所提升。

14 日，“中国旅游年”开幕式在印度新德里举行，国家主席习近平向开幕式致贺词。习近平对“中国旅游年”活动开幕表示热烈的祝贺，向友好的印度人民致以诚挚的问候。习近平指出，中印两国人民友好交往源远流长；千百年来，两国人民交流互鉴，树立了世界跨文化交流的楷模，为人类文明进步发挥了重要作用；中印各领域互补优势明显、合作潜力巨大；两国应该发扬传统友谊，加强互利合作，扩大人文交流，为世界和平与发展作出新贡献。

14 日，中埃苏伊士经贸合作区扩展区全面启动。6 平方公里的扩展区建设周期为 10 年，预计开发总投资 2.3 亿美元。整个合作区预计将吸引以中资企业为主的约 100 家重点企业入驻，吸引投资额逾 22 亿美元，实现销售额超过 115 亿美元，提供就业机会近 4 万个。

16 日，亚洲基础设施投资银行（亚投行）开业仪式在钓鱼台国宾馆举行。国家主席习近平出席开业仪式并致辞，强调通过各成员国携手努力，亚投行一定能成为专业、高效、廉洁的 21 世纪新型多边开发银行，成为构建人类命运共同体的新平台，为促进亚洲和世界发展繁荣作出新贡献，为改善全球经济治理增添新力量。

18 日，中国和吉布提共和国港口与自贸区管理局（DPFZA）签署协议，将合作建设自贸先导区、开展中吉银行卡组织清算合作等。根据协议，中方将为吉布提建设一套先进的银行卡组织系统，为中国与吉布提之间的货币清算及贸易清算提供通道，为“一带一路”提供金融基础设施服务。

19—20 日，应沙特阿拉伯王国国王萨勒曼邀请，国家主席习近平对沙特进行国事访问。习近平在利雅得同萨勒曼举行会谈。两国元首积极评价中沙关系发展，就双边关系和共同关心的国际和地区问题深入交换意见，达成广泛共识。双方发表《中华人民共和国和沙特阿拉伯王国关于建立全面战略伙伴关系的联合声明》，共同见证了《中华人民共和国政府与沙特阿拉伯王国政府关于共同推进丝绸之路经济带和21世纪海上丝绸之路以及开展产能合作的谅解备忘录》以及能源、通信、环境、文化、航天、科技等领域双边合作文件的签署。

20—22日，习近平主席对埃及进行国事访问，也是中国国家元首时隔12年后再次访埃。访问期间，习近平主席在开罗阿比丁宫同埃及总统塞西举行会谈，共同发表《中华人民共和国和阿拉伯埃及共和国关于加强两国全面战略伙伴关系的五年实施纲要》。会谈后，双方签署《中华人民共和国政府和阿拉伯埃及共和国政府关于共同推进丝绸之路经济带和21世纪海上丝绸之路建设的谅解备忘录》以及电力、基础设施建设、经贸、能源、金融、航空航天、文化、新闻、科技、气候变化等领域多项双边的合作文件，并共同为中埃苏伊士经贸合作区二期揭牌。21日，习近平主席在阿拉伯国家联盟总部发表《共同开创中阿关系的美好未来》的演讲，并与塞西总统在卢克索神庙广场共同出席中埃建交60周年庆祝活动暨2016中埃文化年开幕式。

20—23日，世界经济论坛2016年年会在瑞士小镇达沃斯举行。这场以"掌控第四次工业革命"为主题的论坛，主要聚焦全球增长"新常态"、中国经济转型、科技进步和第四次工业革命、全球安全和环境问题等四大热点问题。国家副主席李源潮出席年会，并在中国经济转型和2016年二十国集团峰会主题专场会上发表特别致辞。李源潮说，世界经济正处于动力转换的重要阶段，中国经济发展进入新常态；2015年中国经济增速在全球主要经济体中继续位居前列，仍是全球增长重要动力；中国有信心有能力保持经济中高速增长的趋势，将贯彻创新、协调、绿色、开放、共享的发展新理念，通过改革创新培育经济发展新动能，实现有质量、有效益、可持续的增长，推动中国经济走得更好更稳更远。

21日，印度尼西亚雅加达至万隆高速铁路（雅万高铁）开工仪式在西爪哇省瓦利尼举行。这条由中国参与建设的高铁将连接首都雅加达与该国第四大城市万隆，标志着中印尼铁路合作取得重大成果，中国铁路“走出去”在2016年实现良好开局。

22—23日，国家主席习近平开始对伊朗进行国事访问。访问期间，国家主席习近平在德黑兰会见伊朗最高领袖哈梅内伊，并在萨德·阿巴德王宫同伊朗总统鲁哈尼举行会谈。习近平强调中方愿同伊方加强“一带一路”框架内各领域务实合作。双方一致同意建立中伊全面战略伙伴关系。访问期间，两国发表《中华人民共和国和伊朗伊斯兰共和国关于建立全面战略伙伴关系的联合声明》，签署《中华人民共和国政府和伊朗伊斯兰共和国政府关于共同推进丝绸之路经济带和21世纪海上丝绸之路建设的谅解备忘录》以及能源、产能、金融、投资、通信、文化、司法、科技、新闻、海关、气候变化、人力资源等领域多项双边合作文件。

27日，国际货币基金组织宣布其2010年份额和治理改革方案正式生效。中国正式成为该组织第三大股东。

2016年2月

1日，中国人民解放军战区成立大会在北京八一大楼隆重举行。中共中央总书记、国家主席、中央军委主席习近平向东部战区、南部战区、西部战区、北部战区、中部战区授予军旗并发布训令，强调建立东部战区、南部战区、西部战区、北部战区、中部战区，组建战区联合作战指挥机构，是党中央和中央军委着眼实现中国梦强军梦作出的战略决策，是全面实施改革强军战略的标志性举措，是构建我军联合作战体系的历史性进展，对确保我军能打仗、打胜仗，有效维护国家安全，具有重大而深远的意义。

3日，商务部服务贸易司负责人表示，2015年中国服务进出口总额7130亿美元，同比增长14.6%。其中出口2881.9亿美元，同比增长9.2%；进口4248.1亿美元，增长18.6%，增幅均比上年提升。服务出口结构继续优化。2015 年，中国高附加值服务出口规模进一步扩大，服务出口结构继续优化。电信、计算机和信息服务出口 270 亿美元，同比增长 25%，占服务出口总额比重提升 1.5 个百分点；专业管理和咨询服务出口 291 亿美元，同比增长 13.6%。

6 日，举行德黑兰—马什哈德铁路电气化改造项目开工仪式。项目预计在 42 个月后竣工，随后还有 5 年的维护期。该项目将由伊朗基础设施工程集团 MAPNA 和中国机械进出口（集团）有限公司及苏电集团承建。2015 年 6 月，双方就该段铁路线路的电气化改造达成协议，总共 21 亿美元造价的 85% 由中国提供贷款融资。

22 日，津巴布韦政府宣布，从当日起关停主要钻石矿区马兰吉地区（Marange）的所有钻石开采企业，强行推进酝酿已久的钻石矿企整合计划，以期达到增加政府税收的目的。该计划涉及两家中津合资企业。

26 日，印度洋委员会第 31 届部长理事会会议通过决议，接纳中国成为印度洋委员会首个观察员。中国驻毛里求斯大使李立作为中国外长代表应邀与会并陈述。

26—27 日，东盟外长非正式会议在老挝首都万象举行，来自东盟十国的外交部长及东盟秘书长出席。东盟各国外长重申关于维护和促进南海地区和平、安全和稳定以及和平解决争端的共同承诺，并强调全面和有效履行《南海各方行为宣言》的重要意义，呼吁尽早达成《南海各方行为准则》。

2016 年 3 月

2 日，联合国安理会一致通过决议，决定实施一系列制裁措施遏制朝鲜的核、导开发计划，并呼吁恢复六方会谈。

15 日，外交部发言人陆慷在例行记者会上表示，中国将自 3 月 15 日至 4 月 10 日通过云南景洪水电站对湄公河下游实施应急补水。陆慷表示，中国同中南半岛湄公河沿岸国家是友好邻邦，澜沧江—湄公河沿岸各国人民同饮一江水，在遇到困难的时候朋友之间相互帮助、施以援手是应有之义。2015年年底以来，受强厄尔尼诺现象影响，澜沧江—湄公河流域各国均遭受不同程度旱灾。近期，旱情进一步发展，对沿岸各国民众生产生活带来很大影响。为帮助流域国家应对旱情，中国政府克服自身困难，尽最大可能作出努力，决定对下游实施应急补水，此举将惠及柬埔寨、老挝、缅甸、泰国、越南等国，希望能够对缓解下游旱情有所帮助。

16日，世界知识产权组织在日内瓦总部发布公报称，2015年向该组织提交的国际专利申请数量创下新纪录，共达21.8万件。美国仍是申请量最大的国家，而中国在专利和商标国际申请注册方面继续保持强劲增长势头，连续三年位列全球第三，紧随美国、日本之后；华为技术有限公司则在企业界蝉联首位。该公报显示，企业专利申请排名方面，华为以3898件连续第二年位居榜首，美国高通公司和中国中兴通讯分别以2442件和2155件位列其后。

17日，韩国金融监督院发布数据显示，截至2016年2月底，中国投资者持有的韩国上市债券规模为17.509万亿韩元（1元人民币约合179韩元），占外国人持有韩国债券总额的18.1%，规模首次位列第一。

21日，阿里巴巴集团宣布，截至当天14时58分，该公司2016财年电商交易额达到3万亿元人民币。这意味着阿里有望在2016财年超越沃尔玛，成为全球最大的零售平台。

22—25日，博鳌亚洲论坛2016年年会在海南博鳌召开，年会主题为“亚洲新未来：新活力与新愿景”，包括近90场正式讨论，共有来自全球62个国家和地区的2100位代表与会。国务院总理李克强24日上午出席博鳌亚洲论坛2016年年会开幕式，并发表题为《共绘充满活力的亚洲新愿景》的主旨演讲。

23日，澜沧江—湄公河合作首次领导人会议在海南三亚举行，李克强总理同柬埔寨、老挝、缅甸、泰国和越南领导人共同与会。会议发表《澜沧江—湄公河合作首次领导人会议三亚宣言》，并在经贸领域取得重要成果。

28—30 日，国家主席习近平对捷克展开国事访问。这是中捷建交 67 年来中国国家元首第一次访问捷克。习近平在布拉格同捷克总统泽曼举行会谈，双方积极评价两国关系发展，就中捷关系、中欧关系、中国—中东欧国家合作及共同关心的国际和地区问题深入交换意见，达成广泛共识。两国元首一致同意将中捷关系提升为战略伙伴关系，两国首脑签署了建立中捷战略伙伴关系的联合声明，并见证了 10 份政府间合作文件和 15 项企业间合作文件的签署。习主席在中捷经贸合作圆桌会上发表题为《传承友谊，继往开来，开启中捷经贸合作新时代》的重要讲话，为进一步推进中捷经贸合作指出了前进的方向。

30 日，菲律宾向国际仲裁庭提交诉状，“状告”中国的南海九段线“违背”《联合国海洋法公约》，要求仲裁庭对中菲两国之间的南海争议进行裁决。

31 日，中国外交部副部长刘振民约见菲律宾驻华大使，就菲律宾提交有关南海问题的争议诉状提出严正交涉，重申中国不接受、不参与仲裁的立场。

31 日，国家主席习近平在华盛顿会议中心会见美国总统奥巴马，就中美关系发展及共同关心的国际和地区问题深入交换意见。双方同意继续深化各领域合作，加强在国际事务中的沟通协调，巩固扩大中美共同利益，推动两国关系继续沿着健康稳定的轨道向前发展。

31 日，欧盟统计局发布数据显示，中国 2015 年继续成为欧盟最大进口来源国，欧盟从中国进口的货物总量占从非欧盟国家进口总额的 20%。数据显示，美国和中国 2015 年继续稳居欧盟前两大货物贸易伙伴地位，其中美国是欧盟最大出口国，中国是欧盟最大进口国。

2016 年 4 月

1 日，第四届核安全峰会在美国首都华盛顿举行。峰会主题为“加强国际核安全体系”，共有52个国家的领导人或代表，以及国际组织负责人与会。国家主席习近平出席并发表题为《加强国际核安全体系，推进全球核安全治理》的重要讲话，围绕构建公平、合作、共赢的国际核安全体系，全面阐述中国政策主张，介绍中国在核安全领域取得的新进展，宣布中国加强本国核安全并积极推进国际合作的举措。

1日，国家主席习近平在华盛顿出席伊朗核问题六国机制领导人会议并发表重要讲话。习近平指出，伊朗核问题全面协议达成是个了不起的里程碑，同时执行任重而道远；全面协议谈得好，也要执行好；我们要坚守政治承诺，确保协议执行不走样；要排除外部干扰，确保其他问题引发的矛盾不殃及全面协议执行。

8日，上海合作组织地区反恐怖机构理事会第28次例行会议在乌兹别克斯坦塔什干市举行，地区反恐怖机构中方理事、中国公安部副部长李伟率中方代表团出席会议，哈萨克斯坦、吉尔吉斯斯坦、俄罗斯、塔吉克斯坦和乌兹别克斯坦的代表与会。会议总结了过去一年地区反恐怖机构框架下打击恐怖主义、分裂主义和极端主义“三股势力”的合作情况，通过了《关于地区反恐怖机构理事会提交元首理事会的2015年工作情况报告》，并就下一步开展务实合作达成一系列重要共识。会议高度评价在中国境内举办的上海合作组织成员国主管机关查明和阻断利用互联网从事恐怖主义、分裂主义和极端主义活动“厦门-2015”联合司令部演习。

14—15日，“二十国集团”财长和央行行长会议在美国华盛顿举行。财政部部长楼继伟和中国人民银行行长周小川共同主持会议。会议主要讨论当下全球经济形势、增长框架、国际金融架构、投资和基础设施、金融部门改革、国际税收合作、反恐融资、绿色金融及气候资金等议题，重申将使用货币、财政和结构性改革等多种政策工具来增强全球经济信心和促进增长，并发表联合公报。

21日，11时23分，首列从中国武汉直达法国里昂的国际货运班列线路——“汉新欧”国际集装箱班列满载着货物，经过15天11300公里的旅途，缓缓驶入古丝绸之路西方端点城市——里昂韦尼雪货运站，圆满完成第一趟行程。这不仅是从武汉首次开行至法国的中欧班列，也是中国首个以法国为终点站的中欧班列，为两国经贸往来开启新的篇章。

23日，外交部长王毅与老挝外长沙伦塞举行会谈，双方就南海问题达成共识。双方一致认为，南沙部分岛礁存在的争议不是中国和东盟之间的问题，不应影响中国和东盟关系发展，主权国家根据国际法享有的自主选择争端解决方式的权利应该得到尊重，老方理解中方依据《联合国海洋法公约》第298条作出的排除性声明。各方均应支持直接当事国根据《南海各方行为宣言》第四条规定，通过友好磋商和谈判，和平解决领土和海洋争议问题，维护南海和平与稳定。

28日，亚洲相互协作与信任措施会议第五次外长会议在北京开幕。国家主席习近平出席开幕式并发表题为《凝聚共识　促进对话　共创亚洲和平与繁荣的美好未来》的重要讲话，强调要坚持和践行共同、综合、合作、可持续的亚洲安全观，凝聚共识，促进对话，加强协作，推动构建具有亚洲特色的安全治理模式，共创亚洲和平与繁荣的美好未来。

29日，中共中央政治局就历史上的丝绸之路和海上丝绸之路进行第31次集体学习。中共中央总书记习近平在主持学习时强调，“一带一路”建设是中国在新的历史条件下实行全方位对外开放的重大举措、推行互利共赢的重要平台。我们必须以更高的站位、更广的视野，在吸取和借鉴历史经验的基础上，以创新的理念和创新的思维，扎扎实实做好各项工作，使沿线各国人民实实在在感受到“一带一路”给他们带来的好处。

30日，外交部长王毅在北京与到访的日本外相岸田文雄会谈。王毅希望日方以实际行动推动两国关系改善和发展；政治上应恪守《中日联合声明》等四个重要文件，真诚正视和反省历史，恪守“一个中国”政策；对华认知上切实把中日“互为合作伙伴、互不构成威胁”的共识落实到具体行动当中，以积极和健康的心态看待中国的发展；经济交往上切实树立合作共赢理念，开展平等互利的务实合作；地区和国际事务上放弃对抗心态，与中方共同致力于地区和平、稳定与繁荣。

2016年5月

2日，亚洲基础设施投资银行（亚投行）行长金立群与亚洲开发银行行长中尾武彦共同签署一项旨在增强两家机构合作关系的谅解备忘录，涉及的合作内容包括一系列合作融资项目，其中位于巴基斯坦境内、连接旁遮普省的绍尔果德与哈内瓦尔的64公里长的高速公路项目是广受期待的亚投行第一批项目里首个被宣布的项目。亚投行选定首个项目意义重大，对推动亚洲基础设施建设具有重大促进和引领作用，亚投行发展回应了亚洲国家共同发展的心声，展示了共助世界发展梦想的情怀。

5日，国家主席习近平在人民大会堂会见美中贸易全国委员会副主席、美国华特—迪士尼公司董事长兼首席执行官艾格。习近平指出，中美两国利益深度交融，应该合作而且可以合作的领域十分广阔；中美合作可以办成一些大事；双方应该从大处着眼，维护和拓展共同利益，深化务实合作；我们赞赏美中贸易全国委员会和华特·迪士尼公司等企业长期以来为促进中美关系所作积极努力。习近平强调，中国将为外国企业、机构、人员对华交流合作提供便利；我们赞成通过谈判早日达成中美双边投资协定。

6—9日，朝鲜劳动党第七次全国代表大会在平壤召开，这是朝鲜劳动党时隔30余年后再次召开全国代表大会。

7日，凌晨3时40分，山东威海荣成“鲁荣渔58398”号船在距离宁波80海里海域与马耳他籍货船发生碰撞，船上19人落水，2人被附近渔船救起后未能生还，其余17人下落不明。中国海上搜救中心次日集结海陆空三方力量对事发海域进行进一步搜索。

9日，中共中央总书记习近平致电金正恩，祝贺他在朝鲜劳动党第七次代表大会上被推举为朝鲜劳动党委员长。

11—12日，中国人民银行副行长易纲率团出席在英国伦敦举行的欧洲复兴开发银行（EBRD）第25届理事会年会。这是中国加入该机构后首次出席年会。在年会开幕式上，欧洲复兴开发银行行长宣布与国际社会一道，向切尔诺贝利防护基金追加出资3600万欧元。此举将有助于更好地保障核安全，并保障有关地区和人民的安全与健康。这期间亚洲基础设施投资银行（亚投行）与欧洲复兴开发银行签署谅解备忘录，并宣布双方首个联合融资项目为连接塔吉克斯坦首都杜尚别与乌兹别克斯坦边境的一条公路，该公路将成为中亚地区东西主干道的一部分。欧洲复兴开发银行董事会已批准该项目，亚投行董事会将在6月寻求批准该项目。

11—12日，中国—阿拉伯国家合作论坛第七届部长级会议在卡塔尔首都多哈举行，应卡塔尔国外交大臣穆罕默德邀请，外交部长王毅率团出席会议并对卡塔尔进行正式访问。这次会议恰逢中阿开启外交关系60周年，中阿双方重申了巩固传统友好的共同意愿，制定了促进政治互信、经济互利、文化互鉴的共同行动，表达了深化战略合作的共同期待，签署了《多哈宣言》、《论坛2016年至2018年行动执行计划》两项重要文件。双方同意用共建"一带一路"来指导中阿关系，并明确以推进互联互通、产能合作和人文交流作为共建"一带一路"的三大支柱，同意加强中阿合作论坛机制建设，全面推进行动计划所涉18大类36个领域的合作，并坚定支持彼此维护自身的核心利益和民族权益，坚定支持通过政治对话缓解地区紧张局势。会议期间，国家主席习近平致贺信，对会议的举行表示热烈祝贺，并强调中方愿同阿拉伯国家携手努力，根据"共商、共建、共享"原则，稳步推进"一带一路"建设，共同开创中阿战略合作关系更加美好的未来。

13—14日，外交部长王毅对突尼斯进行正式访问，分别会见突尼斯总统埃塞卜西、总理绥德，并与突尼斯外交部长朱海纳维举行会谈。王毅表示，中突传统友好，双边关系一直顺畅发展。中国支持突尼斯走出一条符合自身国情、得到人民拥护、具有突尼斯特色的发展道路。中突合作有很大潜力和空间。中方愿根据突方发展需求，适应当前新形势新变化，开拓中突合作新领域新途径，把传统友好尽快转化为务实合作的动力和成果，共同开辟中突关系新前景。

15—18日，阿富汗伊斯兰共和国政府首席执行官阿卜杜拉·阿卜杜拉率团对中国进行正式访问。访问期间，国家主席习近平会见阿卜杜拉首席执行官，国务院总理李克强与阿卜杜拉首席执行官举行会谈，国家副主席李源潮会见阿卜杜拉。会谈后，双方共同见证了中阿多个双边合作文件的签署，并共同发表《中华人民共和国和阿富汗伊斯兰共和国联合声明》。

18日，国家主席习近平在北京同来访的莫桑比克总统纽西举行会谈，两国元首决定将中莫关系提升为全面战略合作伙伴关系，开创两国友好互利合作新局面。会谈后，两国元首共同见证了经济、技术、产能、能源等领域双边合作文件的签署。

18日，美国五角大楼发言人巴尔丹扎声明，一架隶属美国海军的EP-3海上侦察机17日在南海的国际空域"例行巡航"时，遭中国人民解放军两架歼-11战机"不安全"拦截。对此，外交部发言人洪磊19日在例行记者会上表示，中国战斗机在南海拦截美国侦察机时与对方保持了"安全距离"，后者当时正在中国海南岛附近飞行；并要求美国停止类似的"抵近侦察活动"。

18日，由香港特别行政区政府举办的"一带一路"高峰论坛在香港会展中心举行。中共中央政治局常委、全国人大常委会委员长张德江出席论坛并发表题为《发挥香港独特优势 共创"一带一路"美好未来》的主旨演讲。演讲结束后，张德江分别会见出席论坛的马尔代夫议长马斯赫、白俄罗斯国民会议代表院副主席古明斯基，表示愿同"一带一路"沿线国家加强发展战略对接，拓展各领域互利合作。

20日，中共中央总书记、国家主席、中央军委主席、中央全面深化改革领导小组组长习近平主持召开中央全面深化改革领导小组第24次会议，会议审议通过《关于发展涉外法律服务业的意见》等一系列文件。会议指出，发展涉外法律服务业，要适应构建对外开放型经济新体制要求，围绕服务中国外交工作大局和国家重大发展战略，健全完善扶持保障政策、进一步建设涉外法律服务机构、发展壮大涉外法律服务队伍、健全涉外法律服务方式、提高涉外法律服务质量、稳步推进法律服务业开放，更好维护中国公民、法人在海外及外国公民、法人在中国的正当权益。

20日，台湾当局新领导人蔡英文上任，在就职演讲中，对备受关注的两岸关系性质这一根本问题采取模糊态度，没有明确承认“九二共识”和认同其核心内涵，没有提出确保两岸关系和平稳定发展的具体办法，给两岸关系带来不稳定因素。在蔡英文就职前后，俄罗斯、美国、德国等国家通过外交渠道重申“一个中国”原则和反对“台独”立场。

21日，国家主席习近平同巴基斯坦总统马姆努恩·侯赛因就两国建交65周年互致贺电。习近平在贺电中说，中国和巴基斯坦是全天候战略合作伙伴，建交65年来两国关系经受住了国际风云变幻和各自国内情况变化的考验，不断向前发展；近年来，中巴关系保持强劲发展势头，两国全方位务实合作和人文交流取得积极进展；中国视巴基斯坦为推进“一带一路”建设的重要伙伴，中巴经济走廊的建设将为打造中巴命运共同体奠定坚实基础；中方高度重视中巴关系，愿同巴方一道努力开创中巴关系更加美好的未来。

23日，商务部举行的“京交会”新闻发布会上宣布，2010—2015年，中国服务进出口总额从3624亿美元增至7130亿美元，年均增长14.5%，为同期世界服务进出口平均增速的2倍，服务贸易的全球排名从第4位上升至第2位。

23—27日，第二届联合国环境大会在肯尼亚首都内罗毕联合国环境规划署总部召开，来自联合国173个成员国的代表及重要国际组织、非政府组织等近2000名代表出席会议，环境保护部部长陈吉宁率领由外交部、环境保护部和常驻环境署代表处人员组成的中国政府代表团参会。应大会邀请，陈吉宁围绕中国落实2030年可持续发展议程环境目标相关情况做主题发言，并表示中国愿与国际社会携手努力，共同推动可持续发展环境目标的实现，为人类更加美好的未来作出应有贡献。

24—27日，印度总统普拉纳布·慕克吉抵达中国展开国事访问。这是六年来印度总统再次对中国进行国事访问，也是慕克吉就任总统以来第一次访华。访华期间，慕克吉总统出席在广州举办的“中国—印度经贸投资交流会”，并与习近平主席进行会晤。两国元首同意共同努力，发扬中印文明互鉴传统，加强两国全面合作，将中印战略合作伙伴关系推向新高度，促进双方共同发展，为地区和世界和平与繁荣作出更大贡献。

25—27日，欧美同学会主办的首届中法文化论坛在北京举行，以“一带一路：文明对话与融合”为主题，由5场主论坛、11场分论坛组成，来自中、法两国文化界、艺术界、经济界、教育界人士汇聚一堂，从不同角度回顾和展望了中法交流的历史、现状和未来。国家主席习近平和法国总统奥朗德分别致贺信，对论坛的召开表示热烈祝贺，对进一步深化两国文化领域的交流与合作、增进两国和两国人民之间的友好和友谊寄予厚望。论坛通过了《中法文化论坛北京宣言》，表达了双方以文明对话方式促进世界不同文明间的融合、以文化交流的方式增进各国人民的理解和友谊、努力营造公平正义的国际环境、推动全世界和平发展的良好意愿和共识。

26日，中国环境保护部和联合国环境署在第二届联合国环境大会上共同发布《绿水青山就是金山银山：中国生态文明战略与行动》报告。报告说，目前中国已取得若干引人注目的生态文明建设成就。截至2014年年底，中国城镇累计建成节能建筑面积105亿平方米，约占城镇民用建筑面积的38%；中国新能源汽车的产量在2011—2015年间增长了45倍；中国建成发展中国家最大的空气质量监测网；中国成功地在降低单位国内生产总值能耗的同时，降低了单位国内生产总值二氧化碳排放量。报告说，生态文明是“十三五”规划的一部分，中国承诺到2020年将用水量减少23%，能源消耗减少15%，单位国内生产总值二氧化碳排放量降低18%。

27日，外交部发言人华春莹在例行记者会上回答有关提问时表示，日本主办“七国集团”峰会、炒作南海问题、渲染紧张局势不利于南海局势的稳定，也不符合“七国集团”作为发达国家经济治理平台的身份。

中方对日本和“七国集团”做法表示强烈不满。

28日至6月1日，第四届中国国际服务贸易交易会在北京国家会议中心举行。这届京交会突出“开放、创新、融合”理念，聚焦科学技术、互联网和信息、文化教育、金融、商务和旅游、健康医疗六大重点领域，设置5万平方米展览展示区，举办122场论坛会议及洽谈交易活动，吸引34个国家和地区参展参会，比上一届增加17个。

30日，国务院副总理张高丽在索契与俄罗斯副总理德沃尔科维奇共同主持中俄能源合作委员会第13次会议，并出席第二届中俄中小企业实业论坛开幕式。张高丽表示，目前中小企业已经成为中俄务实合作的生力军，两国中小企业合作的热情很高、潜力很大。德沃尔科维奇表示，俄方将在投资准入、产权保护、税收政策等方面进一步消除壁垒，为两国中小企业合作创造良好条件。

31日，瑞士洛桑国际管理发展学院（IMD）发布《2016年世界竞争力年报》，列出世界经济体竞争力排名，中国香港居首位，中国大陆列第25位。

31日，20时45分左右，联合国马里多层面综合稳定特派团位于加奥的营地遭遇汽车炸弹袭击，造成4人死亡、10余人受伤，中国第四批赴马里维和部队维和工兵分队战士申亮亮牺牲。之后不久，位于加奥的一处联合国排雷行动处工作点也遭遇袭击，导致1名国际排雷专家和2名马里安全部队成员丧生。

2016年6月

1日，外交部发言人华春莹表示，马里加奥营地遇袭事件是一起针对联合国维和人员的恐怖袭击事件，是严重的罪行，不可容忍。中方予以强烈谴责，要求马里政府和联合国方面立即展开调查，将凶手绳之以法，并密切配合中方做好善后工作。

1日，中共中央总书记、国家主席习近平在北京会见朝鲜劳动党中央政治局委员、中央副委员长、国际部部长李洙墉率领的朝鲜劳动党代表团。习近平欢迎朝鲜劳动党派团来华通报第七次全国代表大会情况。习近平说，这体现了中朝两党就重大问题进行战略沟通的传统，表明金正恩委员长、朝鲜劳动党中央对两党两国关系的重视；祝愿朝鲜人民在发展经济、改善民生、建设朝鲜社会主义事业中取得更大成就。李洙墉转达了金正恩委员长致习近平总书记的口信，并通报了朝鲜劳动党第七次全国代表大会的情况。金正恩在口信中表示，朝方希望与中方共同努力，加强和发展朝中传统友好关系，维护朝鲜半岛及东北亚地区和平稳定。

2—4 日，应国家主席习近平邀请，柬埔寨王国诺罗敦·西哈莫尼国王对中国进行国事访问。访问期间，习近平主席在人民大会堂同西哈莫尼国王举行会谈。双方一致同意，巩固睦邻友好，深化互利合作，推动中柬全面战略合作伙伴关系不断向前发展。

3—5 日，第 15 届香格里拉对话会在新加坡召开，会议就不同区域安全议题举行五次全体大会及多场特别小组会议。中国派出以中央军委联合参谋部副参谋长孙建国海军上将为团长的代表团参会。5 日上午，孙建国在第四次全体会议上就促进亚太地区安全治理作专题发言，并提出四点倡议：把握和平与发展的时代主题，坚持安全治理的正确方向；推动不同文明交流互鉴，筑牢安全治理的基础；坚持在对话协商中互谅互让，创新安全治理的理念；打造符合地区特点的安全架构，强化安全治理的机制。会议期间，孙建国与十多个国家的防务部门和军队领导人举行双边会见，就发展双边关系及共同关心的问题交换意见。

6 日，由海尔集团（“海尔”）控股 41% 的青岛海尔股份有限公司和通用电气宣布，青岛海尔已完成对通用电气旗下通用电气家电公司的整合交割，标志着通用电气家电公司正式成为青岛海尔的一员。

6—7 日，第八轮中美战略与经济对话和第七轮中美人文交流高层磋商在北京举行。6 日，国家主席习近平出席在钓鱼台国宾馆举行的联合开幕式，并发表题为《为构建中美新型大国关系而不懈努力》的重要讲话。会议取得了一系列重要成果，其中在经济对话中，中美双方就两国经济和世界经济中的重点议题开展坦诚、深入的沟通，达成60多项成果；在战略对话中，中美双方围绕落实两国领导人华盛顿会晤精神，就推进中美新型大国关系建设、打造双边务实合作新亮点、妥善管控分歧与敏感问题、处理好中美在亚太的关系、加强双方在重大国际地区和全球性问题上的沟通与合作等议题进行深入探讨，达成100多项具体成果。关于南海问题，中方重申一贯原则立场，强调南海诸岛自古以来就是中国领土，中方有权维护自己的领土主权和合法正当的海洋权益。中方根据包括《联合国海洋法公约》在内的国际法所采取的不接受、不参与菲律宾仲裁案的立场没有改变，也不会改变；希望美方恪守在有关领土争议上不持立场的承诺，为维护南海和平稳定发挥建设性作用。

8日，外交部发布《关于坚持通过双边谈判解决中菲南海争议的声明》，发言人洪磊介绍了中方发布该声明的主要考虑，并敦促菲律宾立即停止推进仲裁程序的错误举动，回到通过双边谈判解决中国和菲律宾在南海的有关争议的正确道路上来。声明指出，菲律宾单方面提起南海仲裁，违背中菲之间达成并多次确认的通过双边谈判解决有关争议的共识，违反其在《南海各方行为宣言》中作出的承诺，是对《联合国海洋法公约》争端解决机制的滥用，不符合包括该公约在内的国际法。声明强调，在领土主权和海洋划界问题上，中国不接受任何诉诸第三方的争端解决方式，不接受任何强加于中国的争端解决方案。

13日，国家主席习近平在北京会见德国总理默克尔。习近平指出，两国政府已为“中国制造2025”同德国“工业4.0”对接搭建了平台，要引导和鼓励两国企业实现项目落地；希望德国及欧盟客观看待竞合关系，妥善解决中欧贸易纠纷，如期履行《中国加入世界贸易组织议定书》第15条义务，促进中欧经贸关系健康发展。双方要顺势而为，夯实民意基础。中方支持深化两国在教育、签证便利化、航权安排、传统中医药等领域合作。

14日，中国—东盟国家外长特别会议在云南玉溪举行，会议由外交部长王毅和中国—东盟关系协调国新加坡外长维文共同主持。王毅表示，

2016年是中国和东盟建立对话关系25周年。中国和东盟已结成高度融合的利益共同体，正在成为休戚与共的责任共同体，未来将结成更为紧密的命运共同体。中国和东盟关系已远远超越双边范畴，为地区和平稳定和发展繁荣作出了重要贡献，具有地区乃至全球意义。

14日，第70届联合国大会改选联合国经社理事会成员，185国参加投票。中国获182票支持，以高票成功连任，任期为2017—2019年。自1972年以来，中国一直连任经社理事会成员，为理事会工作作出了积极贡献。

16日，针对6月15日美国总统奥巴马同第十四世达赖喇嘛举行“私人会见”，外交部发言人陆慷在例行记者会上敦促美方停止利用涉藏问题干涉中国内政，以实际行动维护中美关系大局。陆慷表示，西藏事务纯属中国内政。任何外国无权干涉。第十四世达赖不是一个单纯的宗教人士，而是长期披着宗教外衣、从事反华分裂活动的政治流亡者。

16日，国务院新闻办公室发表《中国北斗卫星导航系统》白皮书，这是中国政府在卫星导航领域发表的第一部白皮书。其中强调，中国积极推进“北斗”系统国际合作，与各个国家、地区和国际组织一起，共同推动全球卫星导航事业发展，更好地惠及民生福祉、服务人类发展进步。

17—19日，国家主席习近平和夫人彭丽媛抵达塞尔维亚首都贝尔格莱德，对塞尔维亚进行国事访问，这是中国国家领导人32年来首次访问塞尔维亚，对巩固中塞传统友谊、深化双方政治互信、规划两国务实合作具有重要历史意义。两国元首一致决定，将中塞关系提升为全面战略伙伴关系，推动两国关系再上新台阶。会谈后，两国元首共同签署了《中华人民共和国和塞尔维亚共和国关于建立全面战略伙伴关系的联合声明》，双方还签署了经贸、产能、金融、地方合作等多个合作协议，推动中塞经济合作进入新阶段。

19—21日，国家主席习近平和夫人彭丽媛抵达波兰首都华沙，对波兰进行国事访问，这是中国国家最高领导人时隔12年后再度开启“波兰时间”。会谈后，两国元首共同签署《中华人民共和国和波兰共和国关于建立全面战略伙伴关系的联合声明》，并见证了《中华人民共和国和波兰共和国关于共同编制中波合作规划纲要的谅解备忘录》以及信息互联互通、基础设施建设、产能、教育、文化、税务、质检、海关、航天等领域双边合作文件的签署。

21—22日，国家主席习近平对乌兹别克斯坦共和国进行国事访问，并在塔什干库克萨莱国宾馆同乌兹别克斯坦总统卡里莫夫举行会谈。访问期间，习近平主席出席了“安格连—帕普”铁路隧道通车视频连线活动，并在乌兹别克斯坦最高会议立法院发表题为《携手共创丝绸之路新辉煌》的重要演讲。

23—24日，在上海合作组织成立15周年之际，成员国元首理事会第16次会议在乌兹别克斯坦共和国首都塔什干举行。国家主席习近平出席会议，并发表题为《弘扬上海精神　巩固团结互信　全面深化上海合作组织合作》的重要讲话，强调要坚定遵循上海合作组织根本宗旨和原则，牢牢把握发展大方向，动态调整各领域合作方略，确保该组织生机活力。

27日，中日韩自贸区第十轮谈判首席谈判代表会议在韩国首尔举行。中国商务部副部长王受文与日本外务省外务审议官片上庆一、韩国产业通商资源部部长助理金学道分别率代表团出席。在为期一天半的谈判中，三方就协定范围领域达成一致，将金融服务、电信等五个议题升级为分工作组，并决定自下一轮谈判起就重要服务部门的市场准入壁垒情况进行交流。

30日，国际移民组织举行特别理事会，通过决议批准中国政府和外交部的加入申请，中国正式成为国际移民组织的成员国。

2016年7月

4日，《日本经济新闻》发布的最新调查结果显示，中国生产的风力发电机、太阳能电池、洗衣机、冰箱等八项产品在全球市场占有率居首位。

6—9 日，第五届“IFR-CRIA CEO 圆桌会议”与“CIROS 2016”中国国际机器人展览会在上海国家会展中心同期隆重举行，这是由国际机器人联合会（IFR）与中国机器人产业联盟（CRIA）共同打造的业界顶级盛会。会上，国际机器人联合会发布的统计表明：2015 年中国工业机器人全年销量累计 6.67 万台，占全球工业机器人市场份额超过 1/4，连续三年成为全球最大的工业机器人消费市场。

7 日，国家主席习近平在钓鱼台国宾馆会见联合国秘书长潘基文。习近平强调，多样性是世界前进的动力和源泉，各国必须走适合本国国情的发展道路。经济全球化既带来机遇和繁荣，也带来挑战和麻烦，需要加强全球治理，致力于打造人类命运共同体；我们要继续弘扬《联合国宪章》宗旨和原则，同时也要与时俱进，倡导共商、共建、共享的全球治理理念，建立反映世界多极化现实、更加强调以规则制度来协调的国际关系；我们要致力于政治解决国际热点问题，倡导对话协商，坚持标本兼治，并发挥联合国主渠道作用。

10 日，18 时左右，中国赴南苏丹维和步兵营 1 辆装甲车在南苏丹联合国营地执行难民营警戒任务时被一发流弹击中，造成中国维和人员 2 人牺牲、2 人重伤、3 人轻伤。事件发生后，联合国安理会立即发表媒体声明，就南苏丹首都朱巴冲突升级造成中国维和人员牺牲和受伤，向中国维和人员家人表示深切同情和哀悼。同时，安理会强烈谴责袭击事件，强调袭击平民以及联合国机构驻地和联合国人员的行为可能构成战争罪，必须追究发起此次袭击人员的责任。

12 日，由菲律宾阿基诺三世政府提起的南海仲裁案最终裁决出炉。中国对于仲裁结果的立场一直鲜明而坚定：不接受、不参与、不承认。

12 日，国家主席习近平在钓鱼台国宾馆会见来华出席第 18 次中国欧盟领导人会晤的欧洲理事会主席图斯克和欧盟委员会主席容克。习近平指出，中国和欧盟构建和平、增长、改革、文明四大伙伴关系的共识正在落地生根；双方在重大国际事务上保持着战略对话，共同为改善全球经济治理、促进世界可持续发展作出了积极努力，在加强中欧各自发展战略对接方面达成重要共识并付诸行动；中欧双方要不断深化互利共赢的全面战略伙伴关系。

12 日，第二届“中国—东盟产能合作高层论坛”在雅加达举行。中国驻东盟大使徐步、东盟副秘书长翁贴、印度尼西亚旅游部长阿里夫及来自东盟与中国的专家、学者、企业家近 400 人与会，就中国与东盟产能合作、面临的挑战及未来等展开交流探讨。

13 日，国务院新闻办公室发表《中国坚持通过谈判解决中国与菲律宾在南海的有关争议》白皮书。白皮书强调，中国一贯遵守《联合国宪章》的宗旨和原则，坚定维护和促进国际法治，尊重和践行国际法，在坚定维护中国在南海的领土主权和海洋权益的同时，坚持通过谈判协商解决争议，坚持通过规则机制管控分歧，坚持通过互利合作实现共赢，致力于把南海建设成和平之海、友谊之海和合作之海。

13 日，北京时间 8 时 30 分、8 时 40 分，中国政府征用的南方航空公司、海南航空公司两架民航客机先后从海口美兰国际机场起飞，经过近 2 个小时的飞行，分别于北京时间 10 时 29 分、10 时 28 分在美济礁新建机场和渚碧礁新建机场平稳着陆并于当日下午返回海口，试飞成功。

13 日，韩国国防部公布部署“萨德”系统选址结果，该系统将落户韩国中部以南的庆尚北道星州郡星山里地区。中国外交部新闻发言人陆慷召开例行记者发布会作出回应表示，中方坚决反对美国在韩国部署“萨德”反导系统，强烈敦促美、韩停止有关进程。

13—16 日，中国国务院总理李克强对蒙古国进行正式访问，并出席在蒙古国首都乌兰巴托举行的第 11 届亚欧首脑会议。访问期间，李克强总理同额尔登巴特总理举行会谈，分别会见额勒贝格道尔吉总统和国家大呼拉尔主席米耶贡布·恩赫包勒德，并见证了贸易、经济、技术、基础设施建设、广播电视等领域 15 个双边合作文件的签署。15 日，李克强总理出席第 11 届亚欧首脑会议，并发表题为《亚欧伙伴命运与共 合作升级再谱新篇》的引导性发言。16日，李克强总理出席第11届亚欧首脑会议非正式会议，就国际和地区问题同与会领导人交换意见。李克强总理表示，当前亚欧地区总体保持和平稳定，但各种传统和非传统安全挑战依然突出，其中恐怖主义活动是各国面对的共同挑战，各国需要携手加强反恐合作，构建真正开放、包容的社会，从根本上铲除恐怖主义滋生的土壤。

15日，在土耳其伊斯坦布尔举行的联合国教科文组织世界遗产委员会第40届会议上，中国左江花山岩画文化景观顺利列入世界遗产名录。中国的世界遗产总数已达到49处，继续保持世界第二的领先地位。

17日，在土耳其伊斯坦布尔举行的联合国教科文组织世界遗产委员会第40届大会上，湖北神农架被正式列入《世界遗产名录》，荣膺“世界自然遗产地”称号。神农架也成为中国第一个被联合国教科文组织人和生物圈保护区、世界地质公园、世界遗产三大保护制度共同录入的“三冠王”名录遗产地。

18日，空军新闻发言人申进科大校在北京宣布：中国空军近日组织了航空兵赴南海战斗巡航。申进科介绍，中国空军航空兵此次赴南海例行性战斗巡航，紧贴使命任务和实战准备，轰-6K和歼击机、侦察机、空中加油机等遂行战巡任务，以空中侦察、对抗空战和岛礁巡航为主要样式组织行动，达成了战斗巡航目的。申进科表示，“根据有效履行空军使命任务的需要，空军航空兵赴南海战斗巡航，将继续常态化进行。”

22日上午，李克强总理在钓鱼台芳华苑同世界银行行长金墉、国际货币基金组织总裁拉加德、世界贸易组织总干事阿泽维多、国际劳工组织总干事赖德、经济合作与发展组织秘书长古里亚、金融稳定理事会主席卡尼举行“1+6”圆桌对话会，围绕“全球经济形势和挑战”与“中国经济转型中的增长新动能”深入讨论。李克强强调，当前中国经济形有波动，势头平稳，继续向好；中方适度扩大总需求，以推进供给侧结构性改革为主线，实现增量崛起，存量调整，结构转型。

25日，中国和东盟国家外交部长联合发布《关于全面有效落实〈南海各方行为宣言〉的联合声明》，重申2002年《南海各方行为宣言》具有里程碑意义，展现了各方依据《联合国宪章》以及包括1982年《联合国海洋法公约》在内的公认国际法原则，共同维护地区和平稳定、增进互信和信心的共同承诺，承诺全面有效完整落实《南海各方行为宣言》，并在协商一致的基础上实质性推动早日达成“南海行为准则”。

25日，2017年“东亚文化之都”评选活动终审工作在北京举行，经评审委员会评审，长沙市当选2017年“东亚文化之都”。

2016年8月

1日，滴滴出行宣布与优步（Uber）全球达成战略协议，滴滴出行将收购优步中国的品牌、业务、数据等全部资产，在中国大陆运营。

2日，中国自主研制的民用航天3米2分段大型固体火箭助推发动机地面热试车圆满成功。这是中国迄今为止直径、装药量、推力最大的固体火箭发动机。试验的成功，标志着中国掌握了大型固体火箭助推发动机的关键技术。

6日，0时22分，中国在西昌卫星发射中心用“长征三号乙”运载火箭成功发射“天通一号01星”，这是中国首颗移动通信卫星。

12日，8时，中国4500米载人潜水器及万米深潜作业的工作母船“探索一号”科考船首航归来，停靠三亚码头。这是中国海洋科技发展史上第一次万米级深渊科考，其圆满成功表明万米深海已不再是中国海洋科技界的禁区。

13日，巴基斯坦M4高速公路（绍尔果德至哈内瓦尔段）项目开工仪式在巴东部旁遮普省绍尔果德地区举行，这标志着亚洲基础设施投资银行（亚投行）首个公路项目正式破土动工。该项目是亚投行首批投资项目之一，也是亚投行在巴基斯坦的首个投资项目。

15—16日，中国与东盟国家在内蒙古满洲里市举行了落实《南海各方行为宣言》第13次高官会和第18次联合工作组会。各方重申将妥处分歧、增进互信、排除干扰，共同致力于将南海建设成为和平之海、友谊之海、合作之海。各方表示愿以中国—东盟建立对话伙伴关系25周年纪念峰会为契机，深化中国—东盟合作，推动中国—东盟战略伙伴关系迈上新台阶。

16日，1时40分，中国在酒泉卫星发射中心用“长征二号丁”运载火箭成功将世界首颗量子科学实验卫星“墨子”号发射升空。随着此次发射任务的圆满成功，人类将首次完成卫星和地面之间的量子通信，标志着中国空间科学研究又迈出重要一步。

17日，国家主席习近平在人民大会堂出席推进“一带一路”建设工作座谈会并发表重要讲话强调，总结经验、坚定信心、扎实推进，聚焦政策沟通、设施联通、贸易畅通、资金融通、民心相通，聚焦构建互利合作网络、新型合作模式、多元合作平台，聚焦携手打造绿色丝绸之路、健康丝绸之路、智力丝绸之路、和平丝绸之路，以钉钉子精神抓下去，一步一步把“一带一路”建设推向前进，让“一带一路”建设造福沿线各国人民。

18日，澳大利亚出口委员会发布的《2016澳大利亚国际商务调查报告》显示，中国成为澳大利亚企业最想投资的国家。

18—23日，中国、蒙古国、俄罗斯三国交通运输部组织9辆货车开展国际道路货运试运行活动，路线全长2152公里，纵贯中、蒙、俄11个大中城市和边境口岸。这是中国“一带一路”倡议、蒙古国“草原之路”倡议和俄罗斯“大欧亚伙伴关系”战略在交通运输领域进行对接的一次成功尝试。

19日，国家主席习近平在钓鱼台国宾馆会见缅甸国务资政昂山素季。习近平欢迎昂山素季国务资政访华，高度赞赏昂山素季国务资政追寻先辈足迹、致力于推进中缅友好事业。习近平强调，中方愿同缅方一道，弘扬传统，继往开来，推动中缅全面战略合作伙伴关系不断取得新进展，为两国人民带来更多实实在在的利益，使两国人民永做好邻居、好朋友、好兄弟、好伙伴。

21日，为期16天的第31届夏季奥运会在巴西里约热内卢马拉卡纳体育场落幕。这届奥运会中国派出711人组成的境外参赛规模最大的代表团，参加26个大项，210个小项的比赛，获得26金18银26铜总共70枚奖牌，位列金牌榜第三。

21日，中控太阳能德令哈10兆瓦塔式熔盐储能光热电站实现满负荷并网发电。这是中国首座成功投运的规模化储能光热电站，也是全球第三座投运的具备规模化储能的塔式光热电站。

28日，中国航空发动机集团公司成立大会在北京举行。国家主席习近平作出重要指示强调，党中央作出组建中国航空发动机集团公司的决策，是从富国强军战略高度出发，对深化国有企业改革、推进航空工业体制改革采取的重大举措。

29日，中巴经济走廊峰会暨中巴经济走廊博览会在巴基斯坦首都伊斯兰堡巴中友谊中心举办。此次峰会是中巴建交65周年系列纪念活动的组成部分，也是中巴经济走廊从构思到落实的三周年庆典。

30日，一辆携带炸弹的汽车冲进中国驻吉尔吉斯斯坦大使馆并在馆区内发生爆炸，造成至少1人死亡、3名使馆工作人员受伤。吉尔吉斯斯坦副总理拉扎科夫证实，3名伤者均为吉尔吉斯斯坦公民。根据吉方公布的调查情况，这是一起自杀性恐怖袭击。

31日，加拿大财政部长比尔·莫诺在北京宣布，加拿大将正式申请加入亚洲基础设施投资银行。

2016年9月

1日，中巴合作建设的巴基斯坦瓜达尔港自由区奠基仪式在瓜达尔港港区隆重举行。瓜达尔港自由区的启动，标志着瓜达尔港建设从港区朝着工业园区扩展，进入新的发展阶段。

3日，国家主席习近平在杭州西湖国宾馆会见前来出席“二十国集团”领导人杭州峰会的美国总统奥巴马。奥巴马表示，在台湾问题上，美方奉行“一个中国”政策没有改变，反对任何寻求台湾“独立”的做法。

3日，“二十国集团”第11次工商峰会在杭州国际博览中心开幕，国家主席习近平出席开幕式并发表题为《中国发展新起点　全球增长新蓝图》的主旨演讲，强调中方希望同各方一道，建设创新、开放、联动、包容型世界经济，推动世界经济走上强劲、可持续、平衡、包容增长之路。

3日，国家主席习近平同美国总统奥巴马、联合国秘书长潘基文在杭州共同出席气候变化《巴黎协定》批准文书交存仪式，习近平主席和奥巴马总统先后向潘基文秘书长交存中国和美国气候变化《巴黎协定》批准文书。

4日，金砖国家领导人非正式会晤在杭州举行，国家主席习近平、印度总理莫迪、南非总统祖马、巴西总统特梅尔、俄罗斯总统普京出席。五国领导人就金砖国家深化合作、共同应对当前挑战深入交换意见。习近平强调，从首次金砖国家外长会议至今，金砖国家合作已经走过10个年头。相信只要我们秉持开放、包容、合作、共赢的金砖精神，不为风雨所动，不为杂音所扰，不为困难所阻，不断强化伙伴关系，金砖国家必将实现更大发展。

5日，俄罗斯总统普京在“二十国集团”杭州峰会上表示，支持中国不承认所谓海牙临时仲裁庭南海仲裁案立场。

5日，“二十国集团”领导人第11次峰会闭幕。经过一天半的热烈讨论，杭州峰会通过《二十国集团领导人杭州峰会公报》，进一步明确了“二十国集团”合作的发展方向、目标、举措，并就推动世界经济强劲、可持续、平衡和包容增长的一揽子政策和措施达成“杭州共识”。之后，国家主席习近平在杭州国际博览中心会见中外记者。习近平介绍了在峰会闭幕式上总结的本次峰会达成的共识和取得的主要成果，即各方决心为世界经济指明方向，规划路径；决心创新增长方式，为世界经济注入新动力；决心完善全球经济金融治理，提高世界经济抗风险能力；决心重振国际贸易和投资这两大引擎，构建开放型世界经济；决心推动包容和联动式发展，让“二十国集团”合作成果惠及全球。

5日，中国体育代表团在里约残奥村举行升旗仪式。这届残奥会，中国代表团有308名运动员参加17个大项328个小项的比赛，是中国参加境外举行的残奥会运动员人数最多、参赛项目最多、代表团规模最大的一届。

5日，国务院港澳事务办公室发言人就香港特别行政区第六届立法会选举发表谈话。发言人表示，香港特别行政区第六届立法会选举于9月4日依法举行，产生了特别行政区新一届立法会。立法会是依据《中华人民共和国香港特别行政区基本法》设立的香港特别行政区立法机关，希望当选的立法会议员依照基本法和香港有关法律履行职责，致力于贯彻落实"一国两制"方针，维护香港特别行政区的繁荣稳定。

7日，第19次中国—东盟（10+1）领导人会议暨中国和东盟建立对话关系25周年纪念峰会在老挝万象举行。李克强总理和东盟各国领导人出席。会后，老挝作为会议主席国发表会议《主席声明》，积极评价25年来中国和东盟关系发展取得的巨大成就，强调维护南海和平稳定的重要性，欢迎中国和东盟国家外长通过《中国和东盟国家外交部长关于全面有效落实〈南海各方行为宣言〉的联合声明》，欢迎中方就"南海行为准则"磋商提出的"四点愿景"。

8—11日，第19届中国国际投资贸易洽谈会在厦门举行，100多个国家和地区的700多个境外客商团组参加，聚焦"一带一路"。

9日，由环境保护部与联合国环境规划署、联合国开发计划署联合主办的2016年国际保护臭氧层日纪念大会于北京环境国际公约履约大楼举行。会上，联合国副秘书长兼联合国环境规划署执行主任埃里克·索尔海姆先生特别赞扬了中国在履行环境国际公约（特别是《蒙特利尔议定书》）方面所做的努力和取得的成就。《蒙特利尔议定书》多边基金秘书处秘书长爱德华多·迦南表示，中国在低碳替代技术发展方面已经在全球居于领先地位。

10日，首届清华大学苏世民书院开学典礼在北京举行。国家主席习近平向开学典礼致贺信。习近平指出，当今时代，世界各国人民的命运更加紧密地联系在一起，各国青年应该通过教育树立世界眼光、增强合作意识、共同开创人类社会美好未来。

10日，外交部副部长张业遂约见朝鲜驻华大使池在龙，就朝鲜再次进行核试验表明中方立场。张业遂表示，实现朝鲜半岛无核化，维护半岛和地区和平稳定，通过对话协商解决问题，是中方在半岛问题上坚定和一贯的立场。朝鲜坚持核武开发、不断进行核试，与国际社会期待背道而驰，加剧半岛紧张局势，不利于半岛和平与稳定。中方敦促朝方不再采取可能加剧紧张的行动，尽快回到无核化的正确方向。

12日，第39届国际标准化组织（ISO）大会开幕式在北京国家会议中心举行。国家主席习近平发贺信指出，标准已成为世界“通用语言”。世界需要标准协同发展，标准促进世界互联互通。中国将积极实施标准化战略，以标准助力创新发展、协调发展、绿色发展、开放发展、共享发展。中国愿同世界各国一道，深化标准合作，加强交流互鉴，共同完善国际标准体系。

15日，22时4分，搭载“天宫二号”空间实验室的“长征二号FT2”运载火箭在中国酒泉卫星发射中心点火发射，约575秒后，“天宫二号”与火箭成功分离，进入预定轨道。“天宫二号”空间实验室是在“天宫一号”目标飞行器备份产品的基础上改进研制而成，全长10.4米，最大直径3.35米，太阳翼展宽约18.4米，重8.6吨，采用实验舱和资源舱两舱构型，设计在轨寿命不小于2年，主要任务是接受载人飞船和货运飞船访问，开展空间科学实验和相关技术试验，验证空间站建造和运营相关关键技术。

15日，英国政府宣布批准欣克利角核电项目，并表示将采取一系列措施提升项目安全水平。该项目位于英国西南部萨默塞特郡，是英国近20年来建设的首座核电站，是中、英、法三方合作的重要成果。29日，中、英、法三方在伦敦签署欣克利角C核电项目最终投资协议，中英关系“黄金时代”的旗舰项目在经历波折后终于实质性启动。

17日，2016年世界斯诺克中国锦标赛在江苏南通启东举行新闻发布会，宣布中国首个斯诺克国际A级赛事落户广州，将于2016年11月1—5日在广州体育馆开赛。

19日，国务院总理李克强在纽约联合国总部主持2030年可持续发展议程主题座谈会并发表重要讲话。联合国秘书长潘基文、第71届联大主席汤姆森以及联合国各主要机构和重要国际组织负责人出席。与会人士表示，2030年可持续发展议程执行一年来取得积极进展，中国在落实可持续发展目标、消除贫困、应对气候变化、加强南南合作等方面发挥了引领和创新作用，特别是在“二十国集团”框架内积极推进可持续发展议程。各国际机构愿进一步密切对华合作，推广中国发展经验，共同应对挑战，推动中国和全球可持续发展。座谈会发表新闻公报，就推进可持续发展目标全球落实工作、深化国际发展合作提出政策建议。

21日，国务院总理李克强在纽约联合国总部出席第71届联合国大会以“可持续发展目标：共同努力改造我们的世界”为主题的一般性辩论并发表题为《携手建设和平稳定可持续发展的世界》的重要讲话。李克强总理指出，可持续发展首先是要发展，基础也在于发展。唯有发展，才能保障人民的基本权利，消除全球性挑战的根源，推动人类文明进步。发展必须是可持续的。只有促进公平共享和绿色发展，发展才能立得稳、走得远。可持续发展必须包容联动。国际社会要相互合作、同舟共济，共同应对全球性挑战。

22日，国土资源部发布《中国矿产资源报告（2016）》。报告显示，截至2015年年底，中国完成矿山地质环境治理恢复面积约81万公顷，治理率达26.7%。

25日，国家重大科技基础设施500米口径球面射电望远镜（FAST）落成启用仪式在贵州省黔南州平塘县举行。500米口径球面射电望远镜被誉为“中国天眼”，是具有中国自主知识产权、世界最大单口径、最灵敏的射电望远镜。

27日，中共中央政治局就“二十国集团”领导人峰会和全球治理体系变革进行第35次集体学习。习近平强调，随着国际力量对比消长变化和全球性挑战日益增多，加强全球治理、推动全球治理体系变革是大势所趋。

29 日，9 时 45 分许，在韩国全罗南道新安郡附近海域，木浦海警对一条中国渔船进行登船检查，因驾驶舱和轮机室被反锁，海警队员打碎驾驶舱玻璃并投放了 3 枚爆音弹，随后渔船起火，造成 3 名中国船员殒命。中国驻韩国大使馆当天前往木浦海警署要求进行妥善调查。

30 日，国际货币基金组织宣布，人民币 10 月 1 日正式加入国际货币基金组织的特别提款权（SDR）货币篮子。国际货币基金组织总裁拉加德发表声明称，"货币篮子扩容对于国际货币基金组织、中国和国际货币体系来说，都是历史性里程碑。"

2016 年 10 月

1 日，中国在加拿大蒙特利尔举行的国际民航组织第 39 届大会上再次高票当选一类理事国，这是自 2004 年来中国第五次连任一类理事国。除中国外，澳大利亚、巴西、加拿大、法国、德国、意大利、日本、俄罗斯、英国、美国也同时继续当选一类理事国。

1 日，海南省三沙市永兴千吨海水淡化厂正式投入使用，可日产淡化海水约 1000 吨，其中 700 余吨可达直饮水标准。

4 日，欧洲议会全会以压倒性多数票通过了欧盟批准气候变化《巴黎协定》的决议，欧洲理事会当晚也通过该决议，这意味着《巴黎协定》已经具备正式生效的必要条件。

4—5 日，国际货币基金组织发表《世界经济展望》和《全球金融稳定报告》，均对中国经济形势给予积极评价——预期中国前期推出的稳增长政策有望继续支持经济较快增长，预计 2016 年和 2017 年中国经济增速分别为 6.6% 和 6.2%；认为中国政府最近的改革促进了更平衡的增长，同时让市场力量发挥更大的作用，中国经济和金融体系的抵御风险能力因此获得提高。

5日，世界首条全产业链实施“中国标准”的跨国电气化铁路、非洲首条电气化铁路——埃塞俄比亚至吉布提铁路（亚吉铁路）正式通车。这条长约750公里、连接非洲屋脊与亚丁湾的运输新动脉，将助力东非掀开工业繁荣的新篇章。

9日，中共中央政治局就实施网络强国战略进行第36次集体学习。中共中央总书记习近平在主持学习时强调，加快推进网络信息技术自主创新，加快数字经济对经济发展的推动，加快提高网络管理水平，加快增强网络空间安全防御能力，加快用网络信息技术推进社会治理，加快提升中国对网络空间的国际话语权和规则制定权，朝着建设网络强国目标不懈努力。

12日，中国科学技术信息研究所发布2016年中国科技论文统计结果，中国的高被引国际论文数量、国际热点论文数量双双位居世界第三，仅排在美国、英国之后。

12日，国家工商总局消费者权益保护局负责人就三星Note7手机燃损事件答记者问。据介绍，三星公司表示要召回在中国大陆销售的全部SM-N9300 Galaxy Note7手机。

13日，国家主席习近平乘专机抵达金边，开始对柬埔寨王国进行国事访问。习近平强调，柬埔寨是东盟重要成员。中国和柬埔寨是肝胆相照的好邻居、真朋友。建交58年来，由两国老一辈领导人共同开创和精心培育的中柬睦邻友好经受住了国际风云变幻的考验，历久弥新。两国全面战略合作伙伴关系深入发展，不仅为两国和两国人民带来实实在在的利益，也为促进地区和世界和平、稳定、繁荣作出积极贡献。

14日，国家主席习近平抵达达卡，开始对孟加拉人民共和国进行国事访问。习近平指出，中孟传统友谊源远流长。建交41年来，两国关系持续向前发展。中孟友好和互利合作，符合两国和两国人民利益，也为促进本地区和平、稳定、发展作出了积极贡献。中方高度重视中孟关系，愿同孟方一道将两国关系和务实合作提升至更高水平。

16日，金砖国家领导人第八次会晤在印度果阿举行。中国国家主席习近平、印度总理莫迪、南非总统祖马、巴西总统特梅尔、俄罗斯总统普京出席。五国领导人围绕“打造有效、包容、共同的解决方案”主题，就金砖国家合作及其他共同关心的国际和地区问题深入交换看法，达成广泛共识。

17日，7时49分，执行与“天宫二号”交会对接任务的“神舟十一号”载人飞船在酒泉卫星发射中心发射升空后准确进入预定轨道，并顺利将两名航天员送上太空。

18—21日，菲律宾总统杜特尔特对中国进行国事访问。20日，习近平主席在人民大会堂同菲律宾总统杜特尔特举行会谈。双方一致同意，从两国根本和共同利益出发，顺应民众期盼，推动中菲关系实现全面改善并取得更大发展，造福两国人民。双方同意共同推动中菲致力于和平与发展的战略性合作关系健康稳定发展。

19日，3时31分，“神舟十一号”载人飞船与“天宫二号”空间实验室成功实现自动交会对接，这是“天宫二号”自15日发射入轨以来与神舟飞船开展的首次交会对接。6时32分，景海鹏、陈冬以飘浮姿态先后进入“天宫二号”空间实验室，顺利实现入驻。

21日，美国海军“迪凯特”号驱逐舰擅自进入中国西沙领海。中国海军“广州”号导弹驱逐舰和“洛阳”号导弹护卫舰当即行动，对美国军舰进行识别查证，并予以警告驱离。

21—25日，2016年世界机器人大会在北京亦创国际会展中心举行，来自11个国家和地区的13个行业组织和国际机构、300多名国际机器人领域知名学者，围绕“共创共享共赢　开启智能时代”主题，共话机器人发展趋势，共谋机器人发展良策。大会多方数据显示，中国机器人自主品牌规模增速继续加快，已成为全球最主要的机器人消费国。

25日，总部位于泰国曼谷的联合国亚太经社理事会在曼谷隆重举行活动，纪念中国重返联合国45周年。

28日，第71届联合国大会在纽约联合国总部改选人权理事会14个成员，中国以180票连任，任期自2017年至2019年。成立于2006年的联合国人权理事会由47个成员国组成，每个成员国由大会通过无记名投票产生，宣布参选的国家必须获得大会半数以上票数方能当选，最多连任一次。中国曾在2013年以176票当选。

2016年11月

1日，中共中央总书记习近平在北京会见洪秀柱主席率领的中国国民党大陆访问团。习近平强调，两岸是割舍不断的命运共同体；坚持体现“一个中国”原则的“九二共识”政治基础，维护台海和平稳定，维护两岸关系和平发展，是两岸同胞的民意主流；确保国家完整不被分裂，维护中华民族根本利益，是全体中华儿女共同意志；实现民族复兴，再创中华盛世荣景，是不可阻挡的历史潮流。洪秀柱表示，国共两党应继续在坚持“九二共识”、反对“台独”的基础上，加强沟通机制，推动扩大两岸经贸和民间交流往来，促进两岸青年交流，发扬灿烂的中华文化，支持大陆台商发展，积极探讨推动两岸和平制度化，共同维护两岸关系和平发展，增进同胞福祉，开创中华民族复兴的光明前景。

3日，20时43分，中国最大推力新一代运载火箭“长征五号”，在中国文昌航天发射场点火升空，约30分钟后载荷组合体与火箭成功分离，进入预定轨道，“长征五号”运载火箭首次发射任务取得圆满成功。此次发射成功标志着中国运载火箭实现升级换代，运载能力进入国际先进行列，是由航天大国迈向航天强国的关键一步。

3日，国家主席习近平在钓鱼台国宾馆会见马来西亚总理纳吉布。习近平指出，中国和马来西亚是隔海相望的近邻。两国建交42年来双边关系得以长足发展，得益于双方坚持相互尊重、彼此信任的相处之道，坚持平等互利、互助共赢的合作方针，坚持密切沟通、互谅互让的合作方式；深化中马睦邻友好合作符合双方根本和长远利益；中方愿同马方一道努力，不断充实两国全面战略伙伴关系内涵，深化各领域务实合作，更好造福两国人民。

4 日，联合国气候大会组委会在摩洛哥城市马拉喀什发布新闻公报，庆祝《巴黎协定》生效，强调这是人类历史上一个值得庆祝的日子，也是一个正视现实和面向未来的时刻，需要全世界坚定信念，完成使命。

5 日，国务院总理李克强在里加出席第六届中国—中东欧国家经贸论坛并发表主旨演讲。李克强总理表示，五年来，"16+1 合作"日趋成熟，积累了值得长期坚持的宝贵经验：一要平等协商、互尊互助；二要互利互惠、合作共赢；三要开放包容、携手同行；四要联动发展、共创共享。

9 日，美国总统选举初步结果揭晓，共和党总统候选人唐纳德·特朗普获得超过 270 张选举人票，战胜民主党总统候选人、前国务卿希拉里·克林顿，当选美国第 58 届总统。国家主席习近平向美国当选总统唐纳德·特朗普致贺电。习近平在贺电中指出："作为最大的发展中国家和最大的发达国家，世界前两大经济体中国和美国在维护世界和平稳定、促进全球发展繁荣方面肩负着特殊的重要责任，拥有广泛的共同利益。发展长期健康稳定的中美关系，符合两国人民根本利益，也是国际社会普遍期待。我高度重视中美关系，期待着同你一道努力，秉持不冲突不对抗、相互尊重、合作共赢的原则，拓展两国在双边、地区、全球层面各领域合作，以建设性方式管控分歧，推动中美关系在新的起点上取得更大进展，更好造福两国人民和各国人民。"

10 日，在印度尼西亚巴厘岛召开的国际刑警组织第 85 届全体大会上，中国公安部副部长孟宏伟高票当选新一任主席，任期四年。

11—13 日，由中国国家旅游局、中国民用航空局、上海市人民政府主办的 2016 中国国际旅游交易会在上海新国际博览中心举办。这届国际旅交会的主宾国为泰国，上海为主办城市。中国国际旅游交易会创立于 1998 年，从 2001 年起，每年分别在上海和昆明交替举办，目前已成为亚洲最大的旅游专业交易会、全球旅游业界关注的国际旅游盛事。

12 日，第八届美国电影艺术与科学学院理事会奖颁奖典礼在好莱坞高地中心举行，中国功夫巨星成龙获颁奥斯卡终身成就奖，他是首位获此殊荣的华人影星。

13 日，中巴经济走廊联合贸易车队首次试联通庆祝活动在巴基斯坦西南部俾路支省瓜达尔港隆重举行。这是第一次有贸易车队自北向南成功穿越巴基斯坦西部地区，表明当地道路已初步实现连通，“一走廊、多通道”理念正逐步成为现实。

14 日，国家主席习近平同美国当选总统特朗普通电话，祝贺特朗普当选美国总统。习近平表示，中美建交37年来，两国关系不断向前发展，给两国人民带来了实实在在的利益，也促进了世界和地区和平、稳定、繁荣。事实证明，合作是中美两国唯一的正确选择。特朗普表示，“感谢习主席祝贺我当选美国总统。我赞同习主席对美中关系的看法。中国是伟大和重要的国家，中国发展的良好前景令世人瞩目。美中两国可以实现互利共赢。我愿同你一道，加强美中两国合作。我相信美中关系一定能取得更好发展。”

14 日，第 48 届全球超级计算机 500 强榜单在美国盐湖城公布，所有核心部件均由中国自主制造的“神威·太湖之光”超级计算机蝉联冠军。加上此前“天河二号”的六连冠，中国已连续四年占据全球超级计算机排行榜的最高席位。

16—18 日，第三届世界互联网大会在浙江乌镇举办，大会主题是“创新驱动　造福人类——携手共建网络空间命运共同体”。国家主席习近平在开幕式上通过视频发表讲话指出：“互联网是我们这个时代最具发展活力的领域。互联网发展是无国界、无边界的，利用好、发展好、治理好互联网必须深化网络空间国际合作，携手构建网络空间命运共同体。中国愿同国际社会一道，坚持以人类共同福祉为根本，坚持网络主权理念，推动全球互联网治理朝着更加公正合理的方向迈进，推动网络空间实现平等尊重、创新发展、开放共享、安全有序的目标。”

16 日，国家主席习近平在前往拉美访问途中经停意大利撒丁岛时会见意大利总理伦齐。习近平指出，意大利是中国在欧盟内值得信赖的好朋友和重要合作伙伴。中意全面战略伙伴关系发展势头令人鼓舞。中方高度重视中意关系，愿同意方共同努力，充实中意全面战略伙伴关系内涵，为两国人民带来更大福祉。双方要保持高层交往，密切各层级人员往来，加强中方“一带一路”建设同意大利发展战略对接，深化人文交流，加强在国际和地区事务中的协调配合。

18日，13时59分，“神舟十一号”飞船返回舱在内蒙古中部预定区域成功着陆，执行飞行任务的航天员景海鹏、陈冬身体状态良好，“天宫二号”与“神舟十一号”载人飞行任务取得圆满成功。

18—19日，2016年亚太经合组织（APEC）工商领导人峰会18日在秘鲁首都利马开幕，会议围绕全球经济和贸易状况、创新和可持续经济发展、促进人类发展等议题展开讨论。国家主席习近平应邀出席并发表题为《深化伙伴关系 增强发展动力》的主旨演讲，强调亚太要为世界经济复苏注入新动力，为世界经济增长开辟新道路。中国在谋求自身发展的同时积极带动亚太国家共同发展，为本地区人民创造更多机遇。

20日，亚太经合组织第24次领导人非正式会议在秘鲁利马举行。国家主席习近平出席并发表题为《面向未来开拓进取 促进亚太发展繁荣》的重要讲话，指出要采取有力举措，发挥亚太引擎作用，坚定不移引领经济全球化进程，坚定不移提升亚太开放型经济水平，坚定不移破解区域互联互通瓶颈，坚定不移打造改革创新格局，推动发展创新、活力、联动、包容的世界经济。

21日，国家主席习近平在秘鲁国会发表题为《同舟共济、扬帆远航，共创中拉关系美好未来》的重要演讲，强调中拉双方要高举和平发展合作旗帜，共同打造好中拉命运共同体这艘“大船”，在实现“中国梦”和“拉美梦”的道路上精诚合作，推动中拉全面合作伙伴关系实现更高水平发展。

22日，国家主席习近平在对智利进行国事访问时，在圣地亚哥同智利总统巴切莱特举行会谈。两国元首积极评价中智关系发展，一致决定将两国关系定位提升为中智全面战略伙伴关系，推动中智关系得到更大发展。

22日，金砖国家新开发银行宣布，银行董事会批准了在中国和印度的两个新项目：福建莆田平海湾风电项目（20亿元人民币）和印度中央邦道路项目（3.5亿美元）。

26日，经过一年多的试运行，国家级平台上海石油天然气交易中心正式投入运行。交易中心根据国家发改委和新华社战略合作协议建设，旨在成为具有国际影响力的石油天然气交易平台、信息平台和金融平台。目前的交易模式包括挂牌交易和竞价交易，交易品种有天然气及相关产品、原油和成品油。

30日，联合国安理会一致通过涉朝鲜的第2321号决议，谴责朝鲜9月9日进行核试验，要求朝鲜放弃核武器和导弹计划，并决定对朝鲜实施新制裁措施。

30日，联合国教科文组织保护非物质文化遗产政府间委员会第11届常会通过审议，批准中国申报的“二十四节气”列入联合国教科文组织人类非物质文化遗产代表作名录。

2016年12月

1日，联合国亚洲及太平洋经济社会委员会发布《2016年亚洲及太平洋经济社会概览》。文中称，在全球经济疲软、贸易增长乏力、主要经济体增长前景不确定的背景下，中国引领亚太地区经济平稳高速增长，为全球经济提供了稳固支撑。

2日，美国白宫重申，美国政府在台湾问题上的长期政策立场没有改变，美国坚定奉行“一个中国”政策。

4日，中国人民对外友好协会与比利时驻华大使馆在北京举行招待会，庆祝中比建交45周年。

7日，英国下议院投票，以461票赞成、89票反对的压倒性多数支持首相特雷莎·梅此前提出的英国政府将在2017年3月底前启动“脱欧”谈判程序的计划。

8日，欧洲央行宣布，为刺激欧元区经济复苏和应对通缩压力，决定继续维持欧元区现行的零利率政策不变，同时将原定于2017年3月到期的购债计划延长至年底。

9日，韩国国会通过弹劾总统朴槿惠的议案，被称为“决定韩国命运的表决”最终尘埃落定。韩国总统朴槿惠从即日起停职，国务总理黄教安代行总统职务。

11日，0时11分，中国在西昌卫星发射中心用“长征三号乙”运载火箭成功发射“风云四号”卫星。“风云四号”卫星是中国静止轨道气象卫星从第一代（“风云二号”）向第二代跨越的首发星，也是中国首颗地球同步轨道三轴稳定定量遥感卫星。

15日，中国第一个海外陆地卫星接收站——中国遥感卫星地面站北极接收站在瑞典基律纳通过现场验收并投入试运行。

17日，在墨西哥坎昆召开的《生物多样性公约》第13次缔约方大会落下帷幕。在这次大会上，中国成功获得2020年《生物多样性公约》第15次缔约方大会主办权，这将是中国首次承办这一会议。

19日，挪威外交大臣布伦德对中国进行访问，中挪两国就双边关系正常化发表声明。此举标志着在挪方就未来如何处理对华关系做出明确重要承诺的基础上，两国关系重归正轨。

19—21日，中国和海湾阿拉伯国家合作委员会（海合会）第九轮自贸区谈判在沙特阿拉伯首都利雅得开始举行。中国商务部副部长王受文与海合会自贸区谈判总协调人、沙特财政副大臣巴兹分别率团出席。

20日，中国银行（香港）有限公司文莱分行在文莱首都斯里巴加湾市挂牌成立，这标志着首家中资金融机构入驻文莱，同时也标志着中资金融机构对东盟实现全覆盖。

20日，国家邮政局宣布，截至当日，2016年中国快递业务量突破300亿件，同比增长53%，继续稳居世界第一。第300亿件快件产生于贵州省遵义市湄潭县，是当地一位茶农通过中通快递遵义湄潭网点寄出的茶叶。

22日，3时22分，中国首颗全球二氧化碳监测科学实验卫星发射升空。碳卫星的成功研制和后续在轨稳定运行，将使中国初步形成针对全球、中国及其他重点地区的大气二氧化碳浓度监测能力，填补了中国在温室气体监测方面的技术空白，其成果对中国掌握全球变暖的变化规律和全球碳排放分布、提高中国在应对全球气候变化的国际话语权等方面具有重要意义。

23 日，澜沧江—湄公河合作（澜湄合作）第二次外长会在柬埔寨暹粒举行。中国外交部长王毅与柬埔寨外交大臣布拉索昆共同主持。王毅表示，澜湄合作首次领导人会议以来，澜湄合作机制建设不断加强，各优先领域联合工作组筹建工作有序推进，45 个早期收获项目相继得到有效落实，各领域务实合作逐步展开。当前，澜湄合作正处于培育期和发展关键阶段，六国应加大投入，培育平等相待、真诚互助、亲如一家的澜湄文化，本着共商、共建、共享原则，打造“澜湄合作走廊”，朝着建立澜湄国家命运共同体的目标迈进。

26 日，外交部长王毅在北京与圣多美和普林西比外长博特略举行会谈。会谈后，两国外长签署《中华人民共和国和圣多美和普林西比民主共和国关于恢复外交关系的联合公报》，宣布即日起恢复中断近 20 年的大使级外交关系。

28 日，全球单套规模最大的煤制油项目神华宁煤集团 400 万吨 / 年煤炭间接液化示范项目正式投产。该项目承担着国家 37 项重大技术、装备及材料的国产化任务，打破了国外对煤制油化工核心技术的长期垄断，探索出了科技含量高、附加值高、产业链长的煤炭深加工产业发展模式。

31 日，联合国安理会就叙利亚问题举行闭门磋商后，对俄罗斯和土耳其起草的《叙利亚停火决议草案》举行表决并一致通过。决议重申，安理会坚定致力于维护叙利亚的主权、独立、统一和领土完整，对俄罗斯和土耳其为协助叙利亚实现停火而开展的调解努力表示赞赏。